Chiamare a raduno.
Sorelle. Falene e fiammelle.
Ossa di leonesse,
pietre e serpentesse.

Call and Gather.
Sisters. Moths and Flame Twisters.
Lioness Bones,
Snakes and Stones.

Chiara Camoni

Pirelli HangarBicocca

Marsilio Arte

Chiamare a raduno. Sorelle. Falene e fiammelle. Ossa di leonesse, pietre e serpentesse.

Chiara Camoni

A cura di / Edited by
Lucia Aspesi e / and Fiammetta Griccioli

La mostra "Chiamare a raduno. Sorelle. Falene e fiammelle. Ossa di leonesse, pietre e serpentesse" è la più ampia retrospettiva dedicata a Chiara Camoni mai realizzata in Italia. L'artista interviene nello spazio postindustriale di Pirelli HangarBicocca tracciando un'architettura ispirata ai giardini all'italiana e caratterizzata da stampe vegetali e sculture in ceramica che svelano la profonda fascinazione di Camoni per i reperti archeologici della civiltà etrusca. I lavori si contraddistinguono dall'uso di materiali organici, provenienti principalmente dalle Alpi Apuane dove risiede e lavora l'artista, evidenziando la rilevanza del contesto naturale nell'opera di Chiara Camoni e suggerendo riflessioni sull'attualità e la salvaguardia dell'ambiente.

Attraverso una pratica artistica che intreccia la dimensione artigianale e la sfera collettiva, Camoni esplora le connessioni tra la storia e il linguaggio contemporaneo con una visione che si avvale della tradizione per contestualizzare nuove prospettive. Il lavoro dell'artista è ulteriormente approfondito in questa pubblicazione che accoglie contributi di scrittrici e pensatori in diversi ambiti disciplinari che esplorano le tematiche affrontate in mostra. Pirelli ribadisce con questo progetto l'investimento nella ricerca e il proprio impegno a promuovere sguardi originali nel panorama dell'arte italiana con un respiro internazionale.

The exhibition "Call and Gather. Sisters. Moths and Flame Twisters. Lioness Bones, Snakes and Stones" is the most comprehensive retrospective of Chiara Camoni's work ever presented in Italy. The artist has taken over the post-industrial space of Pirelli HangarBicocca, tracing an architectural layout inspired by Italian Renaissance gardens and filled with vegetal prints and ceramic sculptures that reveal the artist's deep fascination with the archaeological artifacts of the Etruscan civilization. Her pieces employ organic materials that are primarily from the Apuan Alps where she lives and works, showing the importance of the natural world in her oeuvre and suggesting reflections on topical issues and environmental protection.

Through an artistic practice that interweaves craft and community, Camoni explores the connections between history and the languages of our time, with a vision that draws on tradition to put new perspectives into context. The artist's work is explored further in this catalogue, which brings together essays by authors and thinkers in various disciplines to investigate the themes addressed in the exhibition. With this project, Pirelli once again shows its investment in experimentation and its commitment to promoting original approaches in Italian art, with an international outlook.

Marco Tronchetti Provera
Presidente / Chairman
Pirelli HangarBicocca

Gian Antonio Gilli	9	Piccole Creazioni Small Creations
Lucia Aspesi Fiammetta Griccioli	21	Diventando d'un tratto tutta occhi Suddenly She Became All Eyes
	32	Vedute di mostra e immagini d'archivio Exhibition Views and Archive Images
	81	Lista delle opere in mostra List of Exhibited Works
Andrea Viliani	85	Il giardino come spazio, materia, tempo e sogno. Note su giardinaggio, archeologia, antropologia, e su Chiara Camoni The Garden as Space, Matter, Time, and Dream. Notes on Gardening, Archaeology, Anthropology, and on Chiara Camoni
Chus Martínez	103	Le passioni della gioia. Su Chiara Camoni The Passions of Joy. On Chiara Camoni
Chiara Camoni *in conversazione con / in conversation with* Lucia Aspesi Fiammetta Griccioli	115	Chiamare a raduno. Sorelle. Falene e fiammelle. Ossa di leonesse, pietre e serpentesse Call and Gather. Sisters. Moths and Flame Twisters. Lioness Bones, Snakes and Stones
Alice Motard	131	Chiara e le sue *Sisters* Chiara and her *Sisters*
Domitilla Dardi	141	Oggetti dalle tenebre Objects from the Shadows
Anna Anguissola	149	Il tempo della materia: la scultura tra memoria e metamorfosi The Time of Matter: Sculpture between Memory and Metamorphosis

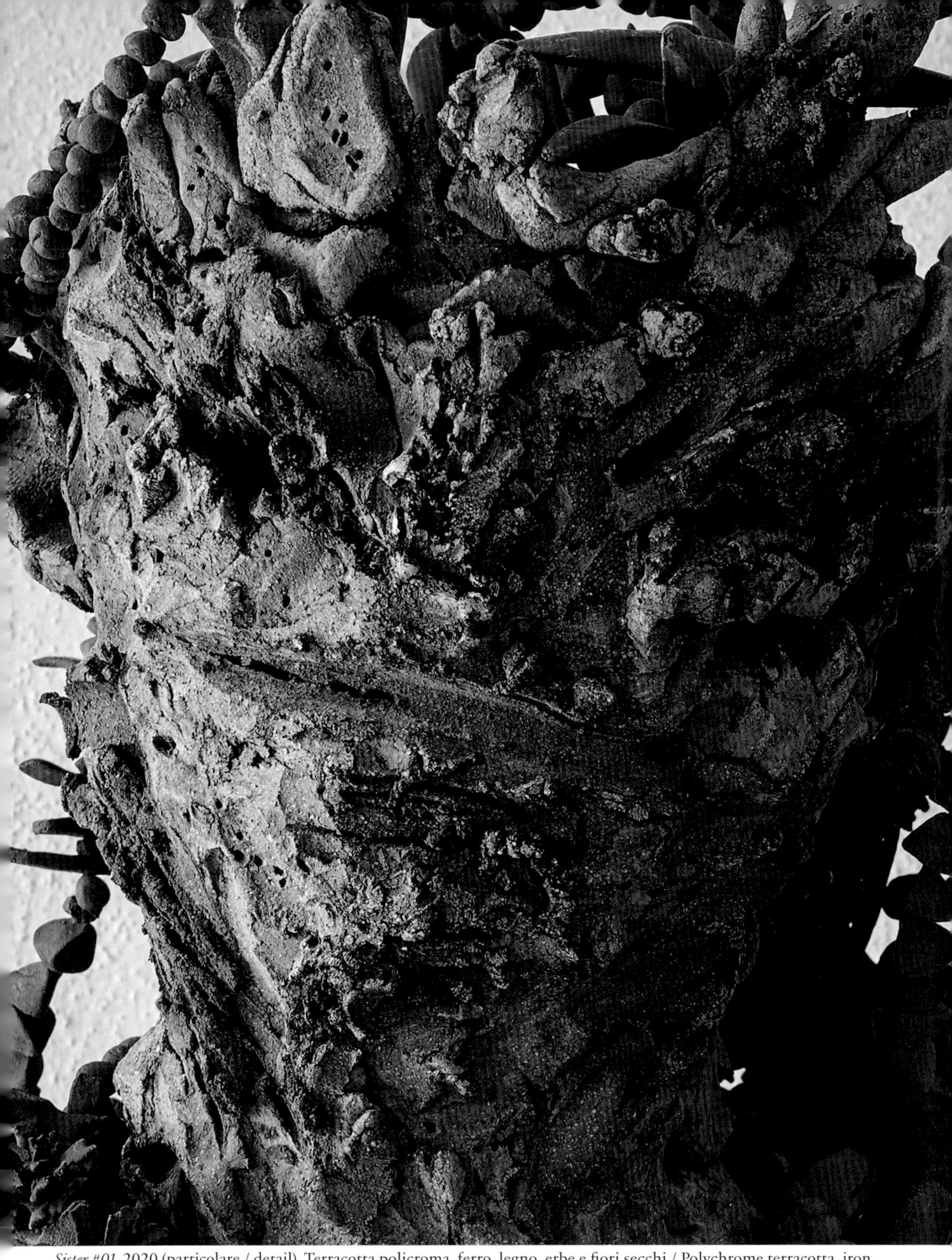

Sister #01, 2020 (particolare / detail). Terracotta policroma, ferro, legno, erbe e fiori secchi / Polychrome terracotta, iron, wood, dried grasses and flowers, 125 × 70 × 60 cm (dimensioni variabili / variable dimensions)

Gian Antonio Gilli

1.

«In principio, creò Dio il cielo e la terra. La terra però era informe e vuota, e sulla faccia dell'abisso erano tenebre, e lo spirito di Dio si librava sulle acque.»[1] Così comincia il più noto dei Racconti-di-creazione, quello che, nella Bibbia, apre il libro della Genesi. Un evento durato sei giorni – ogni giorno un'opera – e il riposo del settimo giorno. Pochi versetti, ma percorsi e ripercorsi infinite volte, parola per parola, da teologi e commentatori laici per migliaia di anni. Con domande e risposte che non interessano solo la teologia: per molti aspetti, infatti, questo brevissimo racconto sembra andare al di là dei suoi confini, al di là cioè della sfera religiosa, per apparire come una sorta di "lessico della creazione". E dare un lessico è quasi come dare un manuale, – qualcosa cioè capace di potersi evocare, come un archetipo, in ogni creazione, di chiunque, anche la più piccola. Andando al di là del significato letterale dei termini, in cerca di un loro senso allegorico e spirituale.

1.

"In the beginning God created the heaven and the earth. And the earth was without form, and void; and darkness was upon the face of the deep. And the Spirit of God moved upon the face of the waters."[1] Thus begins the best-known of creation stories, the one that opens the biblical Book of Genesis. A seven-day-long event—each day, a new opus—and the seventh day of rest. It is a handful of verses that have been poured over again and again, word by word, by theologians and secular commentators for thousands of years. Prompting questions and answers that stretch beyond the realm of theology: in many ways, this very brief story seems to overflow its own bounds, ranging outside the religious sphere, becoming a sort of "glossary of creation." And providing a glossary is almost like providing a manual—it is something that can be referred to, like an archetype, for any act of creation, even the smallest, by anyone. Allowing us to move beyond the literal meaning of the terms, in search of the allegorical and spiritual one.

IT 1 Gen, 1,1-2.

EN 1 Gen. 1:1–2.

Così è, per esempio, per l'*abisso di tenebre* da cui questa Creazione muove. Gli interpreti più antichi non avevano dubbi sulla negatività, quasi l'odiosità, di ciò che viene evocato da queste parole, *tenebre* e *abisso*, – ma i secoli successivi ne hanno mostrato la fecondità, e perfino la necessità. La stessa teologia, tornando sui propri passi, ha scoperto che è proprio nelle tenebre che si cela la divinità; ancora di più, in una prospettiva laica, si è apprezzato il loro potenziale conoscitivo, e persino estetico. Fino a sospettare che dietro questa Luce da millenni imperante vi sia anche un po' di banalità, o almeno di perbenismo. E chi apprezza l'assenza-di-luce potrebbe a volte chiedersi se davvero sia stata la luce a venir liberata dalle tenebre, o non, invece, il contrario, – se questo felice distacco non sia stato un guadagno per le tenebre, e per chi vi si affaccia.

Lo stesso potrebbe dirsi per "abisso". Un'entità simbolica che non si cerca più di neutralizzare, e a cui si può guardare, se non come a una solidale controparte, quantomeno come a una fonte di ispirazione. Così i mistici del Nord, affascinati dal gioco lessicale, affermavano che «fondamento dell'anima è l'abisso di Dio» (Ruysbroeck, «Seelengrund, Abgrund Gottes»), e la filosofia ha preso atto del valore di archetipo di fondamenti come questi. E Pascal, assicura Baudelaire, «aveva il suo abisso, che si muoveva con lui»[2]. Il senso di queste testimonianze è che una ricerca vera, una creazione, possa vantaggiosamente muovere da un qualche "abisso", – il tutto, naturalmente, da tradurre nei termini del soggetto che vi procede, e della portata del compito che si dà. (Piccole Creazioni, piccoli Abissi.)

2.

Ma il contributo maggiore che questi versetti danno al lessico-della-creazione riguarda certamente il tema della Temporalità. Perché la temporalità è la dimensione intrinseca,

This is true, for example, of *the darkness* and *the deep* with which this creation story begins. In ancient times, its earliest interpreters had no doubts about the negative, almost repellent qualities evoked by these words, *dark* and *deep*—but later centuries showed them to be fertile, even necessary. Theology itself, in a reversal of previous opinions, discovered that it is actually in darkness that one may find the divine; secular thinkers, to an even greater degree, began to value the potential for knowledge and even beauty that it holds. Some even started to suspect that the millennia-long supremacy of Light was founded to some degree on a cliché, or at any rate on compliance with convention. And those who value the absence-of-light may wonder at times if it was really light that was set free of darkness, or rather the opposite—if their providential separation was not to the advantage of darkness, and those who peer into it.

The same could be said of the "deep." No longer seen as something to be neutralized, this symbolic entity could be thought of, if not as an ally, at least as a source of inspiration. So the Northern European mystics, fascinated by the play on words, said that "the ground of the soul is the abyss of God" (Ruysbroeck, "Seelengrund, Abgrund Gottes"), and philosophy came to recognize the archetypal value of such depths. Pascal, Baudelaire tells us, "had his abyss, that moved with him."[2] The sense of these observations is that a true quest, an act of creation, can fruitfully set off from some "abyss"—all of which, of course, must be translated into the terms of the individual who sets off, and the scale of the mission they undertake. (Small Creations, small Abysses.)

2.

But the greatest contribution that these verses make to the glossary of creation definitely has to do with the theme of Temporality.

2 «Pascal avait son gouffre, avec lui se mouvant.» Charles Baudelaire, *Le Gouffre*, in *Les Fleurs du Mal*, Michel Lévy Frères, Paris 1868.

2 "Pascal avait son gouffre, avec lui se mouvant." Charles Baudelaire, "Le Gouffre," in *Les Fleurs du Mal* (Paris: Michel Lévy Frères, 1868).

ineludibile, dell'essere delle cose nel mondo: è la dimensione ontologica della realtà in cui viviamo, di ogni suo evento, di ogni atto che vi si compie. E particolarmente complessa, e meritevole di attenzione, è proprio la temporalità degli atti di creazione. Sono allora suggestivi, appunto, i versetti iniziali della Genesi.

I personaggi che vi si affacciano – Notte e Giorno, e, dietro di loro, Sera e Mattino – non vanno certo letti nella prospettiva abitudinaria, spesso noncurante, con cui li si incontra nella vita quotidiana. Essi sono infatti, per così dire, entità metafisiche, il cui valore non è la precisione o la misurabilità di ciò che indicano, ma la pregnanza, e la ricchezza di ispirazione.

A cominciare da Giorno, – e intanto, di che Giorno può mai trattarsi, se siamo già al primo Giorno, e il sole non esiste ancora, e verrà creato, con gli altri corpi celesti, solo al quarto giorno? Plausibilmente, Giorno è legato a Luce, e alla sua indiscutibile reputazione che, nonostante la riabilitazione delle Tenebre, non è mai venuta meno nei millenni. Questa risposta, tuttavia, non soddisfa completamente, perché la stessa luce viene creata solo al secondo giorno! Ma presto i commentatori avevano smesso di intendere il giorno in termini astronomici, ossia come l'entità temporale determinata dal movimento degli astri: Giorno andava inteso nel Verbo divino, un Giorno spirituale, dunque.

E le interpretazioni si moltiplicano. Così Giorno simboleggia la Stabilità ferma e sicura delle cose create; Notte, all'opposto, evoca la possibilità infausta di un loro Mutamento, – un mutamento che può essere di portata tale che le cose stesse, cessando di essere, sprofondano nel Nulla. Oppure Giorno è la Forma specifica, la Forma prima e compiuta, delle cose create, mentre Notte è la mancanza-di-Forma, o (cosa ancora più grave) la sua caduta. Perché la Forma – l'avere una Forma! – è un valore importante per tutta l'Antichità. Odiosa invece

Because temporality is the intrinsic, inescapable dimension of existence for things in this world: it is the ontological dimension of the reality we inhabit, of every event, every action performed there. And the time frame for acts of creation is particularly complex and deserving of attention. In this sense, the opening lines of Genesis are quite evocative.

The characters we glimpse there—Night and Day, and just beyond them, Evening and Morning—should certainly not be seen from the ordinary, often indifferent perspective of everyday life. They are, so to speak, metaphysical entities, whose value lies not in the precision or measurability of what they stand for, but in their resonance and richness as a source of inspiration.

To begin with Day—what kind of Day is meant here, if we're already on the first one, but the sun does not exist yet, and only will be created along with the other heavenly bodies, on the fourth? It could be that Day is tied to Light and its indisputable status, which has never faded over the millennia despite the rehabilitation of Darkness. This is not a fully satisfying answer, though, since light itself was created only on the second day! In any case, commentators soon left off thinking of the day in astronomical terms, as a time unit determined by the movement of the spheres: Day was to be seen in the divine Word—a spiritual Day, in short.

The interpretations proliferated. Day thus came to symbolize the firm, certain Stability of created things; Night, on the other hand, evokes the unfortunate possibility of Change—a change of such scope that things themselves could cease to be, sinking into Nothingness. Or else Day is the specific Form—the first, finished Form—of created things, while Night is lack-of-Form, or (even worse) its collapse. Because Form—having a Form!—is a crucial value throughout Antiquity. Lack-of-

la mancanza-di-Forma, perché qui si colloca la Materia, la quale, proprio per un qualche suo difetto-di-forma, tende al Nulla.

La Notte, tuttavia, non è soltanto oggetto di svalutazione: oltre a questa, sembra anche di cogliere, negli antichi commentatori, una qualche sproporzione tra la parte attribuita a essa rispetto a quella attribuita al Giorno, – come se la Notte possedesse un "peso ontologico" inferiore. E anche la successiva, inevitabile rivalutazione culturale della Notte (finalmente considerata a sé, ossia autonomamente da Tenebre) sembra essere stata più lenta. Uno dei suoi punti più alti, nella tradizione occidentale, è forse rappresentato dalla «noche oscura [...] noche dichosa» [notte oscura ... notte felice] lodata nei versi di Juan de la Cruz[3]: quella che consente di muoversi celati, «nella casa addormentata», senza che nessuno si accorga di noi, quasi di soppiatto, senza altra luce e guida «sino la que en el corazón ardía» [tranne quella che ardeva nel cuore]. Non solo guadagni conoscitivi, dunque, ma anche, oscuramente, un piacere, – quello, quasi-infantile, di non essere scoperti da nessuno. Ma ancora lontani sono gli *Inni alla Notte*.

Ma naturalmente anche la Notte faceva parte della Creazione, – non poteva essere interamente difettiva. Intanto, non la si doveva equiparare senz'altro alle Tenebre: piuttosto, la Notte è *tenebrae ordinatae*. E nemmeno poteva essere del tutto brutta (*indecora*), – vi era in essa un cielo trapunto di stelle! Ma l'importanza degli astri notturni, notava giudiziosamente Agostino, andava al di là del fatto estetico: perché vi sono uomini la cui attività necessariamente si svolge per lo più di notte, e certo la loro fatica è alleviata (*consolaretur*) dalla luce di luna e stelle; e poi era anche stato necessario provvedere agli animali i cui occhi non possono sopportare la luce diurna...

Ogni soggetto creatore di opere può certo individuare nel proprio agire – come crede,

3 Juan de la Cruz, *Noche oscura del alma*, 1578 circa.

Form, on the other hand, is repellent, because that is the territory of Matter, whose flawed form propels it toward Nothingness.

Nonetheless, Night is not only devalued: one also seems to perceive, in ancient commentary, a certain disproportion between the role attributed to it and the one attributed to Day—as if Night had a lesser "ontological weight." And even the later, inevitable cultural reassessment of Night (finally seen as a thing unto itself, independently of Darkness) seems to have been slower. One of its peaks, in the Western tradition, was perhaps the "noche oscura [...] noche dichosa" [dark night ... happy night] praised by John of the Cross[3]: the Night that allows us to slip through "the sleeping house" without anyone noticing, almost secretly, with no light or guide "sino la que en el corazón ardía" [save the one burning in the heart]. In other words, not only a gain in knowledge, but an ambiguous pleasure—the almost childish pleasure of not being seen. But we are still far away from Novalis and his *Hymns to the Night*.

Of course, Night too was part of Creation—it could not be entirely flawed. To begin with, one ought not to see it as equivalent to Darkness: rather, Night is *tenebrae ordinatae*, well-ordered darkness. Nor could it be completely ugly (*indecora*)—not when it offered a star-strewn sky! But the importance of the night sky, as Augustine judiciously noted, went beyond beauty: there are human beings who must work mainly at night, and their labors are unquestionably made easier (*consolaretur*) by the light of the moon and stars; and then, of course, it was also necessary to provide for animals whose eyes could not bear the sun...

Every creator of works can surely identify—if they wish, if they deem it useful—Day/Night sequences of this kind in their own actions. Here, too, there are spiritual Days, in

3 Juan de la Cruz, "Noche oscura del alma" (c. 1578).

come gli sembra utile – sequenze Giorno-Notte di questo tipo. Giorni spirituali, anche qui, in cui il rischio continua a essere quello della caduta-della-Forma, della sua mancanza! Cui si oppone qualcosa che appare e scompare, qualcosa che potrebbe chiamarsi, molto tradizionalmente, ispirazione: una condizione interna ed esterna al soggetto, così complessa da alimentarsi, inaspettatamente, non solo di doni ricevuti chissà come, ma anche di buona sorte, e persino di adempimenti di doveri. Ogni Giorno una vicenda creativa a sé, sempre densa, sempre dispiegata, – e naturalmente lenta. Così lenta che nessun creatore condividerebbe oggi lo stupore di alcuni antichi commentatori, che a un Creatore Onnipotente ci fosse voluto, per ogni opera, ogni volta un giorno, – un intero giorno per creare la luce! Perché ogni creatore, per piccolo che sia, sa che ci sono le marce di avvicinamento all'opera, che possono essere estenuanti, e poi c'è il Ritorno, la fase più ricca di sbalzi, – un Giorno ci vuole tutto. (Del resto, lo stesso Creatore, pur nella sua sbalorditiva Sicurezza-di-Sé, sembra non aver ignorato Ritorni di questo tipo: guardando una propria creazione, «vide Dio che era cosa buona».)

Tanti Giorni così, dunque, intervallati da Notti diversamente profonde.

3.

Altri personaggi tuttavia, nel quadro temporale della Creazione, sembrano ancora più importanti di Giorno e Notte, e della loro contrapposizione. Infatti, nonostante tutte queste letture simbolico-allegoriche, tale contrapposizione – a guardarla bene – appare poco più che descrittiva: è solo un'antitesi, non una Successione, e in essa Giorno e Notte figurano, in fondo, come semplici contenitori.

Non così quella tra Sera e Mattino, – che anche i commentatori sembrano avere riconosciuto come i veri protagonisti di questa storia. Perché Sera non intende affatto segnalare,

which the risk continues to be the collapse-of-Form, the lack of it! This is offset by something that appears and disappears, something that could be called, very traditionally, inspiration: a condition both internal and external, so complex that it is sustained, contrary to expectations, not only through gifts one has somehow received, but also through luck, and even through discipline. Every Day is a creative event unto itself, always dense, always unfurling—and naturally slow. So slow that no creator of today would be surprised, as some ancient commentators were, that an Omnipotent Creator took a full day for each piece of work—a whole day to create light! Because every creator, however small, knows that the way to the work is very long and may be exhausting, and then there is the Return, the leg of the journey with the most bumps and jolts—a full Day is necessary. (For that matter, even the Creator, despite His amazing Self-Confidence, seems to know such Returns: looking at a given creation, "God saw that it was good.")

And so there are many Days, alternating with Nights that are different in depth.

3.

Still, other characters seem to be even more important in the time frame of Creation than Day and Night and the contrast between them. Despite all the symbolic or allegorical interpretations, this contrast—upon closer examination—seems little more than descriptive: it is only an antithesis, not a Succession, and in the end, Day and Night seem to serve as mere container concepts.

This is not true of the contrast between Evening and Morning—which even biblical commentators seem to have singled out as the true protagonists of this story. Because Evening does not simply mark the moment when the absence of light begins, nor does

pianamente, il momento in cui inizia l'assenza di luce, né Mattino segnala, altrettanto docilmente, l'inizio della sua presenza. Sera e Mattino rifiutano ogni descrittività di questo tipo, ogni pacifico starsi-accanto, per istituire un rapporto forte, sullo sfondo, come subito diremo, di una viva contraddizione. Tanto che Mattino e Sera non sono, in un certo senso, momenti del giorno: ciascuno di essi ha la "affilatezza" e la perentorietà di un *Limite*, ossia di qualcosa in cui il Giorno (stiamo sempre parlando di un Giorno-opera, evidentemente) cambia il modo di essere della propria natura. E non, semplicemente, nel senso che Sera sia il Limite in cui si compie la creazione di un'opera, e Mattino sia l'inizio dell'opera che verrà. Perché Mattino non comporta solo una ripartenza ex novo, ma anche un "ritorno" sulla Sera che lo ha preceduto, – una sua quasi riparatoria *renovatio*.

È in questa prospettiva, che legge tra Sera e Mattino l'antagonismo di cui ora diremo, che gli antichi commentatori affermavano che «il mattino è la fine del giorno precedente, e l'inizio di quello seguente» (nel facile latino medioevale, *mane est finis diei precedentis, et principium diei sequentis*). Sicché la sequenza vera cui guardare (sempre parlando di un Giorno-opera) era Mattino-Sera-Mattino.

Ma in che modo questa dinamica era rilevante per il tema della creazione? Una creazione era riservata a Dio, e mai gli antichi commentatori vi avrebbero coinvolto creatori umani, come è invece qui per noi, – troppo grande la distanza. Ma a consentire un collegamento tra il Molto-Lontano e i molto-lontani la cultura medievale faceva ricorso agli Angeli. Che erano sì superiori all'uomo per essenza, ma anch'essi erano stati creati, e nel quadro della Creazione era stato loro assegnato il ruolo di mediatori. E, in tale ruolo, essi svolgevano una serie di operazioni, e la principale era la conoscenza. In particolare,

Morning mark, just as tamely, the beginning of its presence. Evening and Morning refuse all such descriptiveness, all peaceful adjacency, and establish a dynamic interaction, in the context, as we will soon see, of a keen contradiction. So much so, that Morning and Evening are not really times of day: each has the sharp, peremptory quality of a *Limit*, that is, some point in which the Day (we are clearly still speaking of the Day-as-work) changes its mode of being. And not simply in the sense that the Evening is the Limit by which the creation of the work is completed, and Morning marks the beginning of the work to come. Because Morning is not only a fresh start from scratch, but a "return" to the Evening that preceded it—an almost reparative *renovatio*.

It is from the standpoint of an antagonism between Evening and Morning, as we shall see below, that ancient commentators said "the morning is the end of the day before, and the beginning of the day after" (in the easy medieval Latin, *mane est finis diei precedentis, et principium diei sequentis*). And so the real sequence to be examined (once again, in reference to the Day-as-work) was Morning-Evening-Morning.

But how was this dynamic relevant to the theme of creation? Creation was an act reserved for God, and ancient commentators would never have brought human creators into the discussion, as we are doing now—the distance was too great. But to allow some kind of connection between the Very-Far and those-far-away, medieval culture turned to Angels. The latter were, of course, superior to man in their essence, but were also created beings; in the framework of Creation, they had been assigned the role of mediators. And in this role, they carried out a series of tasks, the main one being the task of knowledge. Specifically, the *knowledge of created things*—which is what interests us here.

conoscenza delle cose create, – ed è questo il punto che ci interessa.

In tale conoscenza i commentatori – inaspettatamente per noi – distinguevano due conoscenze, o due momenti: la *cognitio vespertina,* ossia la conoscenza di una cosa creata che l'Angelo ha nella Sera, e la *cognitio matutina* che l'avrebbe seguita. La prima, essi affermavano, si fermava interamente alla cosa creata, – alla cosa-in-sé, dunque. Una conoscenza che era uno sprofondamento: conoscerla significava infatti coglierne la natura particolare, a essa specifica, il suo proprio modo di essere, le sue ragioni proprie. Una *cognitio* che a noi potrebbe parere apprezzabile, e anzi eccellente, soprattutto per questo arrivare alle "ragioni proprie" dell'opera: quelle che spiegano perché *quella* creatura, in quanto diversa da ogni altra, è stata creata. Cogliere insomma *la diversità di ciascuna,* che è forse la nota più alta della Creazione: perché perfino evoca la diversità della creatura dal Creatore, preludio a possibili distacchi.

Questo avveniva nella "Sera" degli Angeli, e forse quella parte di loro che, in quanto esseri creati, era vicina agli uomini, se ne compiaceva. Ma i commentatori, senza nascondere la propria freddezza in proposito, esaltavano invece la *cognitio matutina* che sarebbe necessariamente seguita. Una *cognitio* che volutamente ignora le "ragioni proprie" di un'opera, in quanto ragioni meramente temporali, e dunque labili e imperfette, e ne coglie invece le ragioni eterne, riconducendo così la cosa creata a testimonianza riconoscente della Gloria e dell'Amore divini. Ogni altra conoscenza era inferiore: appunto, apparteneva alla Sera.

4.

Siamo lontanissimi, anche qui, dall'immagine cara e dolce della Sera presente al lettore di poesia, e che anche molti non-lettori condividono. Ma quel che vogliamo ora chiederci

Commentators—it so happens—distinguished between two forms of this knowledge, or points within it: *cognitio vespertina*, the knowledge of a created thing that the Angel has in the Evening, and the *cognitio matutina* that follows in the Morning. The former, they said, began and ended with the created thing—the thing-in-itself. This knowledge was a delving-in: knowing it meant grasping the specific nature of the thing, peculiar to it, its unique mode of being, the motivation behind it. A *cognitio* that to us might seem commendable, even outstanding, above all because it arrives at the reasons for the work: why *that* thing, different from any other, was created. Grasping, in short, *the difference in each*, which is perhaps the high note of Creation: because it suggests even the difference of the created thing from the Creator, a prelude to potential separation.

This took place in the "Evening" of the Angels, and may have gratified the part of them that, as created beings, was closest to humanity. But commentators did not hide their reservations about it, praising instead the *cognitio matutina* that necessarily followed. This *cognitio* is one that intentionally ignores the individual reasons for a work—as merely temporal, hence shifting and imperfect—and instead grasps the eternal ones, re-establishing the created thing as a grateful tribute to divine Glory and Love. All other knowledge was inferior: it belonged to the Evening.

4.

Here, too, we are very far from the warm, sweet image of Evening so familiar to those who read poetry, and to many of those who do not. But we must now ask ourselves what "Evening" means within the time frame of the creative processes examined here. Needless to say, this is certainly not a time frame that can be dictated by the calendar, but instead

è cosa significa "Sera", traguardata nella temporalità dei processi creativi di cui ci stiamo occupando. Una temporalità che (inutile dire) non può certo essere quella che risulta da un'agenda, una temporalità invece che riflette fedelmente il mondo interiore di chi crea, le sue dinamiche, la sua ricchezza spirituale, le sue disposizioni estetiche, – persino la sua eticità. Riflette, più specificamente, il rapporto che si ha con le cose, con l'oggetto. Ed è in questa prospettiva generale che vorremmo provare a riconoscere, nel modo di essere di chi crea, momenti diversi, e anzi, stati diversi, ciascuno dei quali ha davvero la perentorietà di un Limite.

A cominciare dalla "Sera". Guardiamo all'atteggiamento di chi crea verso ciò che ha appena creato, – guardiamo alla Sera dei piccoli creatori. Anche qui vi è conoscenza dell'opera creata, e anche qui questa conoscenza è quasi uno sprofondamento. Dove "ragioni eterne" e "ragioni temporali" liberamente si sovrappongono, sullo sfondo di una dilatazione della propria essenza, di una trasfigurazione della propria traiettoria. Una Diversità orgogliosa, che segna il punto di maggior conoscenza della propria opera. Della propria opera-in-sé, che è quasi come se, per un momento, il resto del mondo non esistesse. Si ha qui, davvero, il senso del raggiungimento di un Limite, – un Limite amico, tuttavia. E a ragione il poeta ricorda che «dice molto chi dice *sera*»[4].

Nella temporalità di questa Sera, che è una straordinaria sovrapposizione di presente, passato e futuro, l'avverbio di tempo che si usa è probabilmente *adesso* (*nunc*). *Nunc* è il momento in cui la presenza-a-sé è massima, massimo il senso di identità, – massima la persuasione che, per noi, l'opera e il suo vissuto coincidono. La Sera è abitata dal *nunc*.

E *nunc* è anche l'unica determinazione temporale da sempre ammessa per l'eternità, – nessun'altra avrebbe senso, perché nell'eternità

4 «Und dennoch sagt der viel, der "Abend" sagt.» Hugo von Hofmannsthal, "Ballade des äußeren Lebens", in *Blätter für die Kunst*, 1896.

faithfully reflects the inner world of the creator, its dynamics, their spiritual richness, their aesthetic inclinations—even their ethics. It reflects, more specifically, their relationship with things, with the object. And it is in this general sense that we should try to identify different points within the creator's mode of being, or rather, different states, each of which truly has the peremptory nature of a Limit.

To begin with, "Evening." Let us look at the creator's attitude toward what they have just created—at the Evening of small-scale creators. Here, too, there is a knowledge of the created thing, and here, too, this knowledge is almost a delving-in. It is where "eternal reasons" and "temporal reasons" freely overlap, amid an expansion of one's essence, a transfiguration of one's path. A proud Diversity, marking the point of deepest knowledge of one's work. Of the work-in-itself, almost as if, for a moment, the rest of the world did not exist. Here, truly, one has the sense of having reached a Limit—a benevolent Limit, however. And as a poet reminds us, "one says much when one says *evening*."[4]

In the time frame of this Evening, which is an extraordinary superimposition of present, past, and future, the temporal adverb that probably ought to be used is *now* (*nunc*). *Nunc* is the point at which self-presence is greatest, and greatest is the sense of identity—greatest the persuasion that, to us, the work and its evolution are one and the same. The Evening is pervaded by the *nunc*.

And *nunc* is also the only determination of time that remains valid for all eternity—no other would hold up, because in eternity there is no distinguishing between past, present, and future, only *nunc* makes sense. And eternity traditionally suggests images of wholeness, of perfection. We are speaking here, of course, of a rather a "cheap" eternity,

4 "Und dennoch sagt der viel, der 'Abend' sagt." Hugo von Hofmannsthal, "Ballade des äußeren Lebens," in *Blätter für die Kunst* (1896).

non è possibile distinguere tra passato, presente e futuro, solo il *nunc* ha senso. Ed eternità porta con sé, tradizionalmente, immagini di compiutezza, di perfezione. Qui parliamo, naturalmente, di una eternità un po' alla buona, che sarebbe ingiusto tuttavia definire "falsa", essendo l'unica eternità – o meglio, l'unico vissuto-di-eternità – accessibile a un creatore umano. E non è poco, – ed è comprensibile che i teologi parlassero della *cognitio vespertina* come di un peccato della creatura razionale.

Anche per gli Angeli, forse, che nella loro Sera erano più vicini agli uomini, poteva immaginarsi qualcosa di simile, ma nella successiva *cognitio matutina* era assicurata una *renovatio* radicale, e in questa essi tornavano a riferire l'opera alla Gloria e all'Amore divini. Docilmente, senza fatica, – un battito d'ali, ed ecco, era subito Mattino.

Per il creatore umano, non è così, ed è persino banale richiamare quanto costa ogni ripartenza, – recuperare la fedeltà alla propria traiettoria, alla propria essenza. Un ripristino della "legalità" di sempre, volenteroso, persino un po' rigido, in un contesto di dubbi, scontentezze, disincanti. E forse l'avverbio di tempo più idoneo a cogliere questa nuova atmosfera è il *quando.* Non il *quando* descrittivo, che misura una durata, ma il *quando?* interrogativo, che pone domande. Domande alle quali spesso non ci si aspetta alcuna risposta, e nemmeno si deve aspettarne, perché il *quando?* (e anche su questo i commentatori non si ingannavano) non misura il tempo, – non fa altro che riconoscere, magari con riluttanza, il proprio rapporto col tempo. Il *quando?* maschera un *se*, in un'atmosfera di finitezza, di labilità, che fa guardare con incredulità a qualsiasi idea di perfezione, con fastidio all'idea di Eternità.

Certamente gli Angeli non conoscevano il *quando?* Che è bisogno di partecipazione al tempo, alla temporalità: non quella gloriosa, da cui si è appena usciti, ma la temporali-

yet it would be wrong to call it "false," since it is the only eternity—or rather, the only experience-of-eternity—accessible to human creators. That is of no small significance—and it is understandable that theologians spoke of the *cognitio vespertina* as a sin of the rational creatures.

One could imagine something similar occurring for Angels, too, who in their Evening were closer to humans, but who in the *cognitio matutina* that followed experienced a radical *renovatio*, rediscovering the work's connection to divine Glory and Love. Quietly, effortlessly—a beat of their wings, and it was Morning.

For human creators, that's not how it goes. It is almost a cliché to point out how arduous it can be to start over each time—to recover faith in one's own path, one's own essence. To reinstate the previous "rules," willingly, even a little strictly, in a context of doubt, dissatisfaction, disenchantment. And perhaps the adverb of time that best captures this new mood is the *when*. Not the descriptive *when*, which measures a duration, but the interrogative *when?*, which poses questions. Questions that often expect no answer, nor should they, because this *when?* (and here, too, commentators were not mistaken) does not measure time—it merely acknowledges, perhaps reluctantly, its own relationship to time. The *when?* conceals an *if*, with a mood of finiteness, of ephemerality, that prompts skepticism about the idea of perfection, unease about the idea of Eternity.

The Angels could certainly not have been acquainted with the *when?*. The *when?* is a need to take part in time, in temporality: not the glorious dimension of time from which we have just emerged, but everyday one: the only one—and in that moment we are truly convinced—in which we can finally obtain citizenship. A somewhat gray area, to be sure.

tà quotidiana, – la sola – e in quel momento ne siamo davvero persuasi – che dà finalmente cittadinanza. Una condizione un po' grigia, certamente. Perché i guadagni sembrano pochi, e la consapevolezza che una nuova creatura deve essere creata è ancora sullo sfondo, non ha valenze estetiche, è puramente (a volte, persino stolidamente) etica. Ma ora davvero nel grigiore il Mattino ha incontrato il suo Limite, mostra il Limite che esso rappresenta: cambiando il proprio modo di essere, – riconoscendo la propria natura di nuovo Giorno.

Because not much seems to have been gained, and the awareness that something new must be created is still in the background; it has no aesthetic significance; it is purely (sometimes even stolidly) ethical. But now, in this grayness, the Morning has truly found its Limit, reveals what Limit it represents. It changes its mode of being—acknowledging its nature as a new Day.

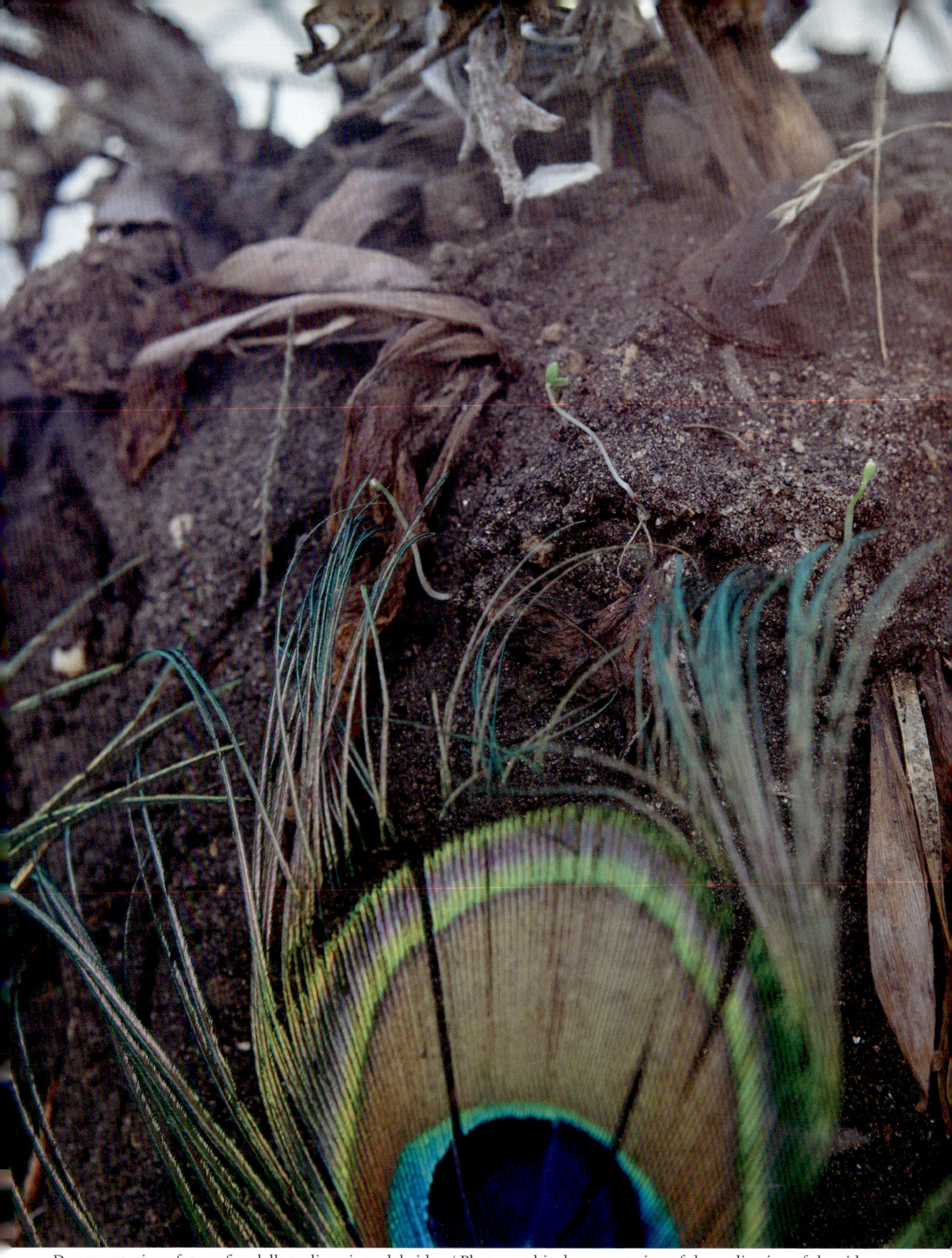

Documentazione fotografica della realizzazione del video / Photographic documentation of the realization of the video
Burning Sister, 2023

Lucia Aspesi, Fiammetta Griccioli

Il lavoro di Chiara Camoni contiene una pluralità di materie e forme raramente addomesticate che accolgono l'inaspettato. Nel disporsi nello spazio, le sue opere dischiudono la presenza di ciò che non si mostra o si consuma senza traccia nel quotidiano.

Uno dei suoi video, *La distruzione bella* (2022), racconta la genesi della serie delle sculture-gioiello (2022-in corso), composta da numerosi ornamenti ricavati da fusioni di oggetti metallici più o meno preziosi che vengono "sacrificati" alla memoria di chi li possiede, e una volta sciolti, nel processo di solidificazione incorporano altri elementi diventando collane, orecchini o bacchette dai tratti zoomorfi. In una traiettoria che ripercorre le azioni autodistruttive di Jean Tinguely – con la celebre scultura cinetica *Homage to New York* (1960), disfattasi nello Sculpture Garden del MoMa – e le imprese dei primi anni sessanta di Gustav Metzger, che in modo radicale ha affermato la distruzione come parte del processo di creazione dell'opera, *La distruzione bella* di

Chiara Camoni's work contains a multiplicity of materials and forms that are rarely domesticated ones, and embrace the unexpected. Through their arrangement in space, her works disclose the presence of what, in everyday life, does not reveal itself or fades away without a trace.

One of her videos, *La distruzione bella* (2022), shows the genesis of her large series of jewelry-sculptures (2022–ongoing), ornaments made by melting down objects of varying value that are "sacrificed" in the memory of their owner; as they re-solidify, other elements are incorporated to create necklaces, earrings, or wands with zoomorphic features. Taking a direction that echoes Jean Tinguely's self-destructive actions—with his famous kinetic sculpture *Homage to New York* (1960), which was made to fall apart in MoMa's Sculpture Garden—and those of Gustav Metzger, who in the early 1960s radically declared destruction to be part of the process of creating the work, Camoni's *La distruzione bella* leaves behind the urbanized environment (a prerogative of

Camoni esce dall'ambiente urbanizzato (prerogativa delle esperienze pregresse) per arrivare nelle zone rocciose delle Alpi Apuane, noto luogo di estrazione del marmo.

Nel video, insieme alle immagini della fusione dei minerali, sono mostrate le riprese di un gruppo di persone che creano degli arabeschi con fumi colorati nella radura. Sembrano un esplicito omaggio alle *Atmospheres* (1968-in corso) di Judy Chicago: sculture transitorie di fumo, fuochi d'artificio o ghiaccio secco, che l'artista femminista americana ha presentato in parchi e deserti del Sud della California e nel Nordovest del Pacifico, in opposizione alle azioni ben più intrusive di Land Art da parte di artisti a lei contemporanei. Nelle forme di evanescenza adottate da Judy Chicago è possibile rintracciare alcune delle caratteristiche principali del linguaggio di Chiara Camoni, fondato su una tensione tra spontaneità e partecipazione, libertà e smaterializzazione.

Attraverso la continua scansione temporale fra tradizioni antiche e vissuto personale – movimento generativo delle opere dell'artista –,

earlier experiments) and arrives in the rocky Apuan Alps, known for their marble quarries.

In the video, along with images of minerals being melted, we see a group of people creating arabesques of colored smoke in a clearing. It seems like an explicit tribute to the *Atmospheres* (1968–ongoing) by Judy Chicago: transitory sculptures made from smoke, fireworks, or dry ice, which the American feminist artist has presented in parks and deserts in Southern California and the Pacific Northwest, they stand in contrast to the much more intrusive Land Art projects of some of her contemporaries. The evanescent forms adopted by Judy Chicago foreshadow some key characteristics of Chiara Camoni's artistic language, grounded in the tension between spontaneity and participation, freedom and dematerialization.

In the continual cadence of time between ancient traditions and personal experience—the movement that generates the artist's works—one can imagine that the shifting colors floating off into the forested setting of

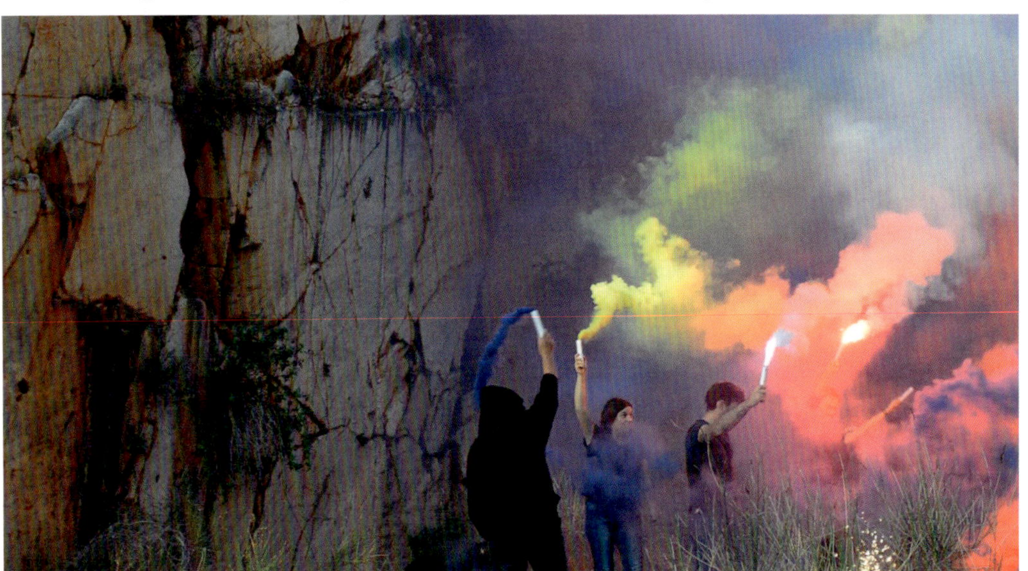

La distruzione bella, 2022 (still da video / video still). Video HD, colore, suono / HD video, color, sound, 16' 12"

è possibile immaginare che i colori cangianti che si disperdono nell'ambiente boschivo descritto in *La distruzione bella* possano entrare in dialogo con i fossili impressi sulle superfici minerali presenti in un altro suo lavoro scultoreo, *Leonesse* (2024), realizzato appositamente per la retrospettiva di Pirelli HangarBicocca. Immersi nel tempo e nell'incertezza della vertigine della roccia che li sovrasta, proprio come dei reperti geologici, i corpi delle persone raffigurate nel video di Camoni diventano detriti di conoscenza, trasformandosi in entità simili a rovine. Ed è proprio nell'indagine attorno all'idea di rovina – intesa come sforzo di rimemorazione della civiltà[1] – che è possibile individuare il rapporto all'origine tra scultura e monumentalità nell'opera di Camoni, fondato sulla reiterazione di gesti transitori e nel mettere a confronto lo spettatore con un senso di densità[2].

Le sculture di Camoni si distinguono per i materiali naturali che ne determinano le tonalità terrose e per la mutevolezza delle configurazioni della sua produzione. L'artista, attraverso processi organici, combina nelle sue opere diversi tipi di erbe, foglie, bacche e fiori raccolti presso fiumi e boschi, ma anche argille e ceneri. La sua pratica si esprime inoltre attraverso una gestualità cha ha radici nel fare scultoreo e sfocia in una ritualità che evade i limiti del medium. Nei diversi casi, gli elementi vengono modellati, intrecciati o riassemblati a creare differenti corpus di lavori, che richiamano il mondo domestico e sono caratterizzati da tratti zoomorfi o da funzioni architettoniche.

Ricettacolo di frammenti in terracotta e fiori, le sculture della serie *Sisters* (2017-in corso) non commemorano l'immortalità, ma esistono in una molteplicità di tempi. La loro stessa natura compositiva – di lunghe "stringhe" di elementi in ceramica che vengono adagiate su strutture metalliche di riuso – sembra incoraggiare una volontà di trasmissione e

1 Concetto discusso da Alain Schnapp in *Storia universale delle rovine. Dalle origini all'età dei Lumi* [2020], Einaudi, Torino 2023.

2 La conversazione con Chiara Camoni all'interno di questo volume amplia questa riflessione: *infra*, pp. 115-129.

La distruzione bella could enter into dialogue with the fossils imprinted on the mineral surfaces we find in another sculpture, *Lionesses* (2024), made specifically for the retrospective at Pirelli HangarBicocca. Immersed in time and in the dizzying uncertainty of the sheer rock above them, like geological artifacts, the bodies of the people in Camoni's video become the rubble of knowledge, entities similar to ruins. And it is in Camoni's exploration around the concept of the ruin—as an effort to recover the memory of civilization[1]—that one can glimpse the relationship between sculpture and monument that lies at the origin of her work, based on the reiteration of transitory gestures and conveying a sense of density to the viewer.[2]

Camoni's sculptures are characterized by the natural materials that give them their earth tones, and by the shifting configurations of her pieces. Through organic processes, the artist combines the different herbs, leaves, berries, and flowers she collects along rivers and in the woods, but also various kinds of clay and ash. Her practice also takes the form of actions rooted in sculpture-making and yields a rituality that spills outside the boundaries of the medium. The elements are molded, woven, or reassembled, as the case may be, to create different bodies of work that evoke the domestic sphere and possess zoomorphic features or architectural functions.

As vessels for terracotta fragments and flowers, the sculptures in the *Sisters* series (2017–ongoing) do not commemorate immortality, but rather exist in many different times. The very way they are composed—out of long "strings" of ceramic pieces that are draped over reused metal structures—seems to nurture a desire for transmission, passing on a memory that is vulnerable because it is receptive and incomplete. Indeed, the manifestation of memory in Camoni's work is

1 A concept discussed by Alain Schnapp in *Une histoire universelle des ruines. Des origines aux Lumières* (Paris: Le Seuil, 2020).

2 The conversation with Chiara Camoni in this catalogue expands on this idea: *infra*, 115–29.

affidamento di una memoria vulnerabile perché ricettiva e incompleta. La manifestazione della memoria nella ricerca di Camoni si esprime infatti nella sintonizzazione tra un tempo passato che rievoca pratiche artigianali e un fare sensibile alla contingenza[3].

Questa accezione performativa della monumentalità è alla base del progetto di mostra "Chiamare a raduno. Sorelle. Falene e fiammelle. Ossa di leonesse, pietre e serpentesse" in cui l'artista ha immaginato lo spazio del giardino all'italiana d'impronta tardorinascimentale come architettura complessa per la disposizione dei lavori. Per natura i giardini sono creazioni effimere, la cui esistenza è raramente tracciabile attraverso i consueti parametri di individuazione e classificazione di un evento storico e, come argomentato da Robert Pogue Harrison[4], nel loro prender luogo in un dato momento fungono da "re-incantazione" del presente.

Spazio di dialogo tra vita e forma, nel giardino il tempo della natura è più che mai attivo: c'è il ricorrere delle stagioni, che apre a una ciclicità determinabile se prendiamo in considerazione il giardino come uno spazio delimitato, ma anche la dimensione geologica della conformazione terrestre è condizione inscindibile della sua esistenza, proprio perché essa determina le caratteristiche fisiche, meccaniche e chimiche del terreno che influiscono sulla tecnica agronomica. Nel giardino si incontrano dunque le due scale temporali più remote, il qui e ora e l'arcaico, e da questa unione vi è la creazione di una forma: come il germoglio di un fiore muove verso il sole per schiudersi e l'edera insegue l'umidità per ramificarsi. In questo spazio aperto alla porosità

expressed through the harmonization of a past time evocative of artisan practices with an approach attuned to contingency.[3]

This performative aspect of the monument is at the heart of the exhibition project "Call and Gather. Sisters. Moths and Flame Twisters. Lioness Bones, Snakes and Stones," in which the artist has imagined the space of a late-Renaissance Italian garden as a complex architectural layout for the works. By nature, gardens are ephemeral creations whose existence can rarely be retraced with the normal parameters used to identify and classify historical events, and, as Robert Pogue Harrison has argued,[4] by taking place at a given moment, they serve as a "re-enchantment" of the present.

In the garden, a space of dialogue between life and form, the time of nature is more active than ever: there is the passage of seasons, which introduces a cyclicality that can be determined if we consider the garden as a delimited space. But the geological aspect of the earth's conformation is also an essential factor in its existence, precisely because it determines the physical, mechanical, and chemical characteristics of the soil that influence the techniques of cultivation. The garden, therefore, is where the two most distant time scales meet—the here and now, and the archaic past—and out of their union a form is created: just as a sprouting flower turns toward the sun to unfurl, or ivy seeks out moisture as it branches. In this space that is open to porous exchange, the transformations are incessant, precisely because they cannot be dissociated from the temporal sphere. In the experience of each person who moves through it, the

3 All'aspetto transitorio della monumentalità in relazione al riallestimento di opere immersive concepite da artiste donne è stato dato ampio spazio durante il convegno "Challenging the Narrative: Conservation and Replication of Immersive Artworks", co-organizzato da Haus der Kunst e Getty Conservation Institute l'11 novembre 2023, in occasione della mostra "Inside Other Spaces. Environments by Women Artists 1956–1976" a cura di Andrea Lissoni e Marina Pugliese con Anne Pfautsch presso Haus der Kunst, Monaco, 8 settembre 2023-10 marzo 2024.

4 Robert Pogue Harrison, *Giardini. Riflessioni sulla condizione umana* [2008], Fazi, Roma 2017. Il titolo del saggio ha origine dal libro in oggetto.

3 The transitory aspect of the monument in relation to the reinstallation of immersive artworks by women artists was extensively explored in the conference "Challenging the Narrative: Conservation and Replication of Immersive Artworks," co-organized by Haus der Kunst and the Getty Conservation Institute on November 11, 2023, in conjunction with the exhibition "Inside Other Spaces. Environments by Women Artists 1956–1976" curated by Andrea Lissoni and Marina Pugliese with Anne Pfautsch at Haus der Kunst, Munich, September 8, 2023–March 10, 2024.

4 Robert Pogue Harrison, *Gardens: An Essay on the Human Condition* (Chicago–London: University of Chicago Press, 2008). The title of this essay is drawn from the same book.

dello scambio, le trasformazioni sono incessanti proprio perché indissociabili dalla sfera temporale e ciascuno, percorrendolo, vive la perdita di leggibilità dei dettagli visivi, olfattivi, termici e acustici che lo compongono, da cui scaturisce un senso di totalità.

In questa dimensione esperienziale, il principio della visione nel giardino non è più quello prospettico che viene comunemente utilizzato per la rappresentazione del reale, ma vi è invece la ricerca di un'inquadratura, di un'immagine in sequenza che contraddistingue lo sguardo cinematografico. L'esperienza di mostra è dunque simile a quella di una camminata in montagna o in una radura, dove lo scorcio panoramico si compone nel corso della passeggiata, slegandosi dalla definizione di un orizzonte.

L'idea di mutevolezza dei confini, che connota "Chiamare a raduno. Sorelle. Falene e fiammelle. Ossa di leonesse, pietre e serpentesse", è ulteriormente sviluppata da Camoni attraverso le sequenze di frammenti in onice dalle fattezze di *Serpenti e Serpentesse* (2024) che delineano i vari ambienti, tracciando aiuole e conferendo così al paesaggio un nuovo livello di ambiguità.

Per Camoni il punto focale del percorso espositivo è il centro dello spazio dello Shed, un vuoto attivatore da cui si diramano le quattro aree che ne costituiscono l'andamento. La struttura simmetrico-radiale, che in pianta ricorda il corpo di una falena, genera la disposizione degli ambienti, creati dall'orizzontalità del pavimento fino alle creste degli elementi domestici – tavolo, credenza o paravento –, che trattengono lo spazio esplorativo in un ambiente antropizzato. L'unica eccezione è rappresentata dall'opera *Sul perché in natura tutto avvolge a sinistra #02* (2013-23) – una lunga linea di frammenti in terracotta azzurra inanellati uno dopo l'altro e prodromo della serie delle *Sisters* –, che attraversa connettendo dal pavimento al soffitto lo spazio espositivo.

visual, olfactive, thermal, and acoustic details making it up gradually become illegible, yielding a sense of the whole.

In this dimension of experience, the principle of vision that applies in the garden is no longer the perspective-based one normally used to depict reality, but is instead the search for a framing, for an image in sequence, that is characteristic of the cinematic gaze. The experience of this exhibition is therefore similar to that of a walk in the mountains or through a clearing, where the panorama is composed over the course of the stroll, untethered from the definition of a horizon.

The idea of mutable borders that pervades "Call and Gather. Sisters. Moths and Flame Twisters. Lioness Bones, Snakes and Stones" is developed further through the sequences of onyx fragments resembling serpents (*Serpenti e Serpentesse*, 2024) that delineate the various spaces, outlining garden beds and giving a new level of ambiguity to the landscape.

In Camoni's vision, the focal point of the exhibition is the center of the Shed, an empty space of catalyzation from which the four areas of its path branch out. A radially symmetrical layout, which in the floor plan looks like the body of a moth, determines the arrangement of the spaces; created by the horizontal pull of the floor, they run up to the crests of the domestic elements—table, cupboard, or screen—that keep the space of exploration within an anthropized environment. The only exception is the work *Regarding why everything winds leftward in Nature #02* (2013–23)—a long line of blue terracotta fragments strung together like a forerunner to the *Sisters*—which traverses the exhibition space, connecting it from floor to ceiling. In the way they take concrete shape as three-dimensional volumes, made of weights, surfaces, and colors, one can see the cinematic register that emanates from Chiara Camoni's sculptures. Each terracotta

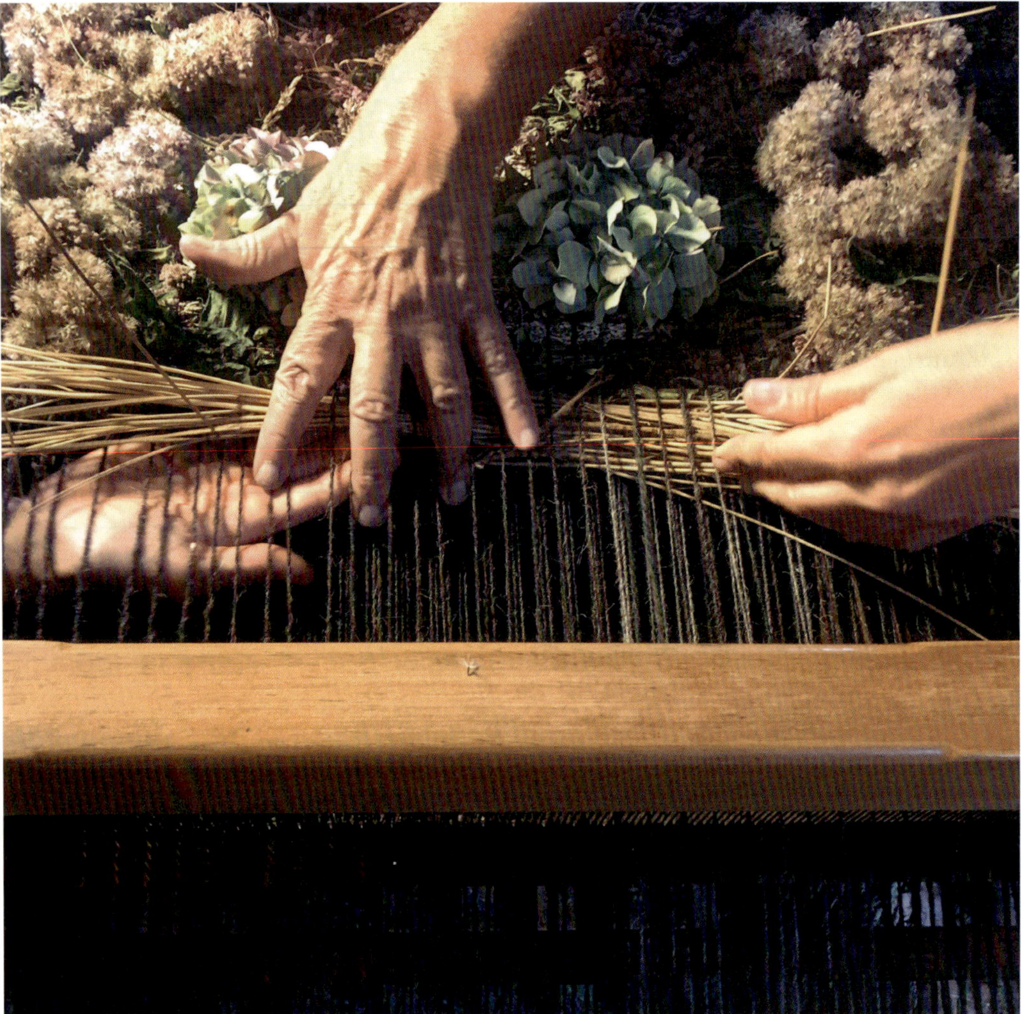

Living Room, 2019 (making of). Fiori, foglie, erbe selvatiche, cotone, canapa, plastica / Flowers, leaves, wild herbs, cotton, hemp, plastic, dimensioni variabili / variable dimensions

Nel loro concretizzarsi come volumi materici, fatti di pesi, superfici e colori, è possibile individuare il registro cinematico che emana dalle sculture di Chiara Camoni. Infatti, ciascun elemento in terracotta, oltre a essere sottoposto a un movimento, quando per esempio viene attorcigliato lungo la struttura interna delle *Sisters* come collana, è interprete di un suono, secco e acuto, simile al rumore dello sfregamento di due pietre usate per accendere una scintilla. La relazione tra immagine in movimento e scultura si espande proprio in questo dialogo: alla frammentazione dei corpi materici corrisponde una temporalità che è inscindibile dal lessico compositivo di Camoni. Tra i maggiori nuclei di lavoro dell'artista, le *Sisters* sono presenze derivate da un passato fantastico, si adagiano nello spazio come divinità femminili protettrici dai caratteri a volte benigni altre terrificanti, e sembrano sempre sul punto di incarnare nuove possibili metamorfosi. La mutabilità delle loro sembianze, insieme ad altre serie scultoree di Chiara Camoni come i *Vasi Farfalla* (2020-22) o il *Tavolo Insetto* (2022), sfocia nell'evanescenza dell'immagine ritratta in *Burning Sister* (2023). Il video, girato a camera fissa, documenta il dissolversi di una *Sister* composta di fiori, foglie e bacche, che brucia durante il crepuscolo sulla spiaggia di un'isola in Grecia. Come ha affermato l'artista: «Non si tratta di sacrificio, ma di una sorta di realizzazione interna a questa figura. È come se lei arrivasse a compimento, come se raggiungesse il suo punto di verità nel momento in cui sparisce. Ed è di una bellezza feroce»[5]. Lo scoppiettio del fuoco che consuma la materia è diffuso nella mostra come unico elemento sonoro e agisce da principio fondante della creazione di tutti gli oggetti, tanto per le ceramiche quanto per le sculture-gioiello contenute nell'installazione

element is not only subjected to a movement—for example, twisted like a necklace around the inner framework of the *Sisters*—but can produce a sharp, high-pitched sound, like two rocks struck together for a spark. The relationship between moving image and sculpture is expanded through this very dialogue: the fragmentation of the material bodies is combined with a temporality that is an inseparable part of Camoni's compositional vocabulary. The *Sisters*, which form one of the largest series in the artist's oeuvre, are presences out of some fantastical past. They repose in the space like protective female deities, sometimes benign and sometimes terrifying, who always seem on the point of manifesting new possibilities of metamorphosis. The mutability of their appearance, as with other series of sculptures by Camoni such as her *Butterfly Vases* (2020–22) or *Insect Table* (2022), gives rise to the evanescence of the image portrayed in *Burning Sister* (2023). This video, shot with a fixed camera, documents the dissolution of a *Sister* composed of flowers, leaves, and berries, which burns at dusk on the beach of a Greek island. As the artist said: "This is not a sacrifice, but a sort of actualization taking place within the figure. It is as if she were coming to completion, reaching her point of truth in the moment that she vanishes. And it's a thing of fierce beauty."[5] The crackle of fire consuming matter is heard throughout the exhibition as the only element of sound. Fire also acts as a founding principle in the creation of all the objects, both the ceramics and the jewelry-sculptures present in the installation *Casetta* (2024), on which the projection rests. The next morning, once the fire was out, the artist collected the ash left on the sand and used it to glaze the ceramics that are in the

5 Da una conversazione tra Chiara Camoni e le autrici, dicembre 2023.

5 From a conversation between Chiara Camoni and the authors, December 2023.

Casetta (2024), su cui anche la proiezione si appoggia. Estinto il fuoco, il mattino seguente l'artista ha infatti raccolto la cenere rimasta sulla sabbia e con questa ha invetriato le ceramiche che sono parte dell'installazione, riattivando un corpo esausto e assegnandogli una nuova dimensione generativa.

Il video è esemplificativo del modo in cui il quotidiano si presenta per Camoni, come una situazione perpetua di creazione, dalla quale scaturisce un profondo senso di meraviglia davanti alle apparenze della natura e a cui l'artista conferisce una qualità spirituale. La dissoluzione dell'immagine della *Sister* è espressa nel suo essere immersa nel tempo, e questa intensità è sottolineata dalle inquadrature che sembrano trasmettere il calore vivificante del fuoco suggerendo un contatto diretto con la natura. L'opera di Camoni, infatti, è consape-

installation, reactivating a spent body and assigning it a new generative function.

The video is emblematic of the way that Camoni sees everyday life, as a perpetual context of creation that engenders a deep sense of wonder at the manifestations of nature, and to which the artist attributes a spiritual quality. The dissolution of *Sister*'s image is expressed through its immersion in time, and this intensity is underscored by shots that seem to convey the revitalizing heat of the fire, suggesting direct contact with nature. Camoni's work is aware of the sensations of an individual body, and also aspires to improve our collective modes of living in society. This sensibility evokes some of the early actions by Gina Pane in the late 1960s, which revolved around recovering environmental principles and going back to the land as a fundamental principle of nourishment.[6] In the photos of

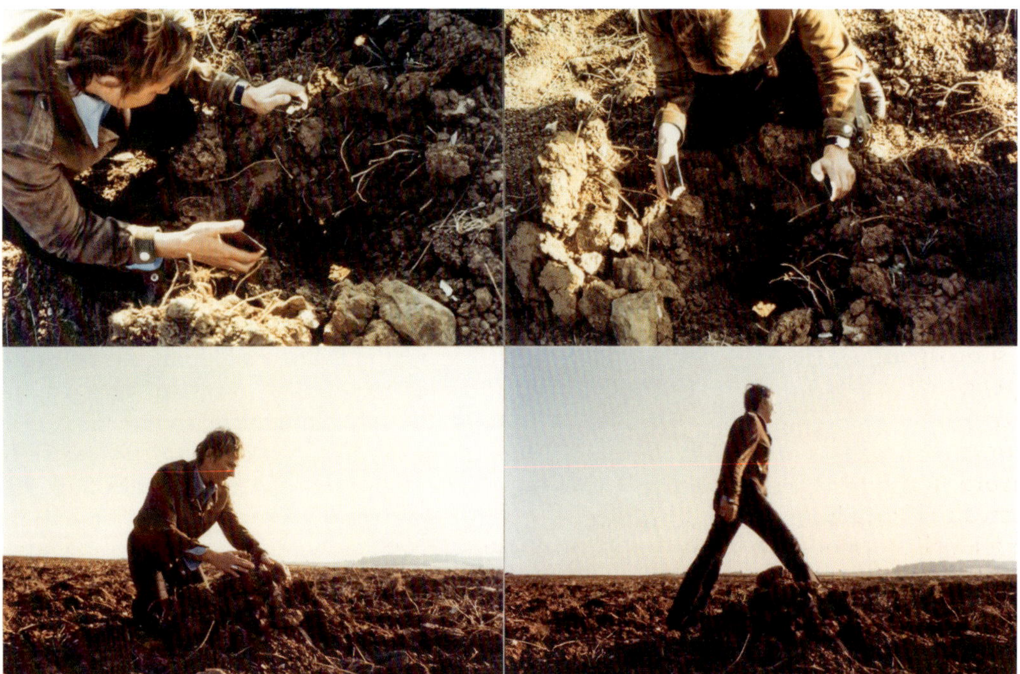

Gina Pane, *Enfoncement d'un rayon de soleil*, 1969. Quattro fotografie a colori / Four color photographs, 110 × 163 cm. Atto: Su un pezzo di terra coltivabile, ho usato specchi per seppellire un raggio di sole nella terra / Act: On a piece of arable land, I used mirrors to bury a sunbeam in the earth

6 This reflection touches on a period between the late 1960s and early 1970s that witnessed widespread adoption of practices connected to Land Art and Arte Povera. Similar impulses also fuel the work of many contemporary artists, including Dineo Seshee Bopape and Tabita Rezaire, to name just a few examples.

vole delle sensazioni del proprio corpo individuale e aspira al miglioramento delle modalità di vita nella società collettiva. Questa sensibilità ricorda alcune delle prime azioni di Gina Pane di fine anni sessanta che vertevano attorno al recupero dei principi ambientali e al ritorno al terreno come valore fondamentale di nutrimento[6]. Nelle foto di *Enfoncement d'un rayon de soleil* (1969) si vede Pane che con due piccoli frammenti di specchi tra le mani cerca di incanalare un raggio di sole per seppellirlo in una buca in un terreno coltivabile vicino Torino. Nel lavoro, la luce di mezzogiorno del 20 luglio 1969 (giorno in cui è stata fatta l'azione) è resa un'immagine invisibile di cui la terra si fa custode come gesto impossibile e tempo di cura. Ciò che muove quest'opera insieme al video di Camoni è il senso trasformativo della materia luminosa, che da immagine visiva si relaziona all'esperienza di trasmissione del calore del sole, simbolo di energia vitale. Il senso di ricettività, presente in questi due lavori, è riconducibile al fenomeno dell'apparire di un arcobaleno nel cielo durante un momento di pioggia leggero e si costituisce su un valore effimero della sperimentazione artistica, dove la formalizzazione dell'opera non è per forza la sua concretizzazione definitiva.

Proseguendo in questa riflessione, per Camoni le forme organiche e i cicli del mondo naturale sono oggetto e soggetto dell'opera, e proprio per questo motivo le sue creazioni contengono una dimensione di pluralità sin dall'origine. Come spesso l'artista afferma, il suo spazio di lavoro non è neutro, ma risente degli agenti atmosferici e delle persone che la circondano: amici, collaboratori e familiari. Questo approccio definito dall'artista come "promiscuità del quotidiano" assottiglia il confine tra opera d'arte e oggetto, abbracciando la distruzione e l'impermanenza come caratteri specifici del suo fare scultoreo. L'effimero, aspetto intrinseco all'atto di creazione dell'artista, inserisce il

Enfoncement d'un rayon de soleil (1969), we see Pane holding two small shards of mirror and trying to channel a sunbeam, to bury it in a hole in a tilled field near Turin. In this work, the midday sun of July 20, 1969 (the day of the action) is turned into an invisible image entrusted to the safekeeping of the ground, as an impossible act and moment of care. What powers this piece and Camoni's video is the transformative meaning of the luminous material, which as a visual image is connected to the experience of receiving the heat of the sun, a symbol of life energy. The sense of receptiveness found in these two works could be identified with the phenomenon of a rainbow appearing in the sky during a light shower, and is built around an ephemeral quality of artistic experimentation, where the form given to the work is not necessarily its definitive, concrete one.

In keeping with this idea, the organic forms and cycles of the natural world are the object and subject of the work, and that is precisely why her creations contain an element of plurality from the outset. As the artist has often said, her workspace is not neutral, but depends on the weather and the people around her: friends, associates, and family. This approach, which the artist calls "mingling with everyday life," erodes the line between artwork and object, embracing destruction and impermanence as specific hallmarks of her sculptural process. This ephemerality, an intrinsic aspect of the artist's creative act, links Camoni's work to a female genealogy of figures like the Slovakian sculptor Maria Bartuszová, whose oeuvre explored the relationships between people, nature, and matter. Bartuszová drew inspiration from organic forms and natural phenomena such as raindrops, and experimented with the fleeting nature of the liquid process of casting to create artworks that are solid and delicate at the same time. Her iconic sculptures, resembling

6 Questa riflessione tocca un periodo storico a cavallo tra gli anni sessanta e settanta che vedeva coinvolte su ampia scala le pratiche legate alla Land Art e all'Arte Povera. Queste urgenze sono alla base delle pratiche di diversi artisti contemporanei, tra cui Dineo Seshee Bopape e Tabita Rezaire, per citare solo qualche esempio.

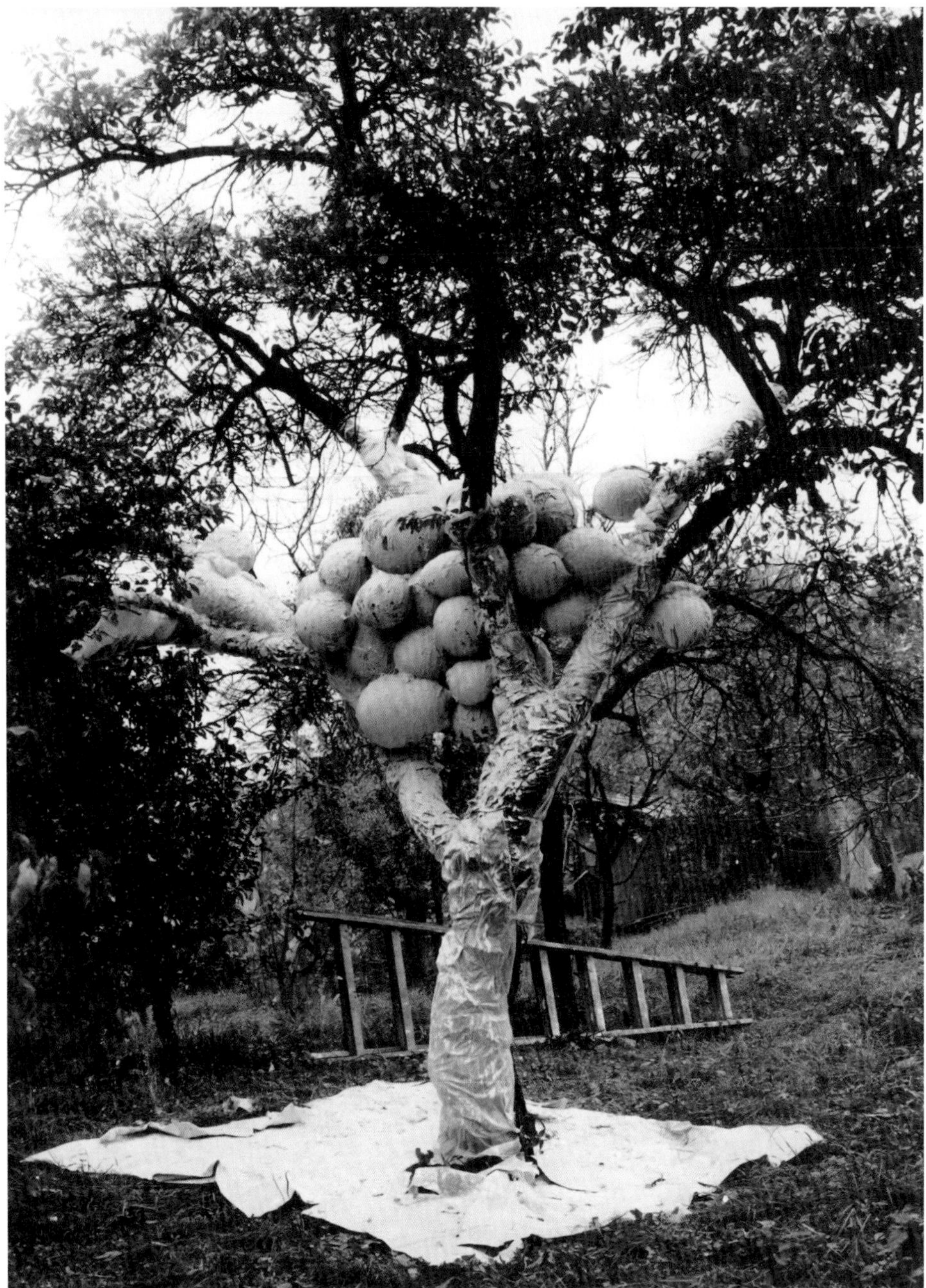

Maria Bartuszová, *Tree*, 1987. Albero, gesso, spago, foglio di PVC, carta, materiali vari / Tree, plaster, string, PVC sheet, paper, mixed media. Installazione site-specific nel giardino dell'artista / Site-specific installation in the artist's garden, altezza / height ca. 520 cm

lavoro di Camoni in una genealogia artistica al femminile di figure come la scultrice slovacca Maria Bartuszová, che nel suo lavoro ha esplorato le relazioni tra persone, natura e materia. Bartuszová si è ispirata alle forme organiche e ai fenomeni della natura, come le gocce di pioggia, e ha sperimentato con la fugacità del processo liquido della fusione per creare opere d'arte solide e delicate allo stesso tempo. Le sue iconiche sculture, simili a uova o gusci, derivano dal versamento del gesso su palloncini di gomma gonfiati per produrre un calco, e testimoniano un senso di vulnerabilità. In una fase più avanzata della sua ricerca, inoltre, Bartuszová ha ulteriormente sperimentato questa tecnica nel giardino del suo studio, dove ha installato le opere come dei veri e propri frutti sugli alberi, raccontando poi queste azioni attraverso degli scatti fotografici. I sospiri calcificati di Maria Bartuszová, insieme ai grumoli di materia e cenere di Chiara Camoni, esprimono l'urgenza di temi sociali ed ecologici dove il fare artistico non è una semplice riduzione razionale delle forme naturali. Ecco, dunque, il gesto risolutivo di Chiara Camoni di radunare una collettività indistinta di figure e presenze animali fantastiche che guardano con occhi attenti e vigili il reale.

eggs or shells, were made by pouring plaster onto inflated rubber balloons to produce a cast, and they express a sense of vulnerability. In a later stage of her practice, Bartuszová also experimented further with this technique in the garden of her studio, where she hung the works like fruit on the trees, then documented her actions in photographs. Maria Bartuszová's calcified sighs, like Chiara Camoni's clumps of matter and ash, are an urgent expression of social and ecological issues in which the artistic process is not simply a rational reduction of natural forms. And thus, Chiara Camoni's determined step: gathering together a nebulous community of different figures and fanciful animal presences, who observe our world with attentive, vigilant eyes.

Chiamare a raduno.
Sorelle. Falene e fiammelle.
Ossa di leonesse,
pietre e serpentesse.

Chiara Camoni

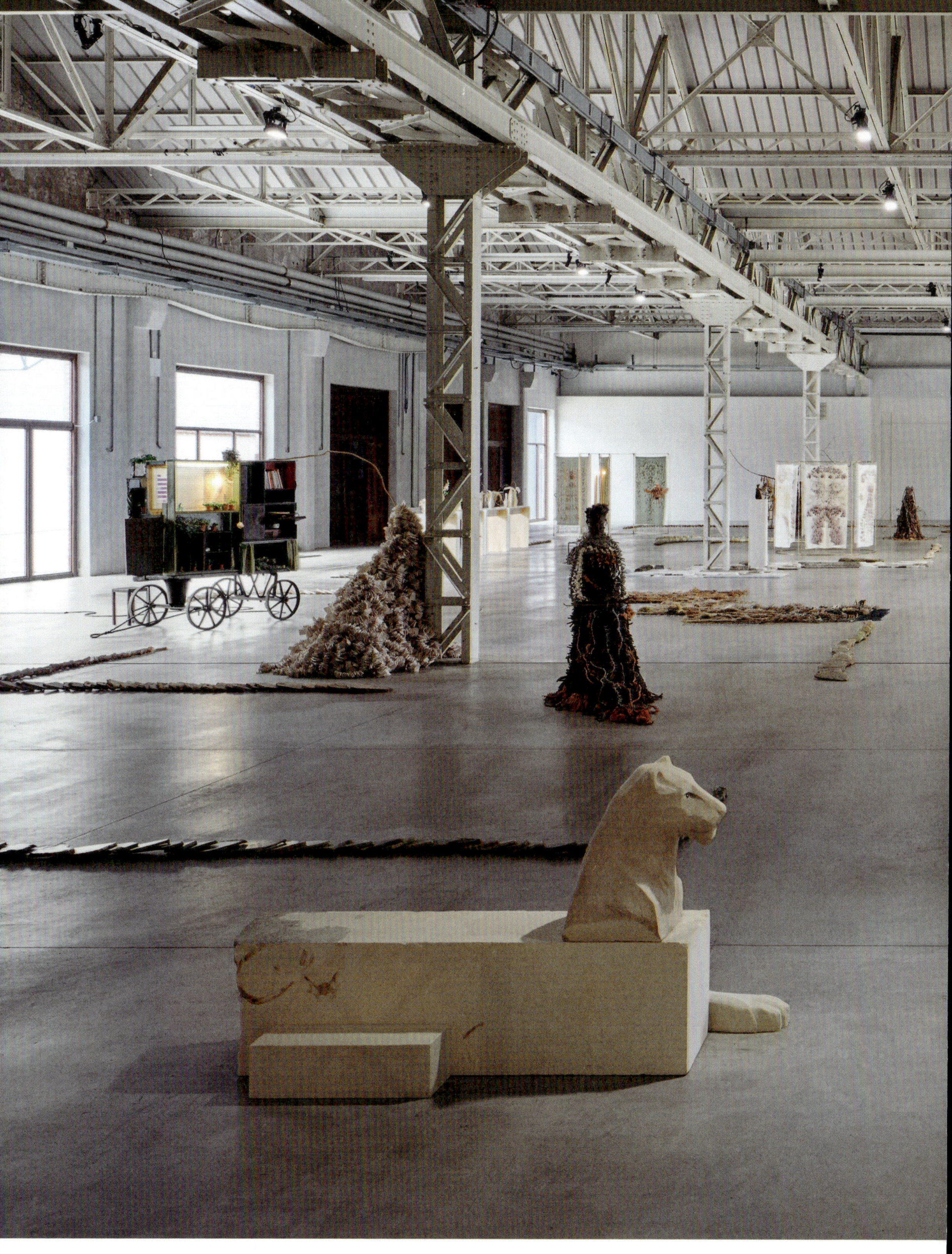

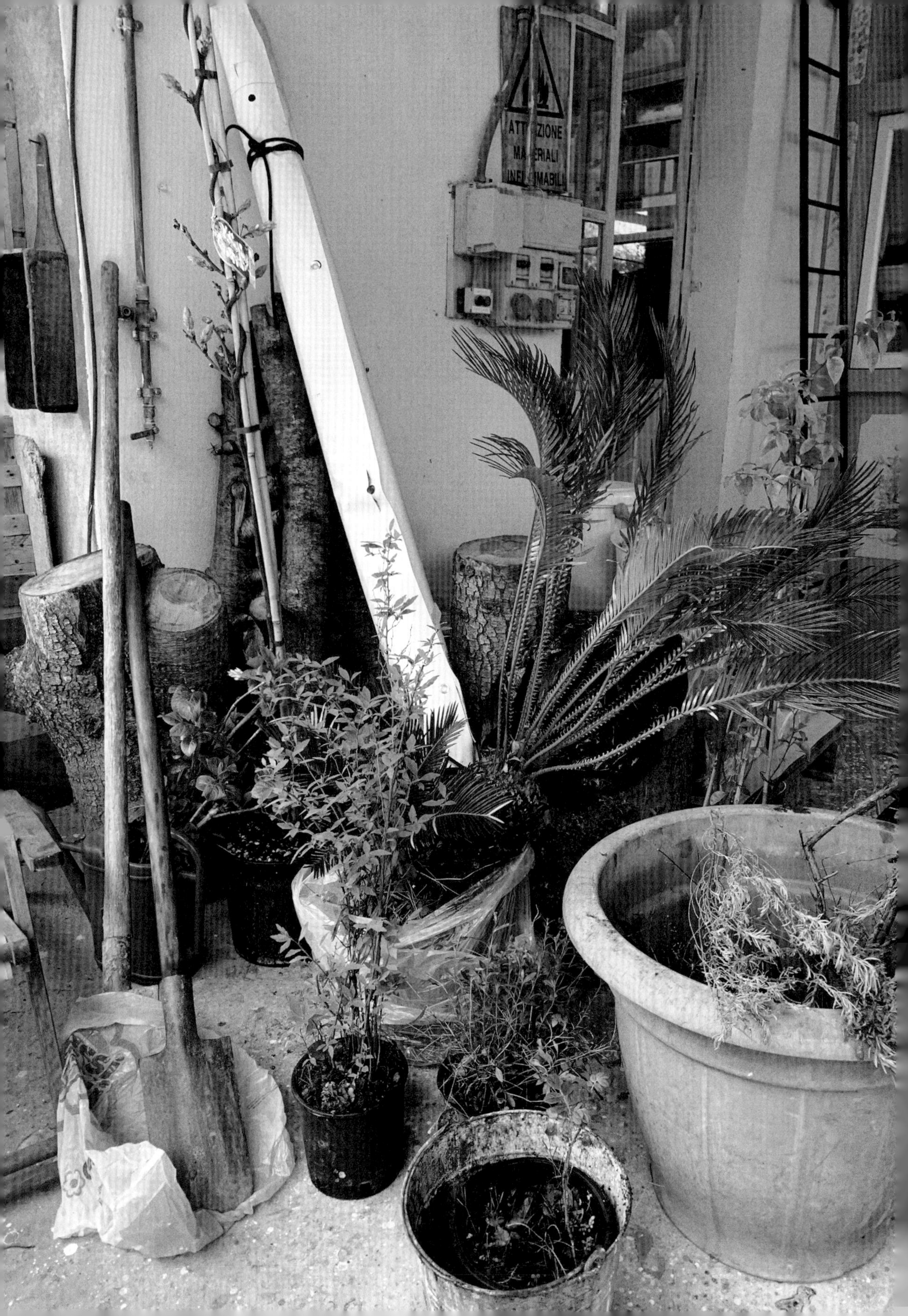
ATT ZIONE
MA ERIALI
INF MABILI

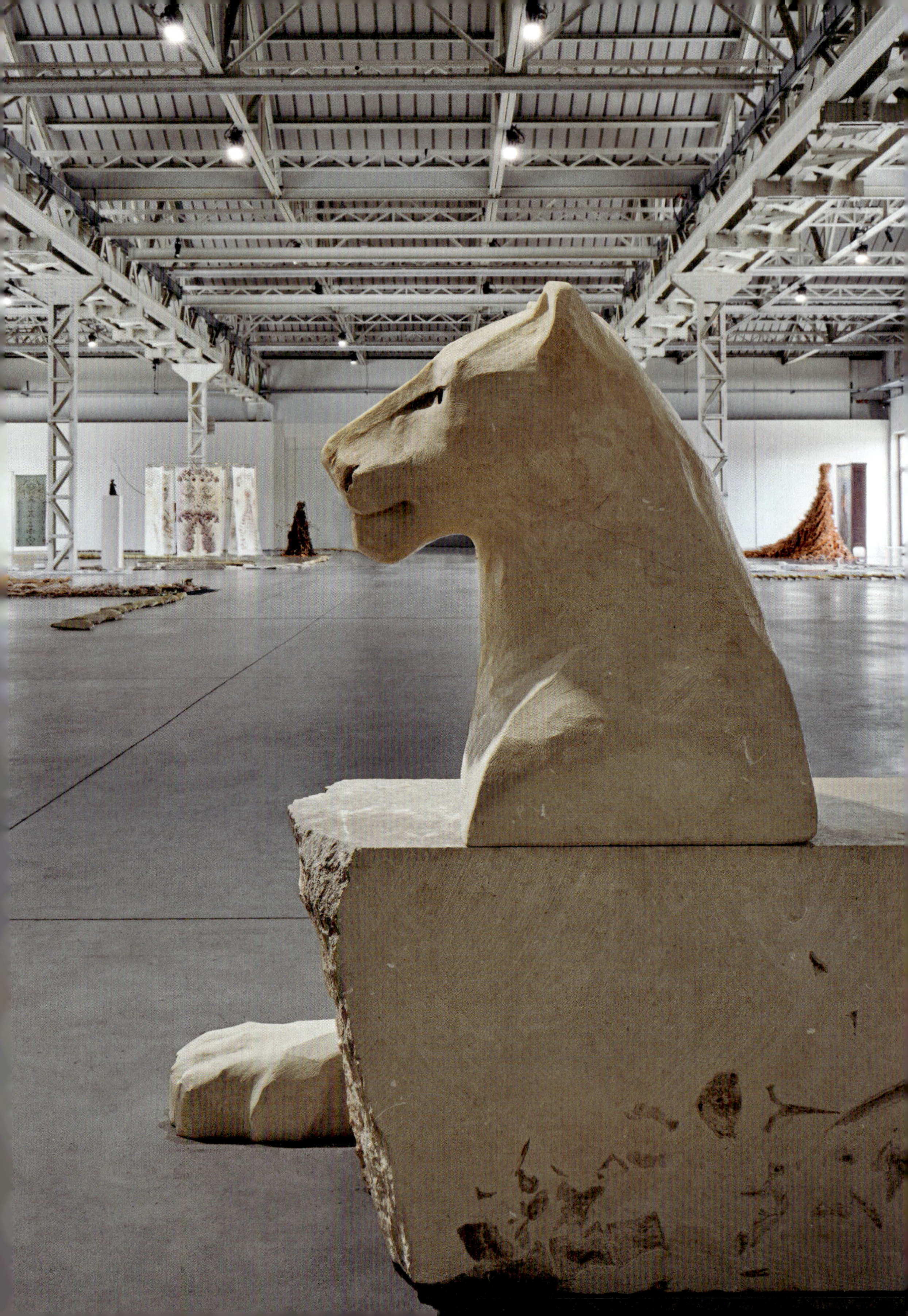

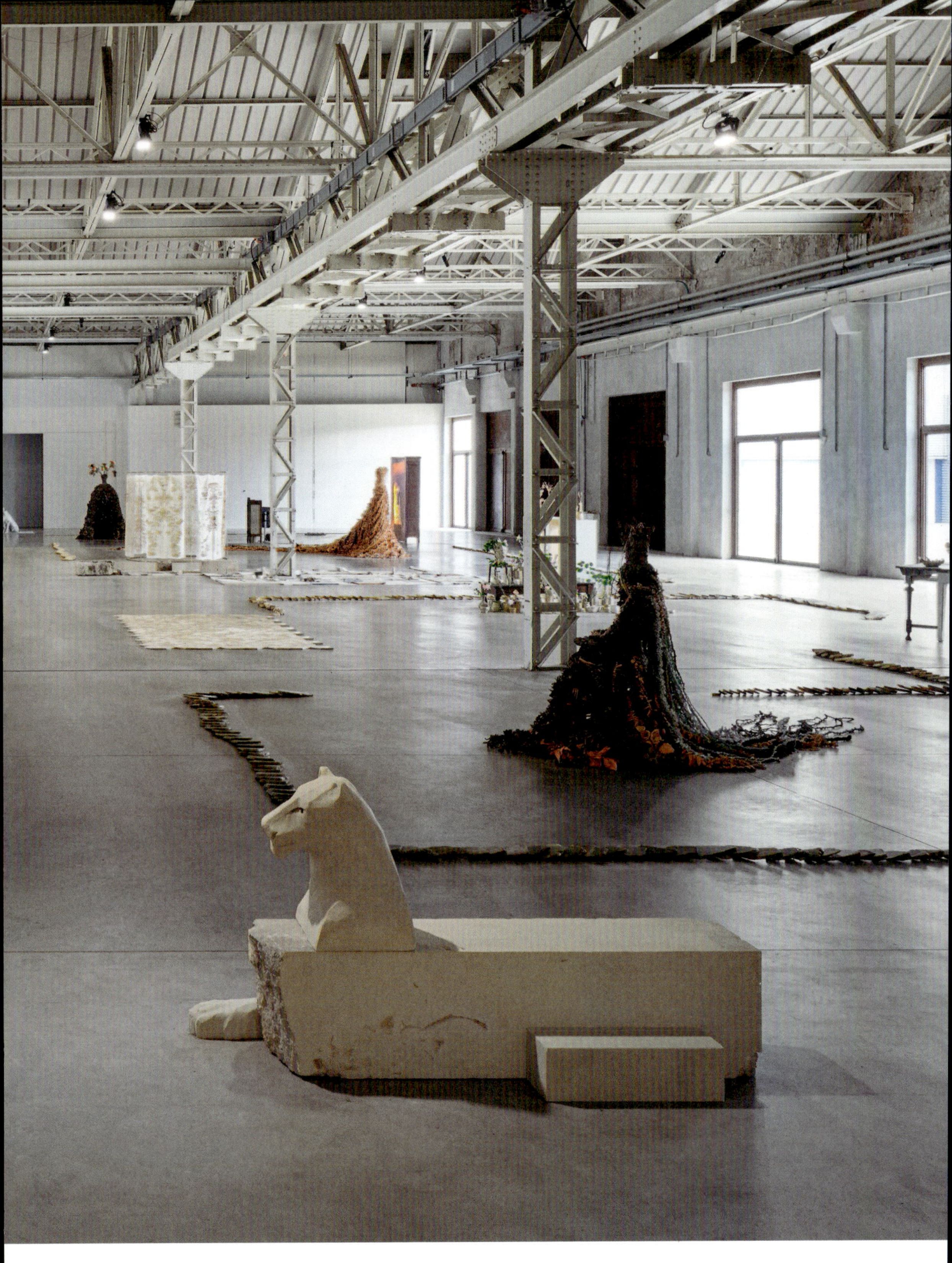

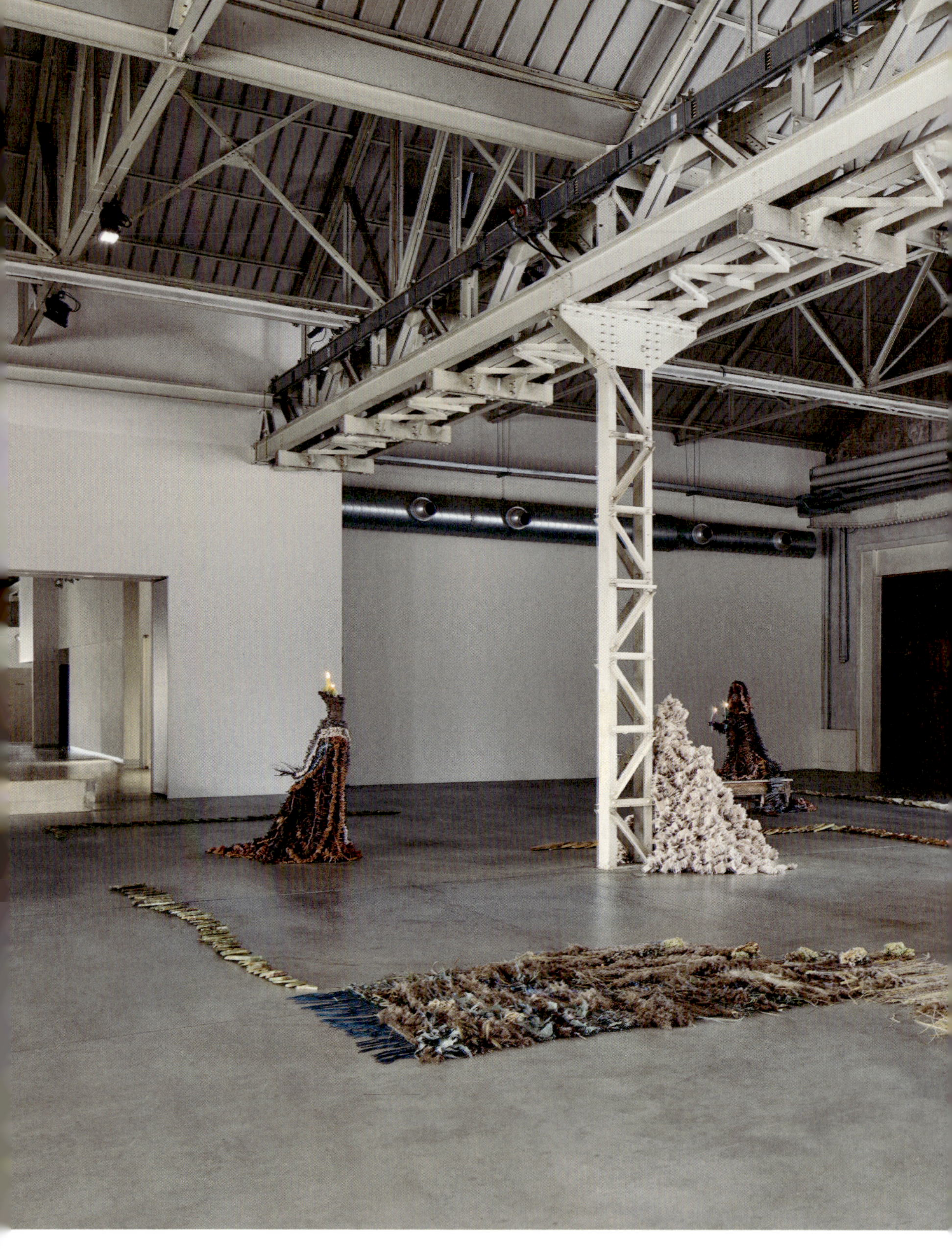

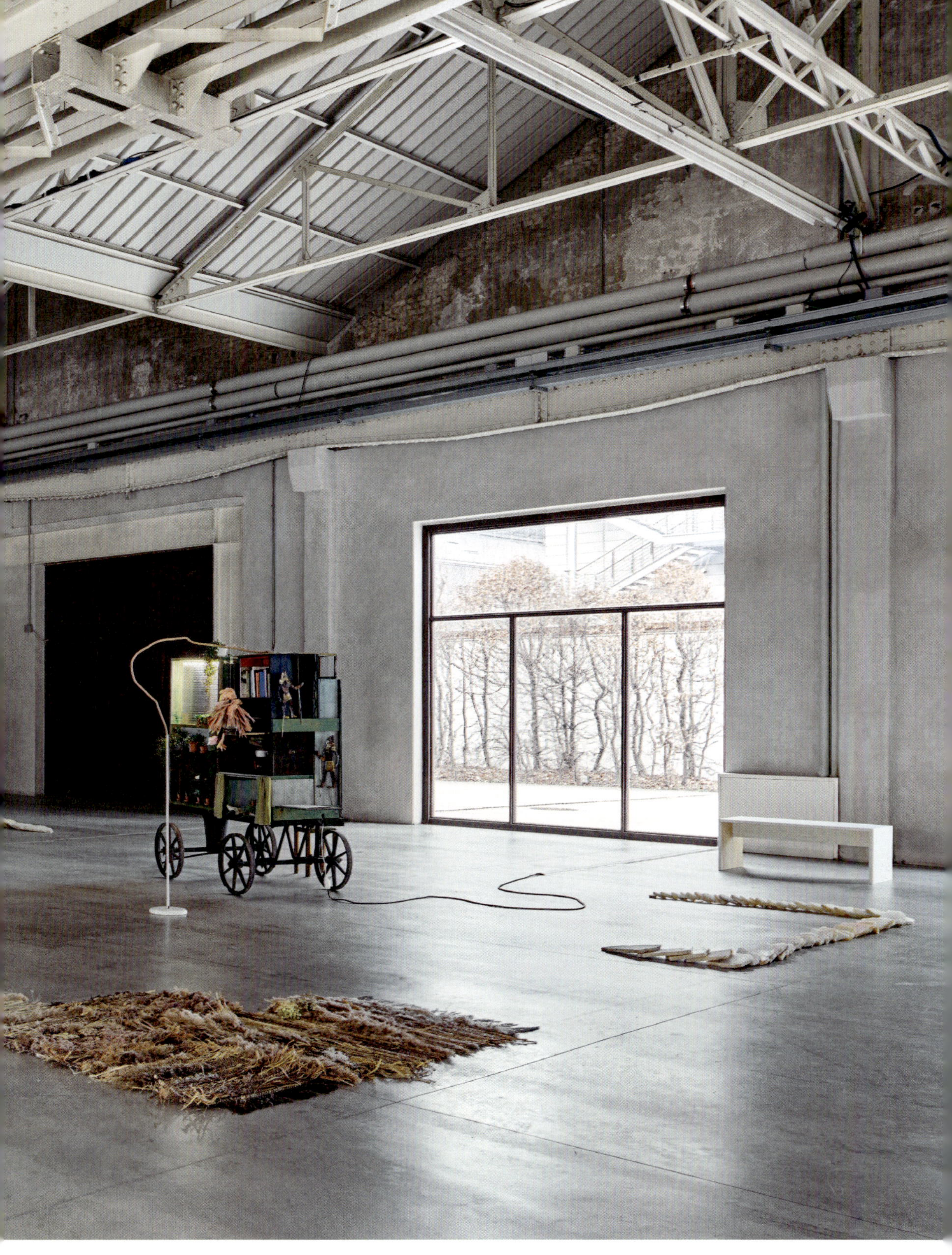

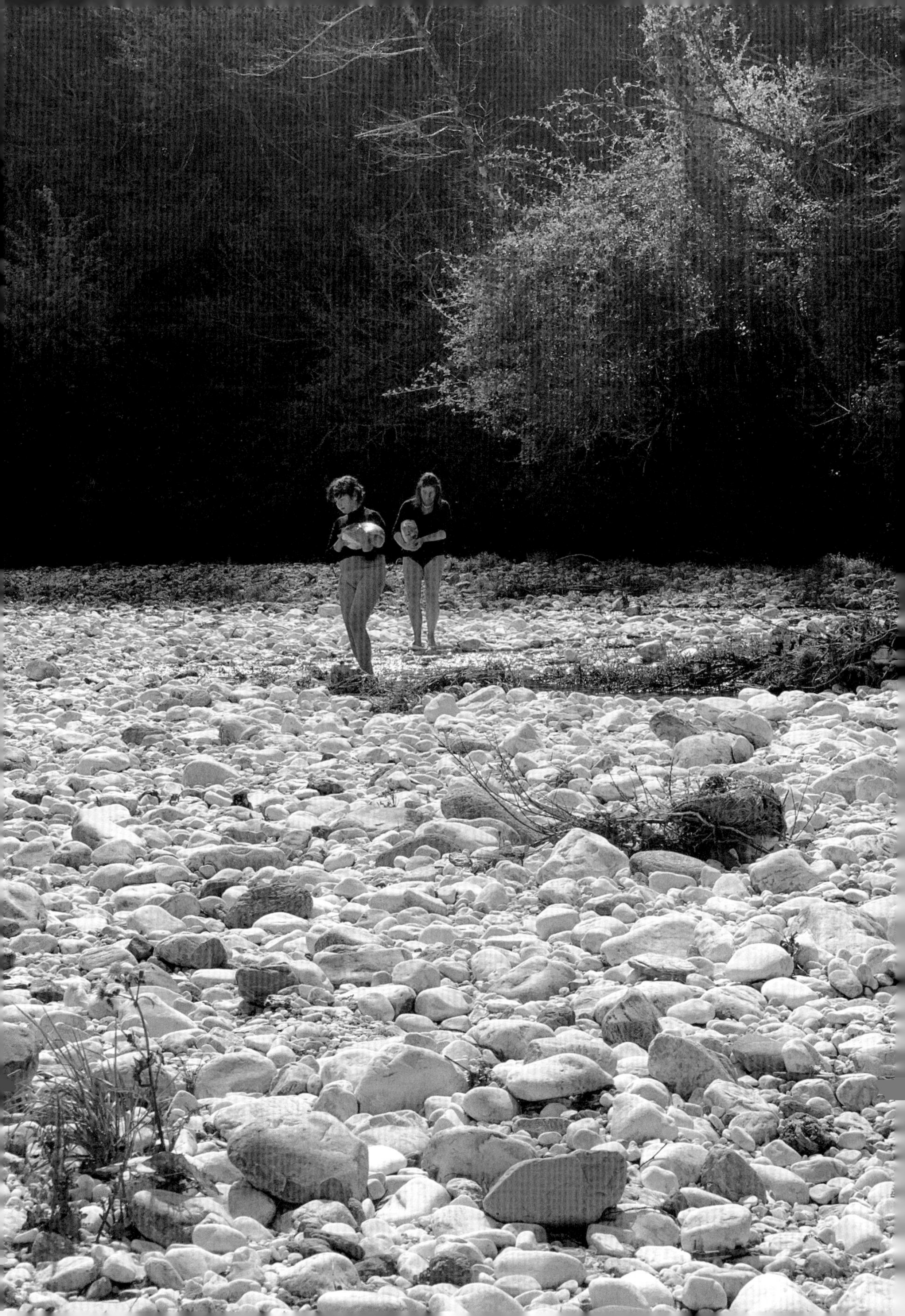

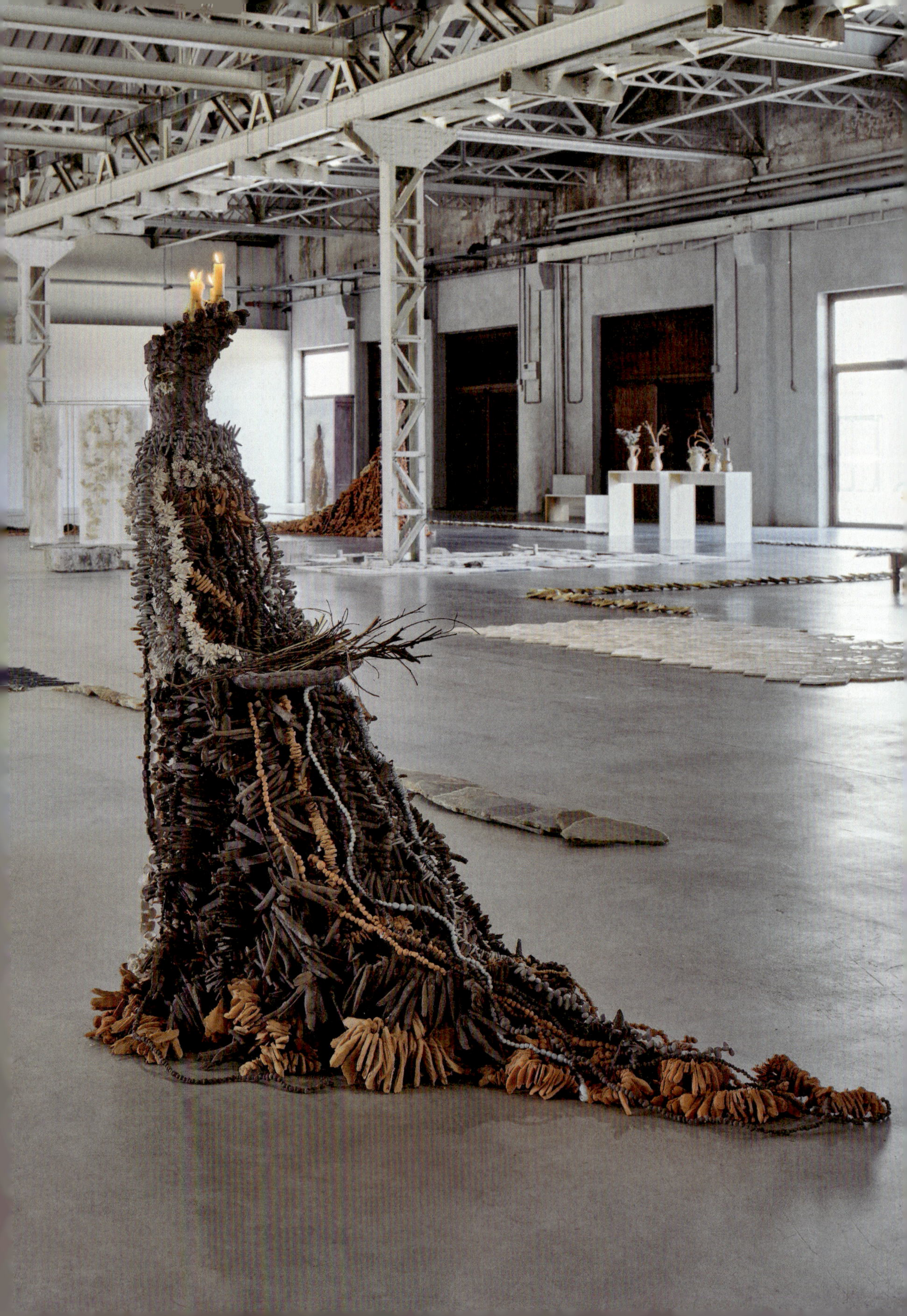

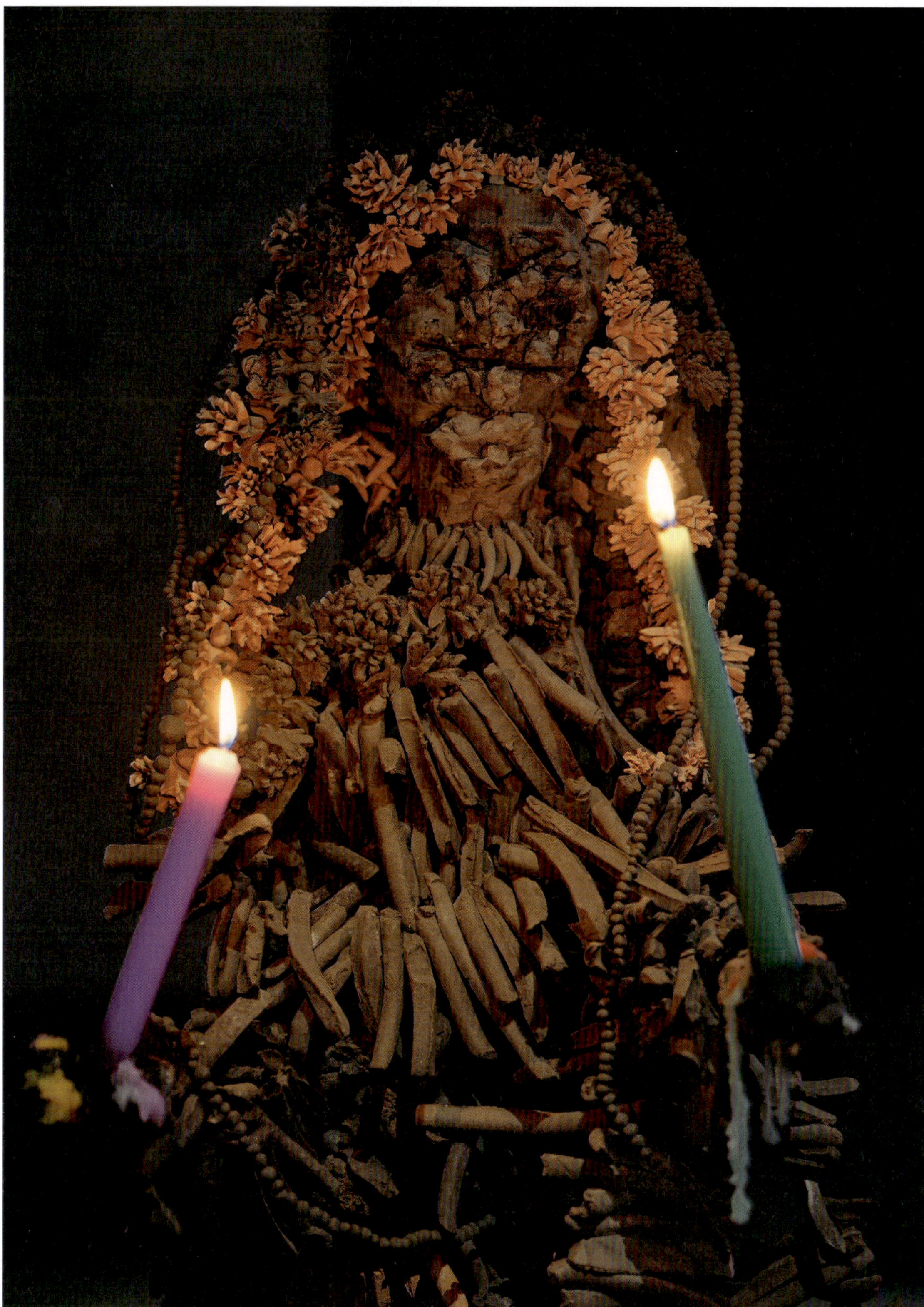

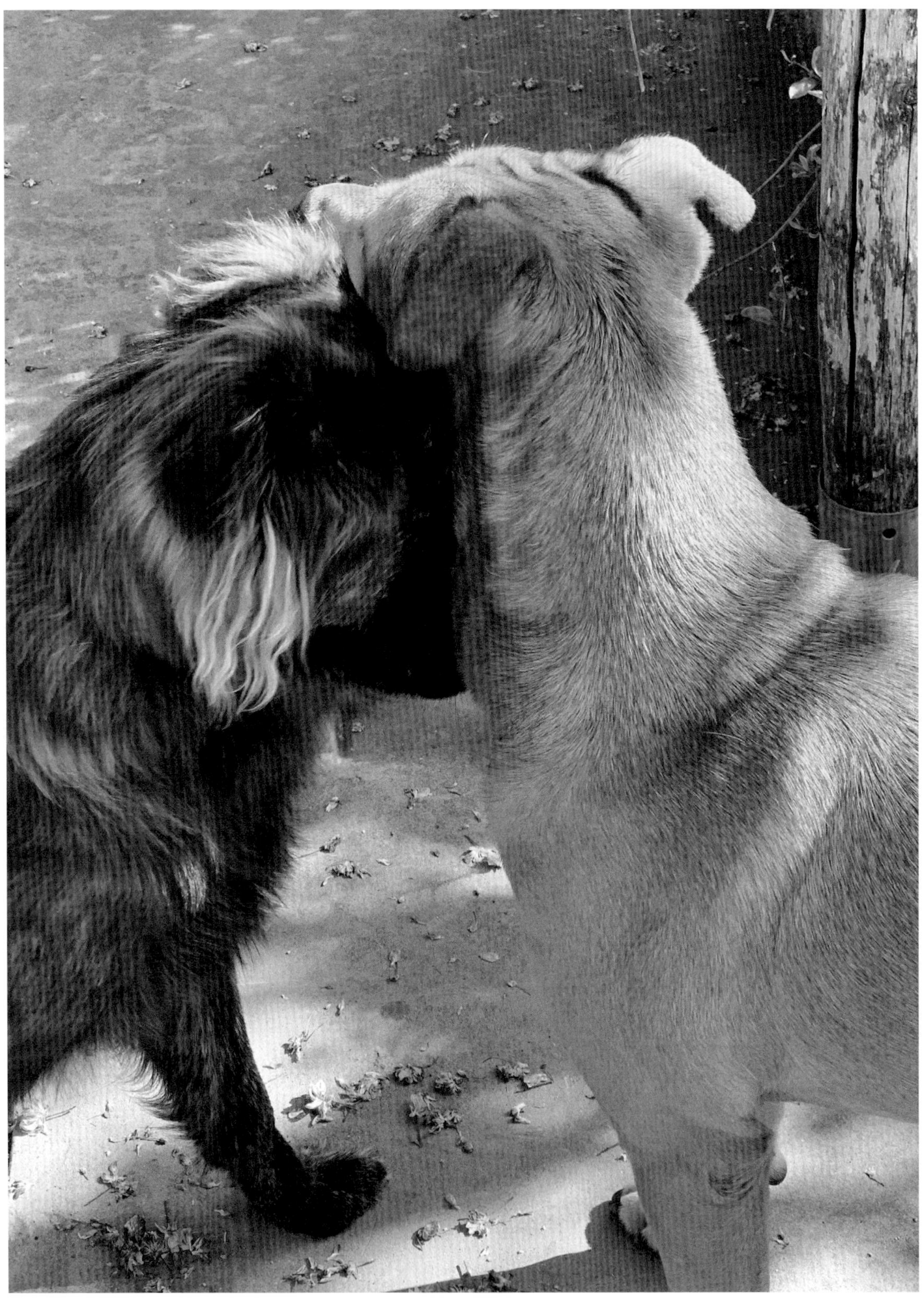

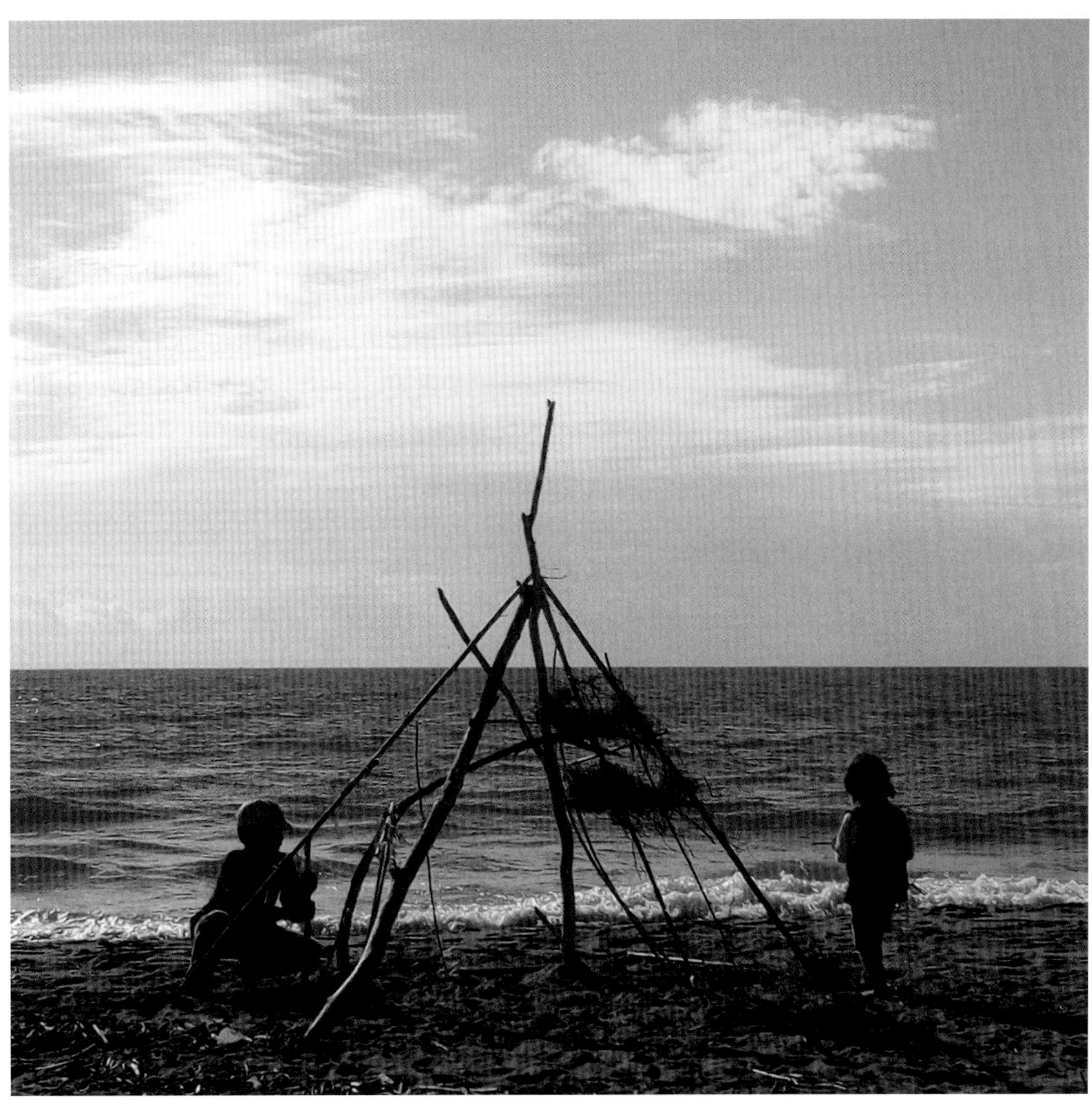

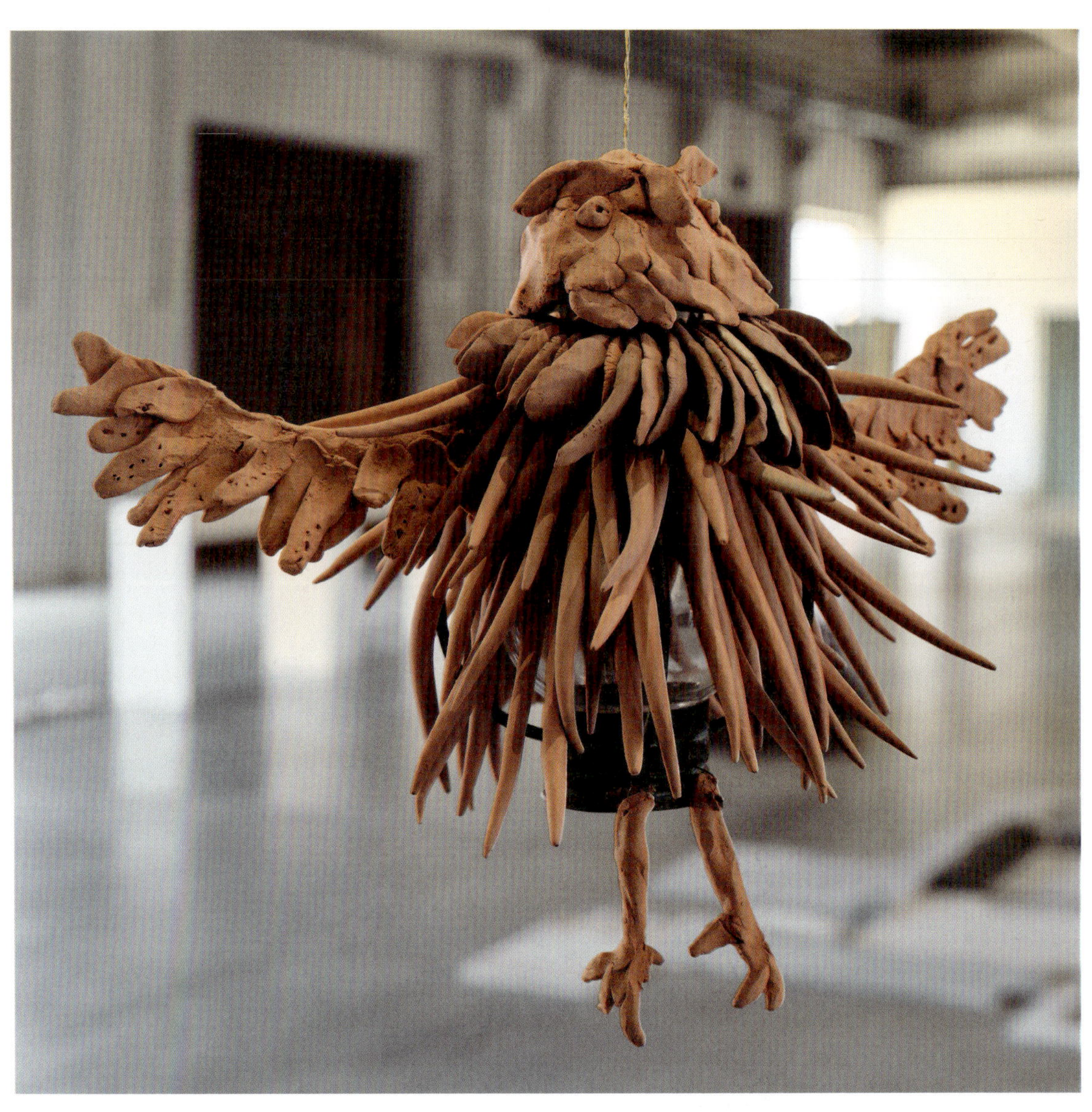

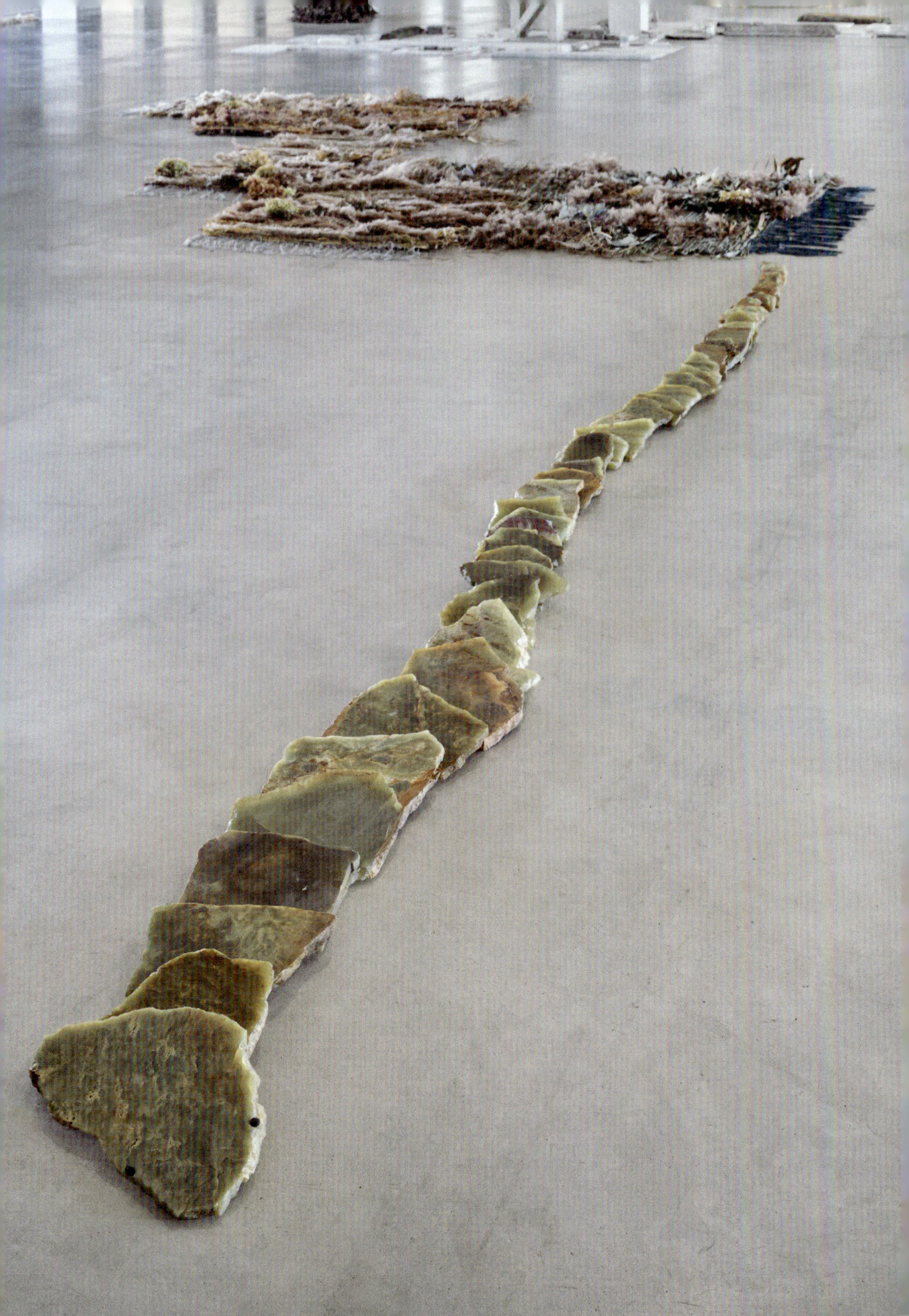

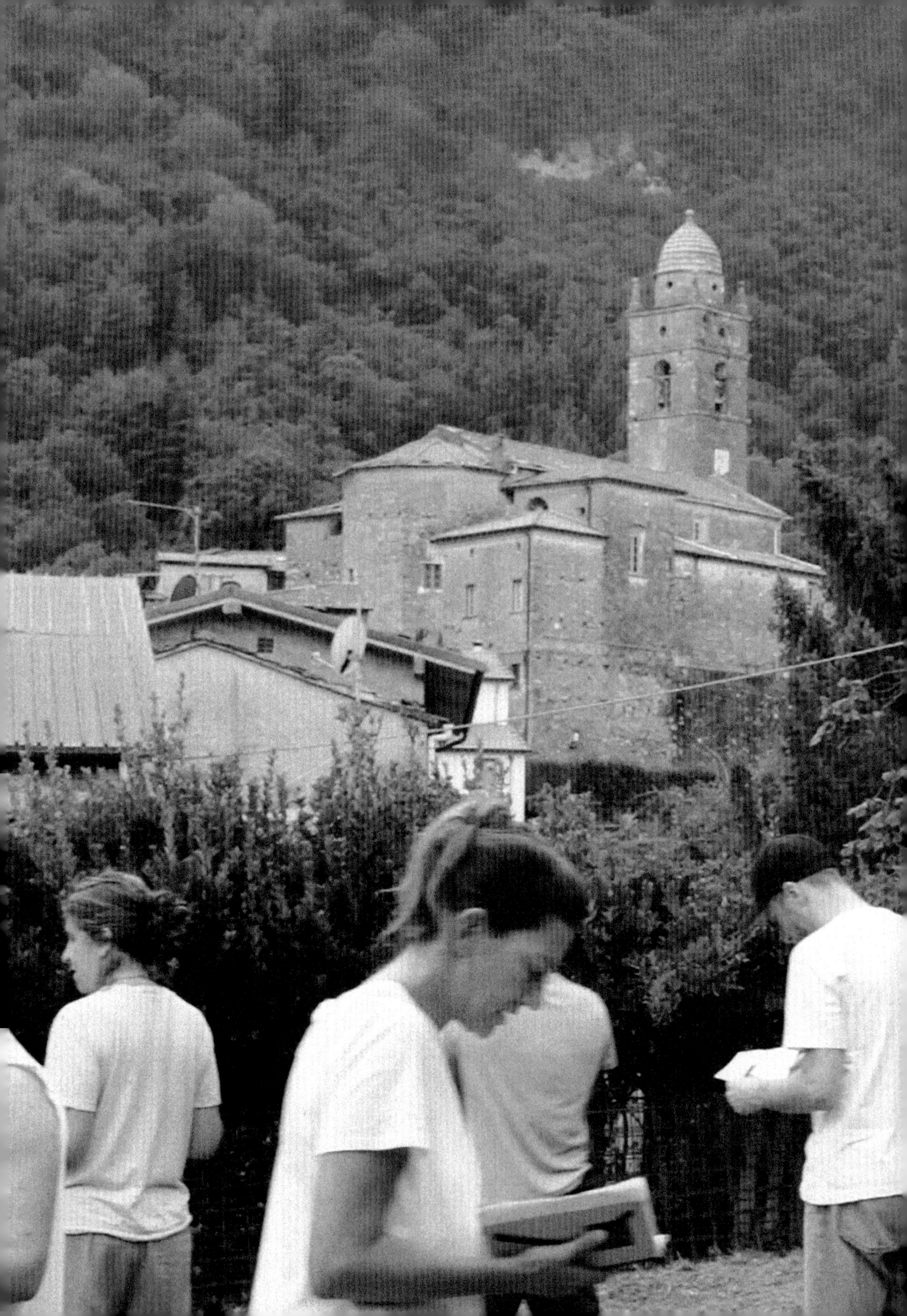

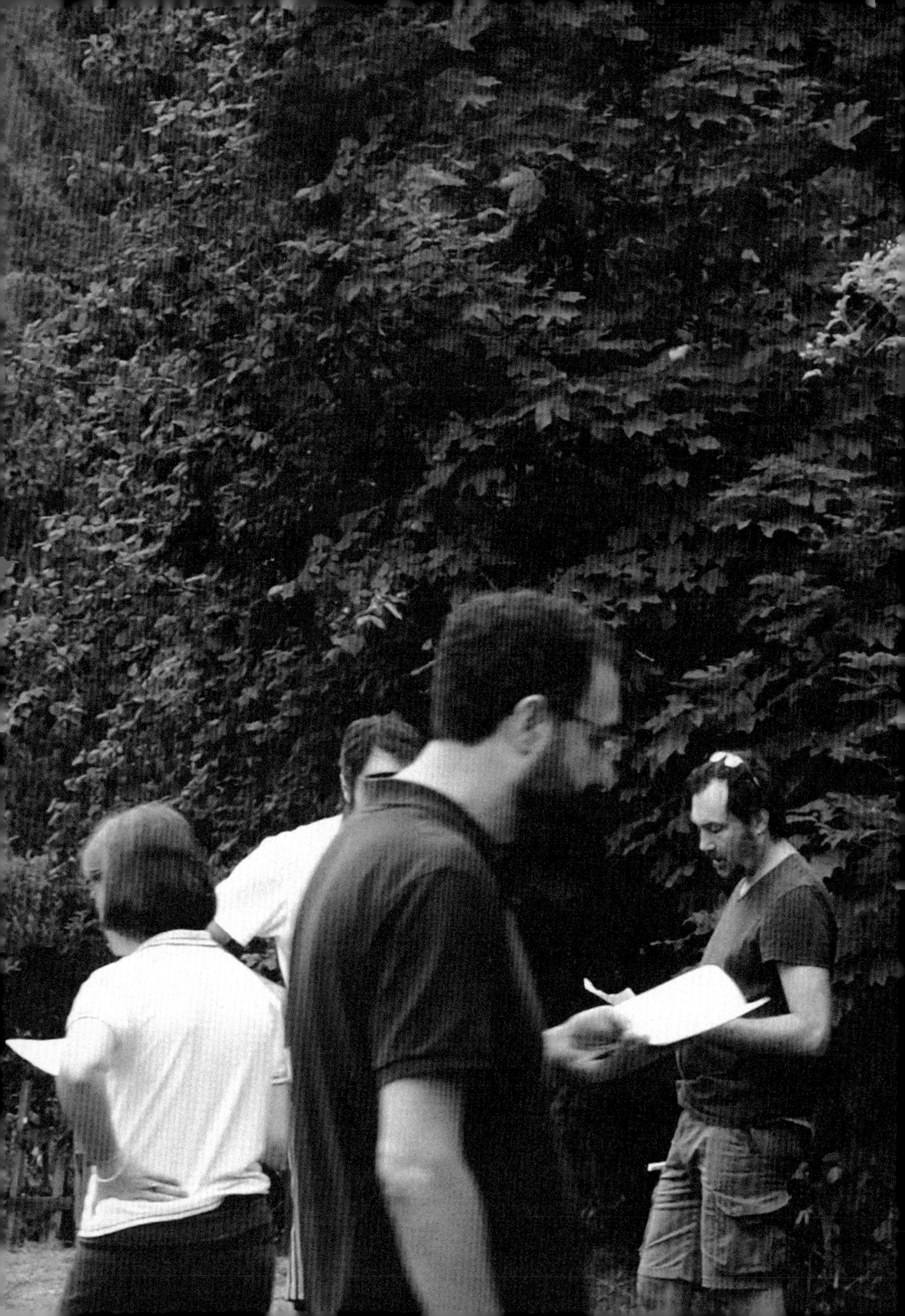

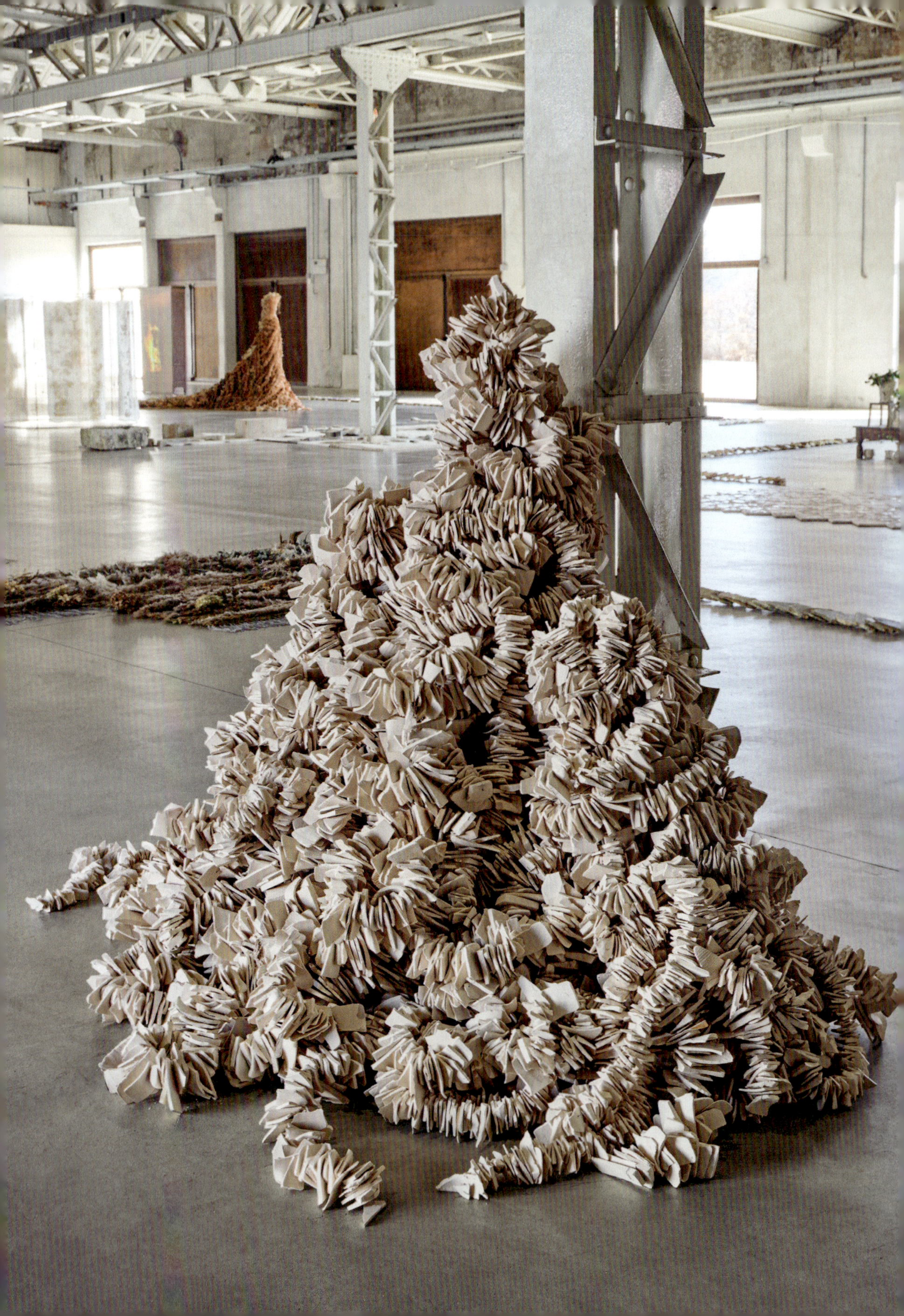

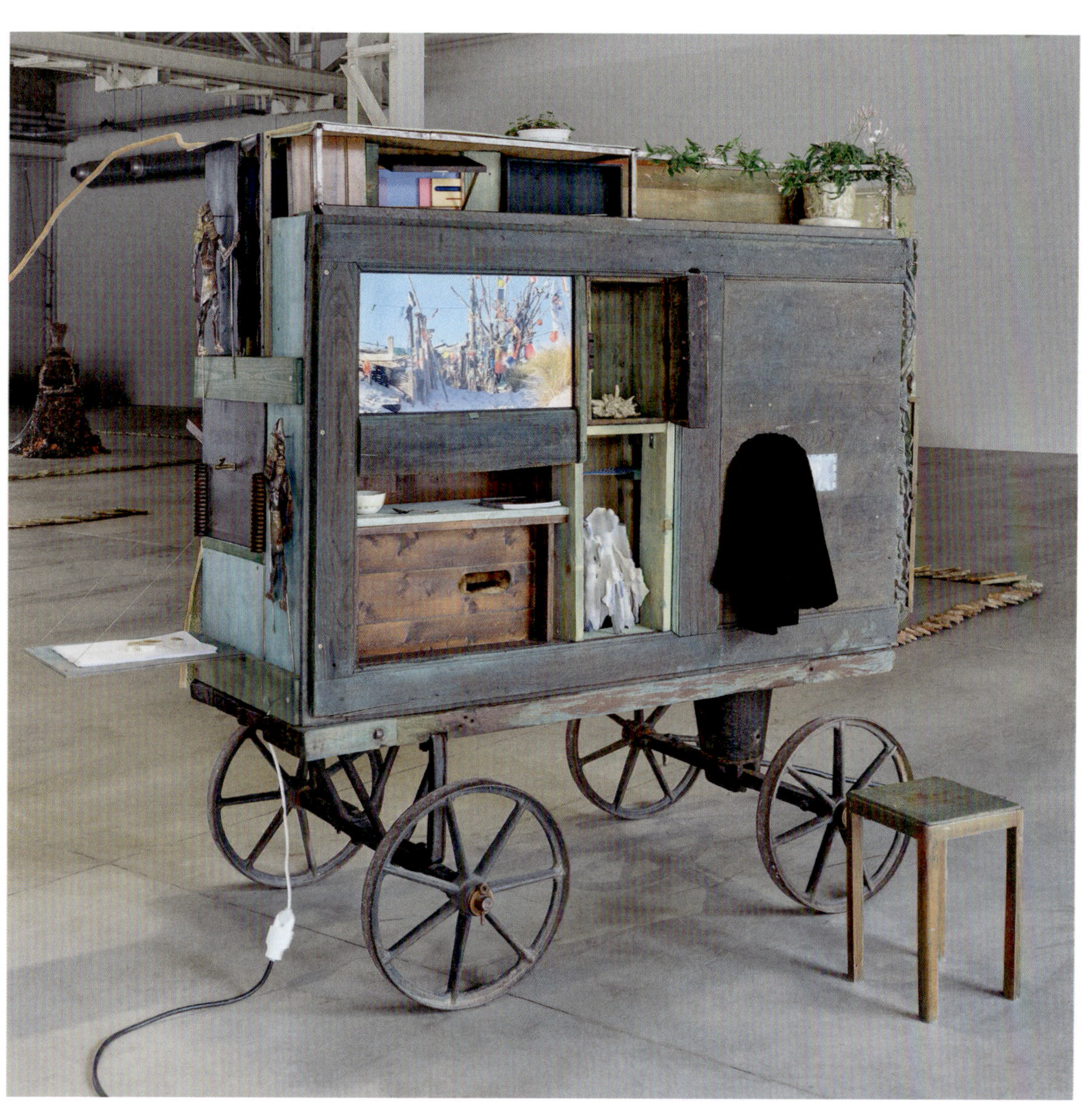

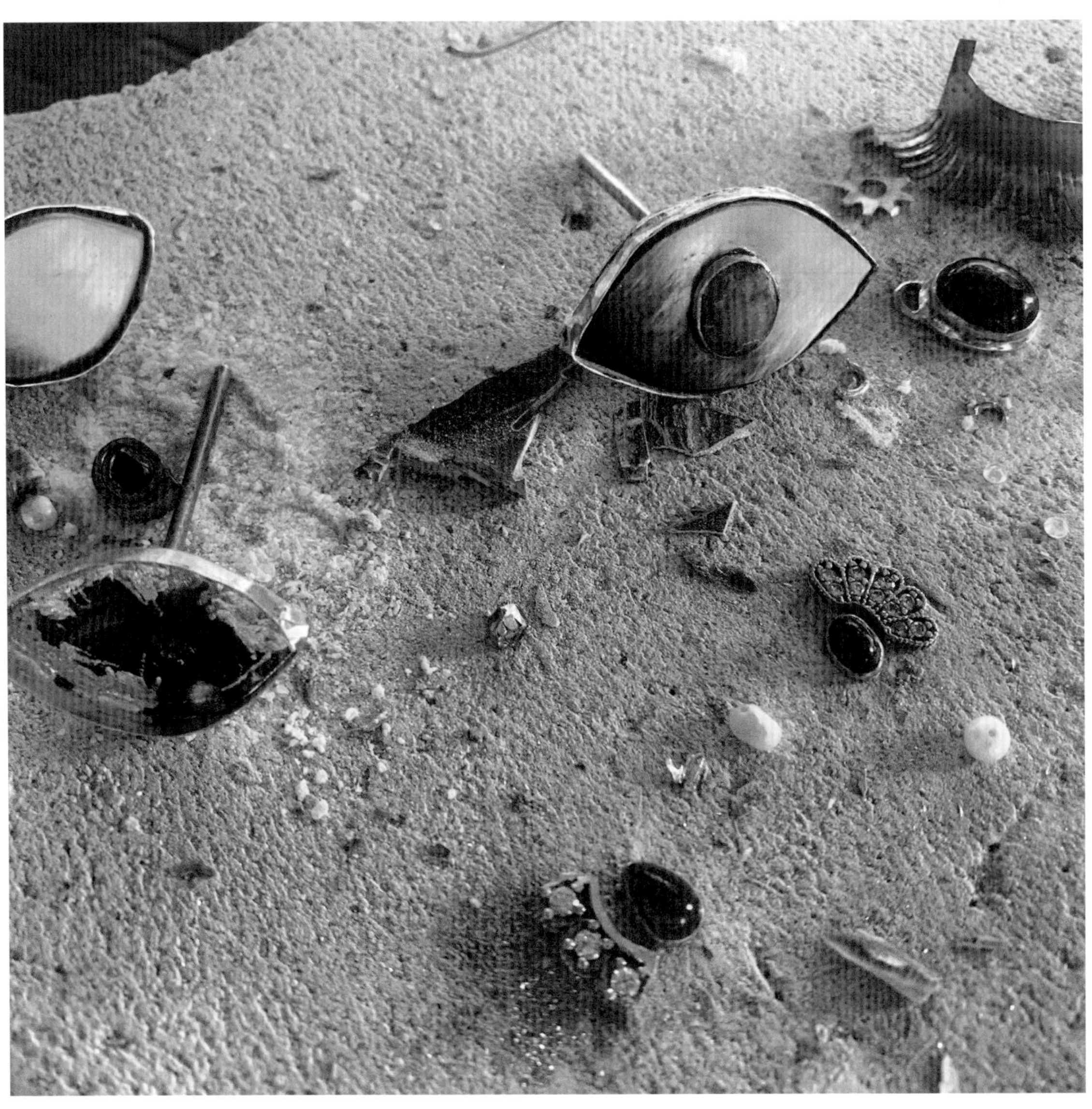

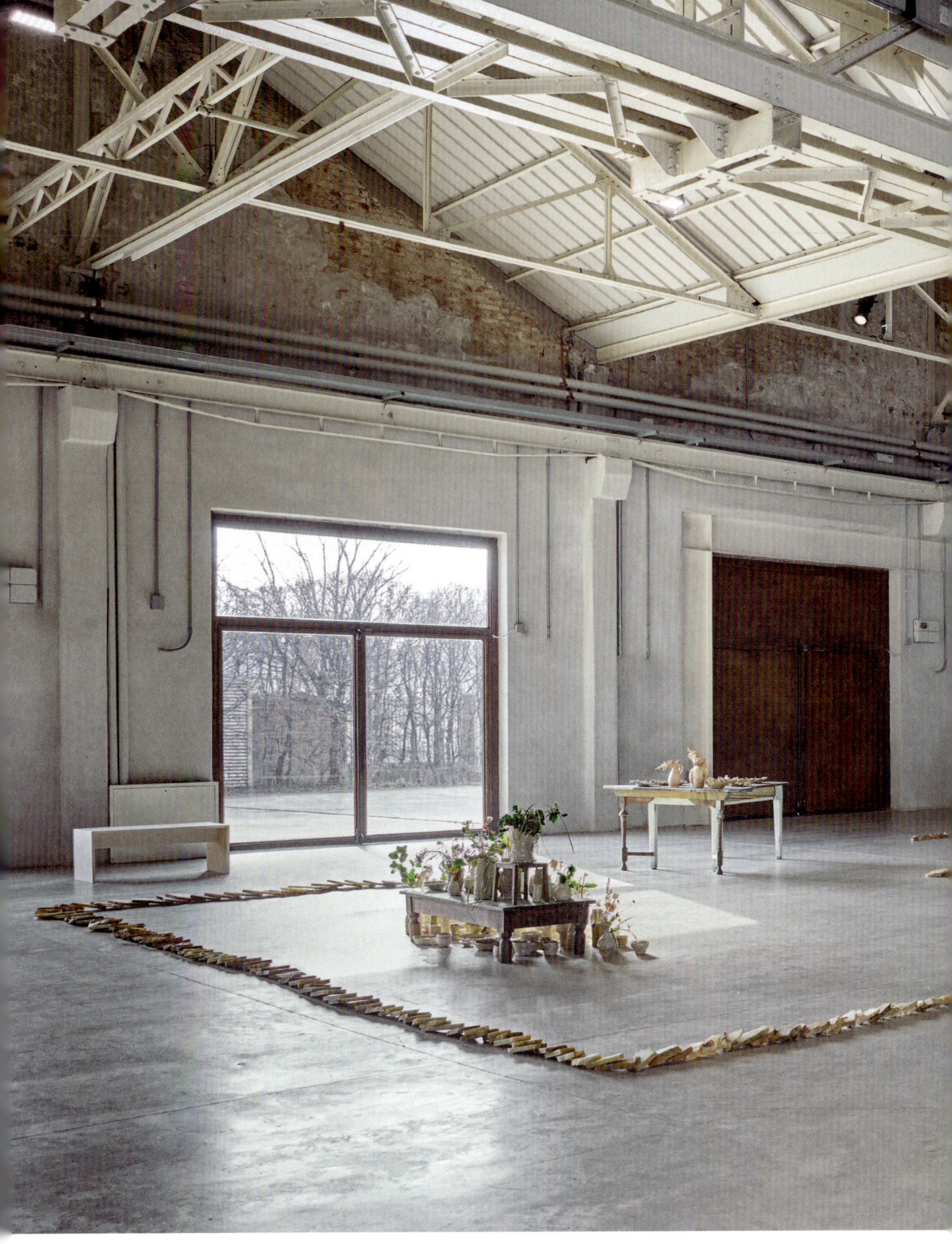

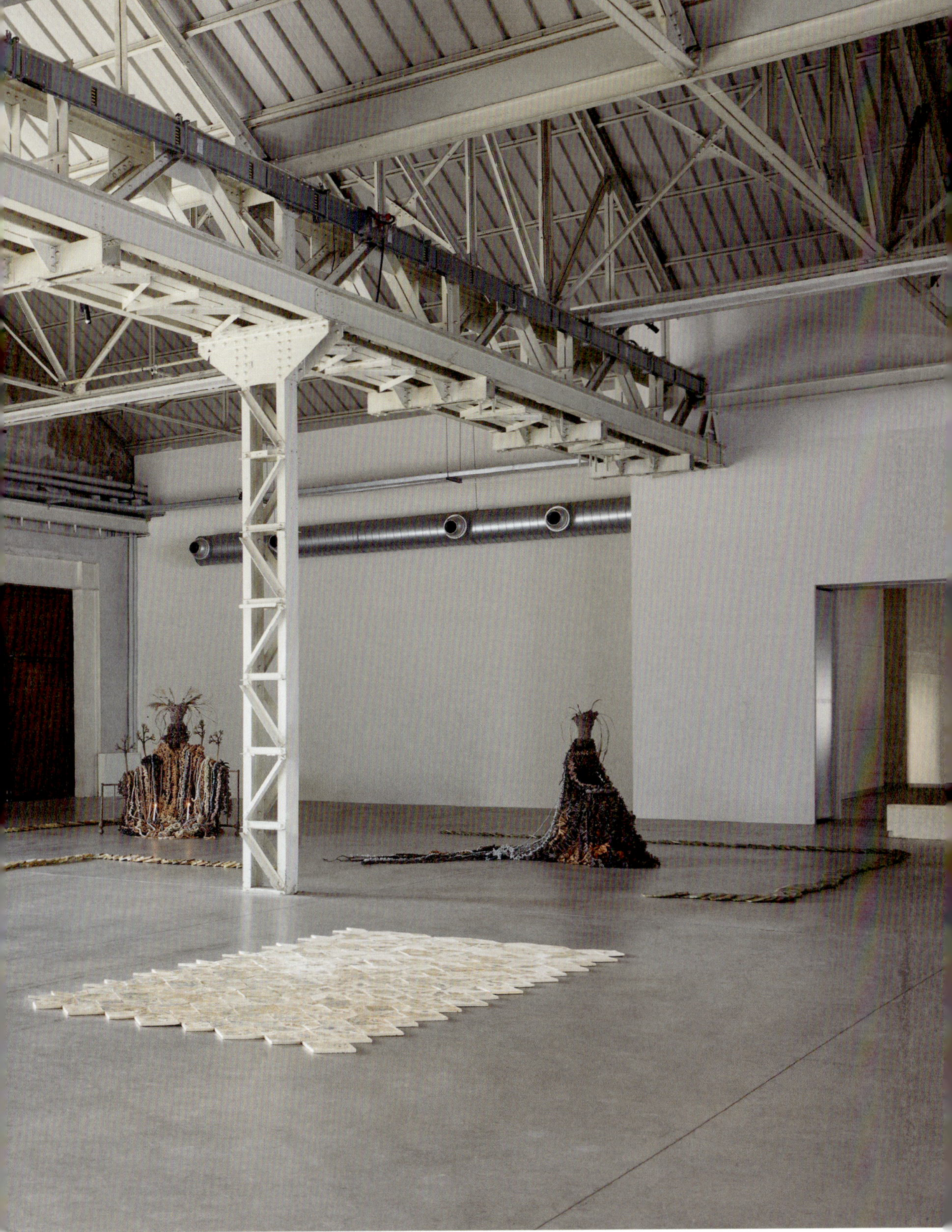

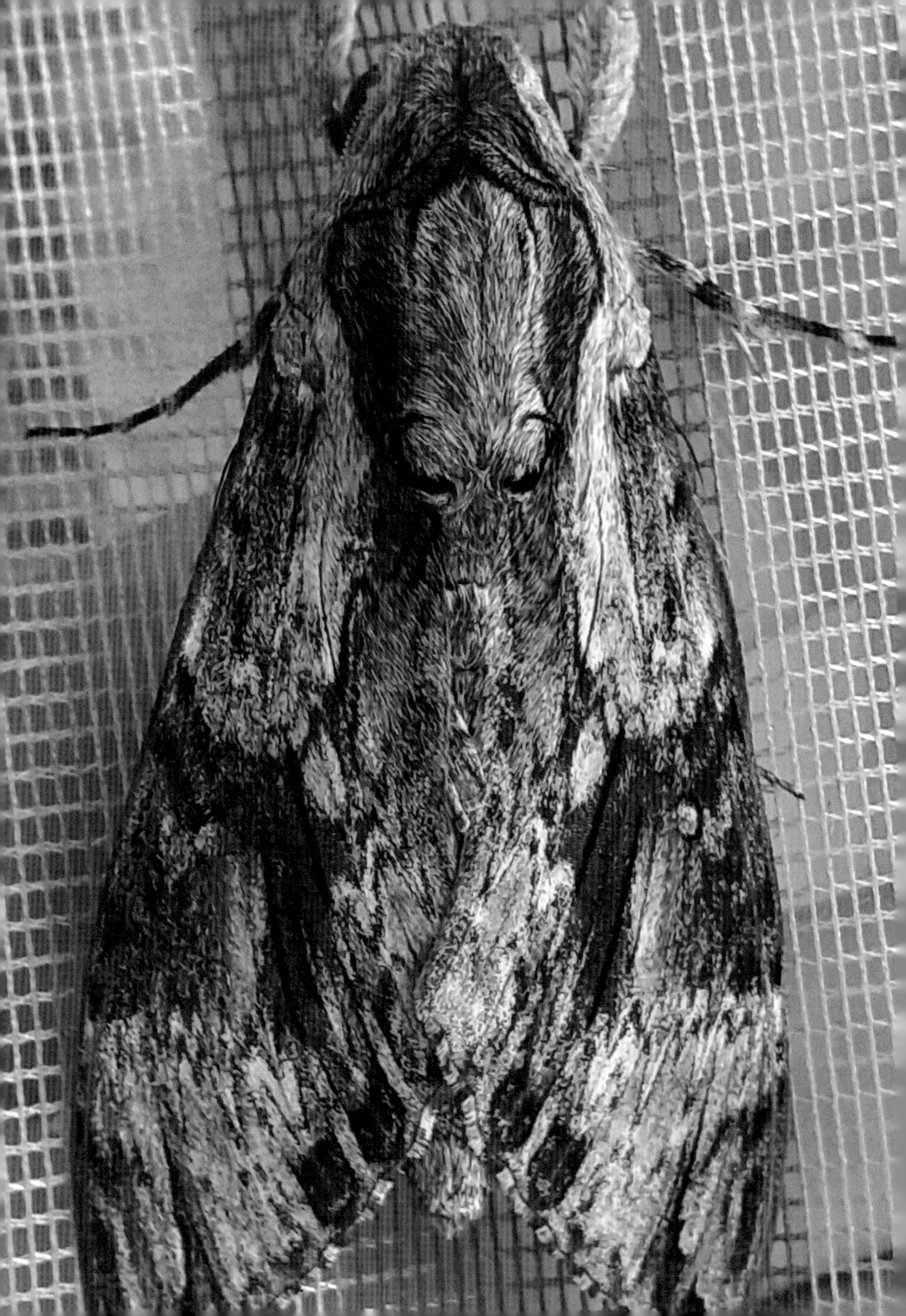

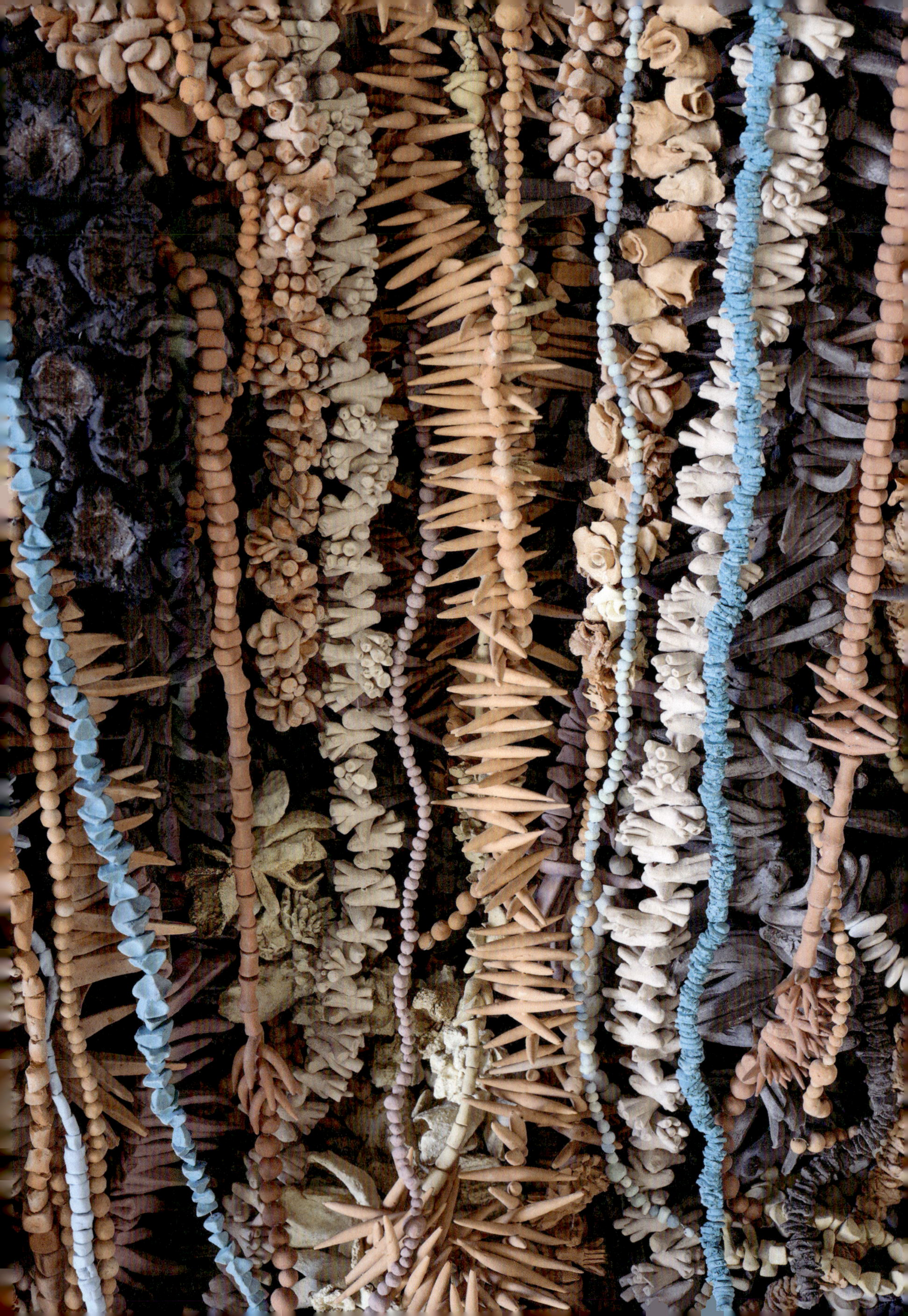

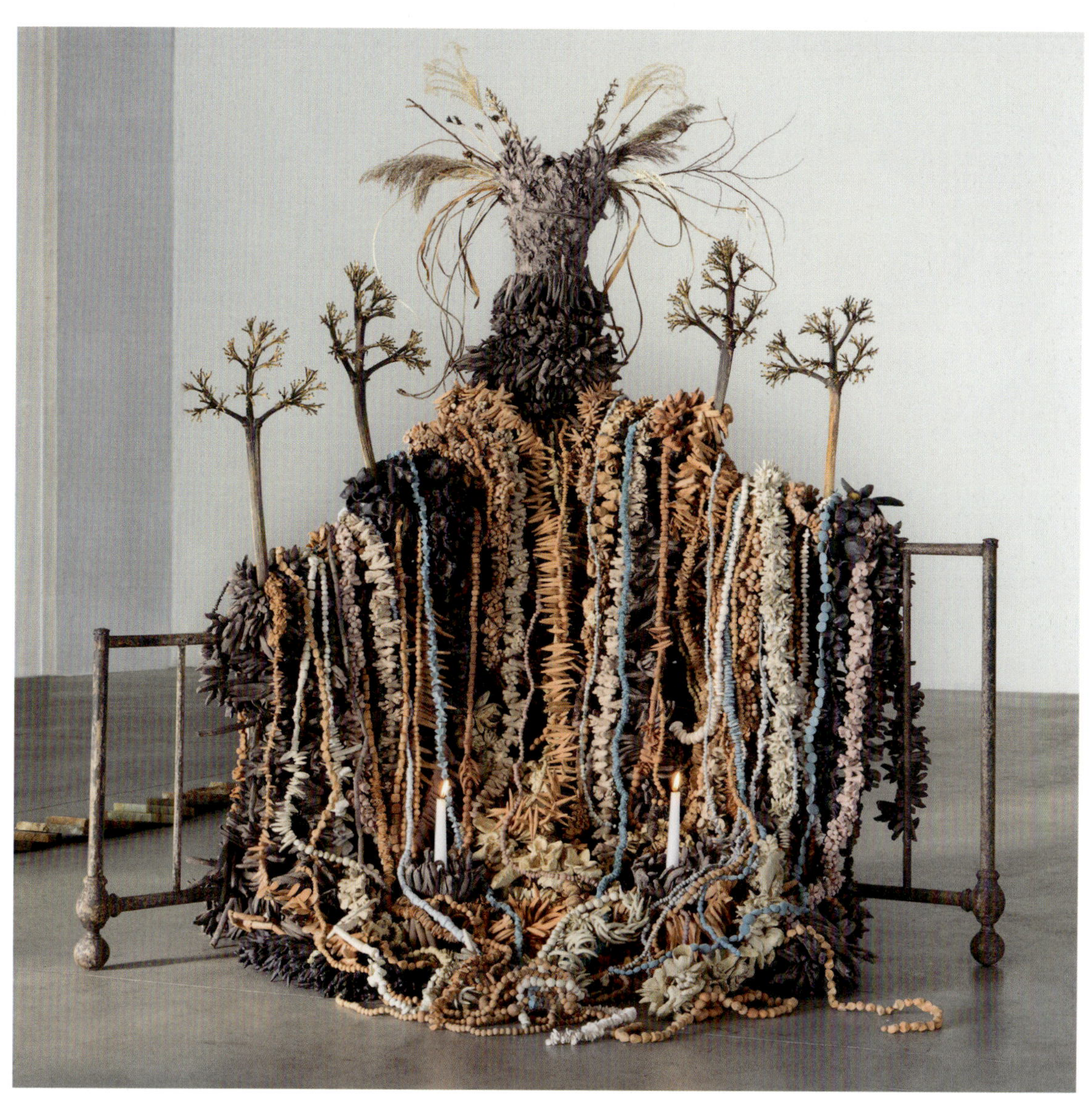

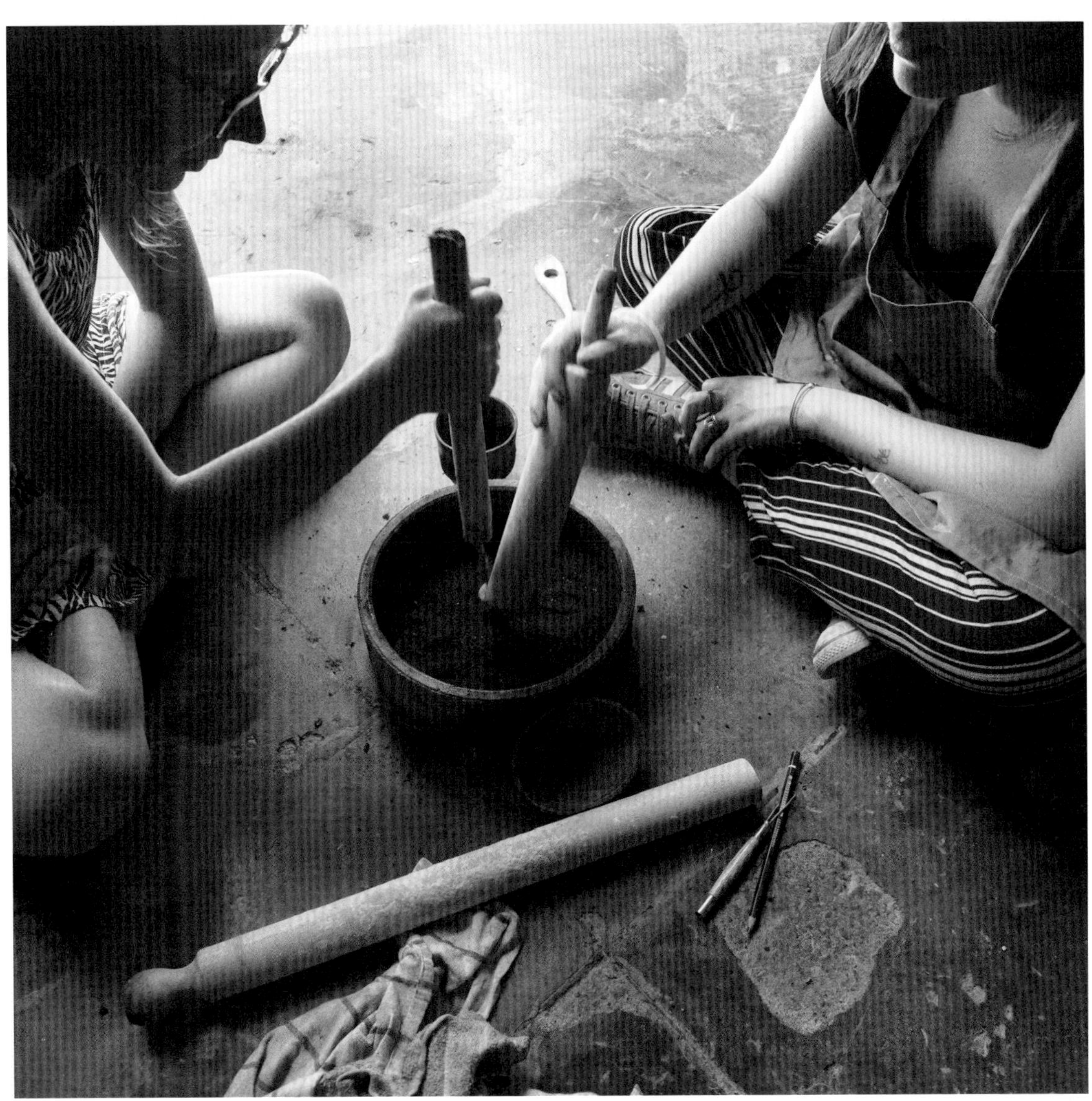

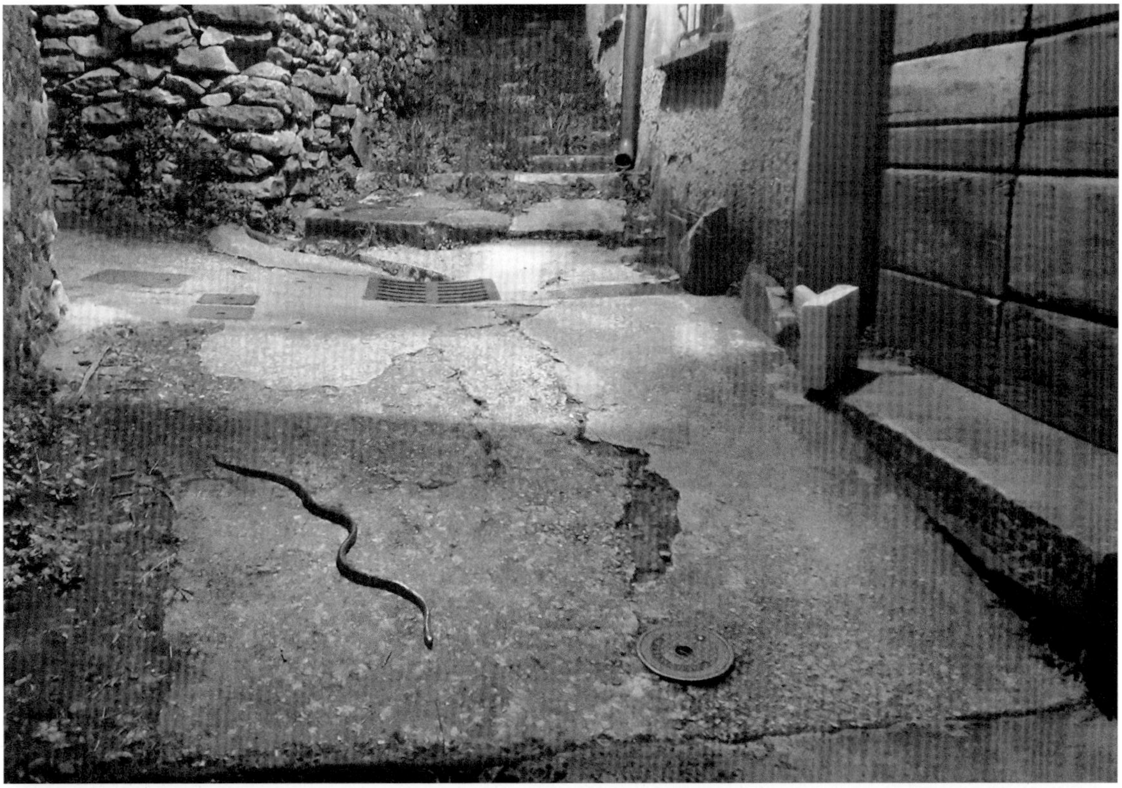

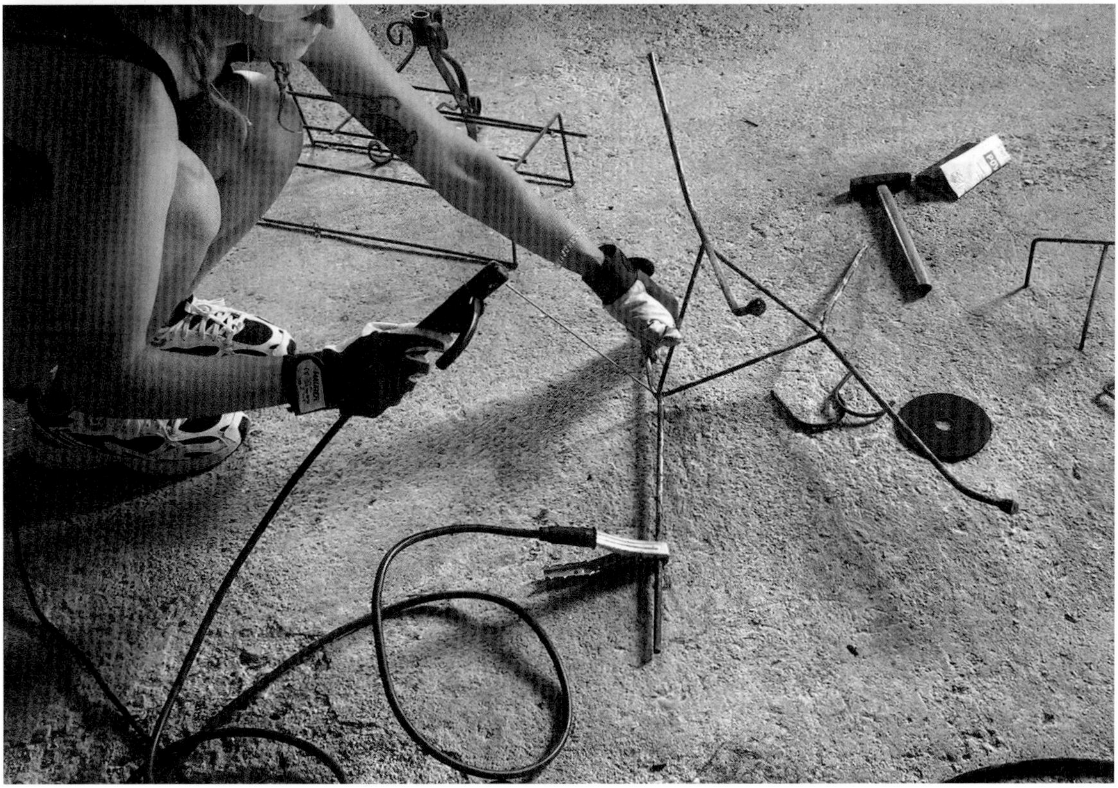

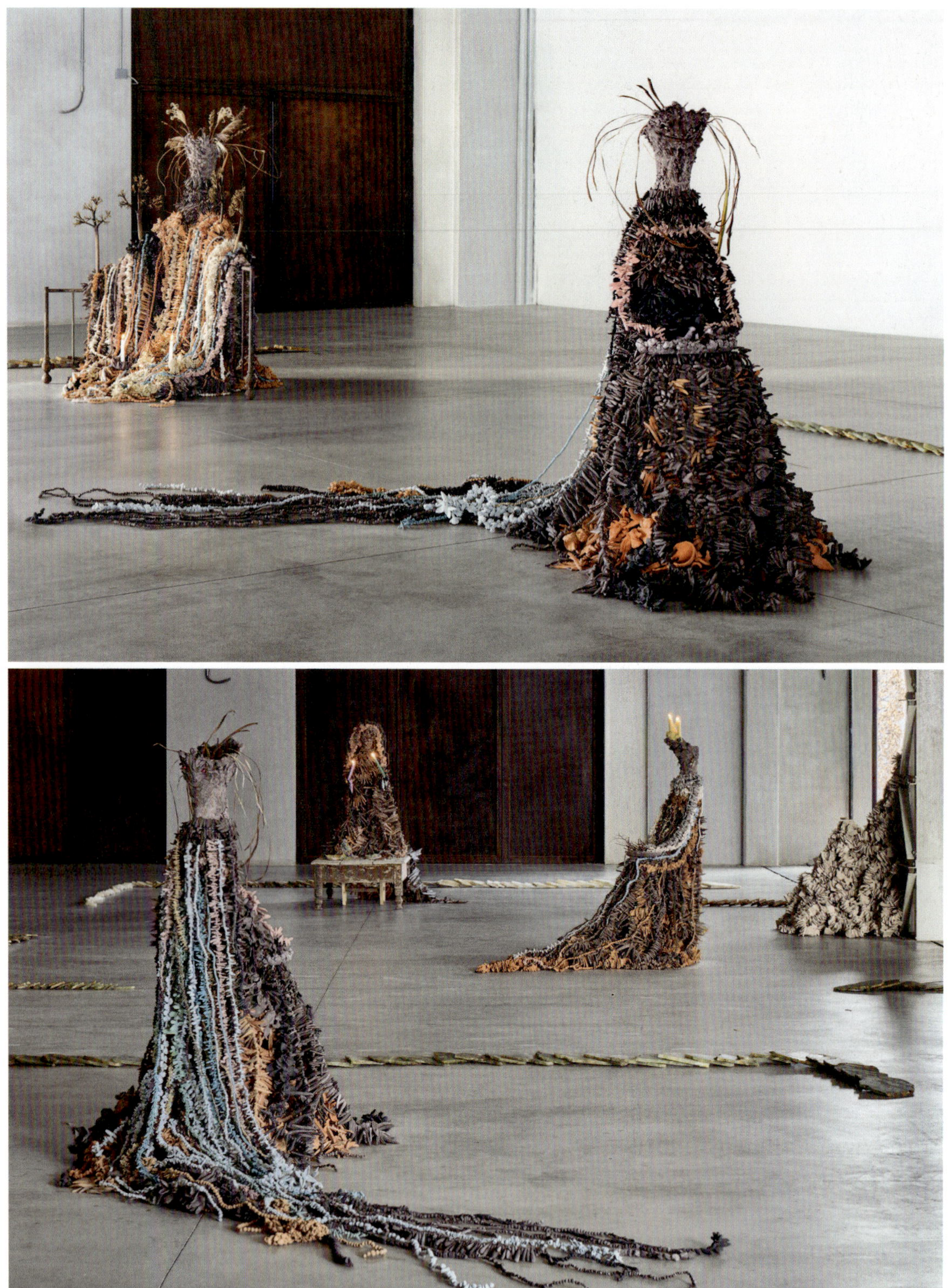

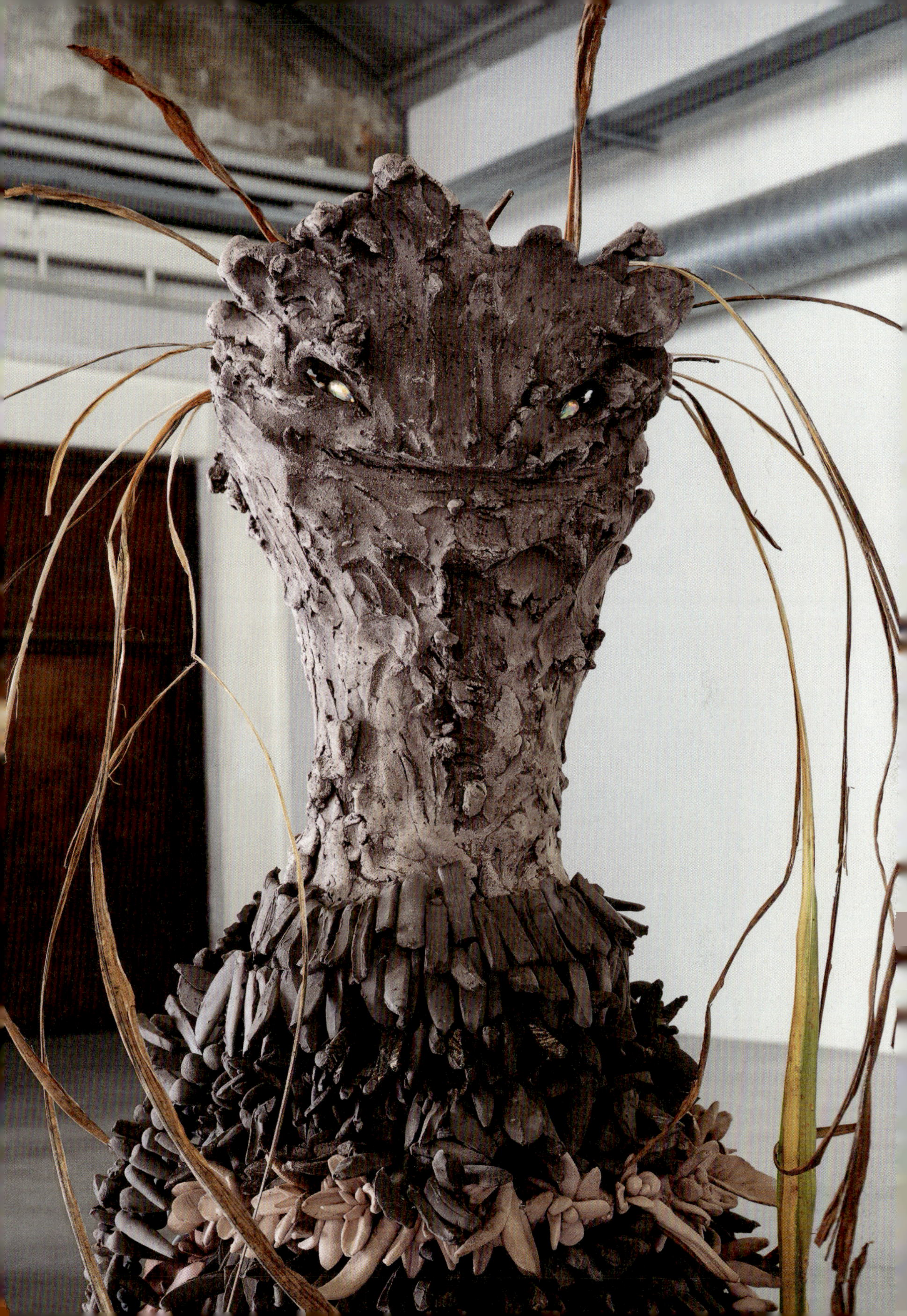

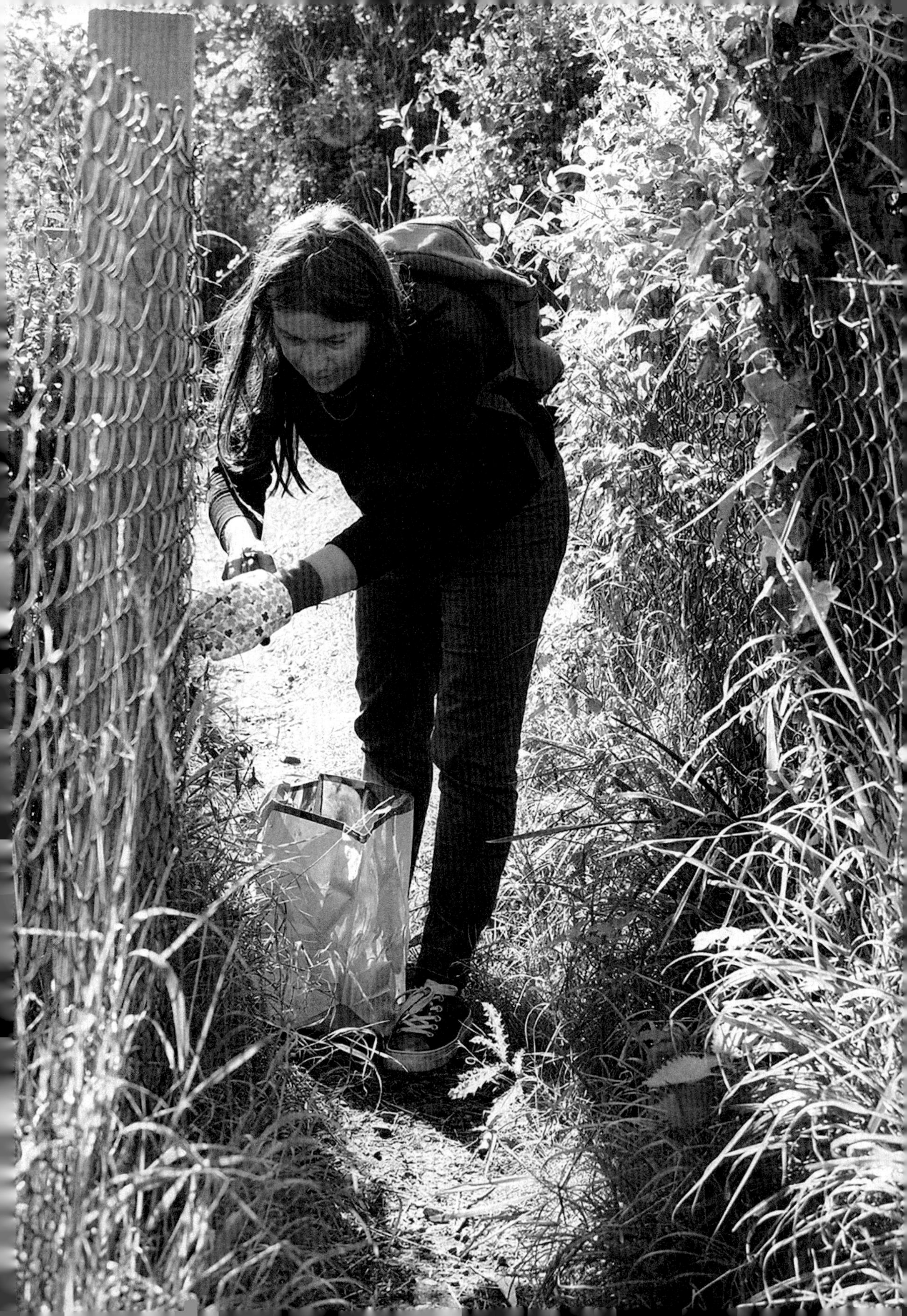

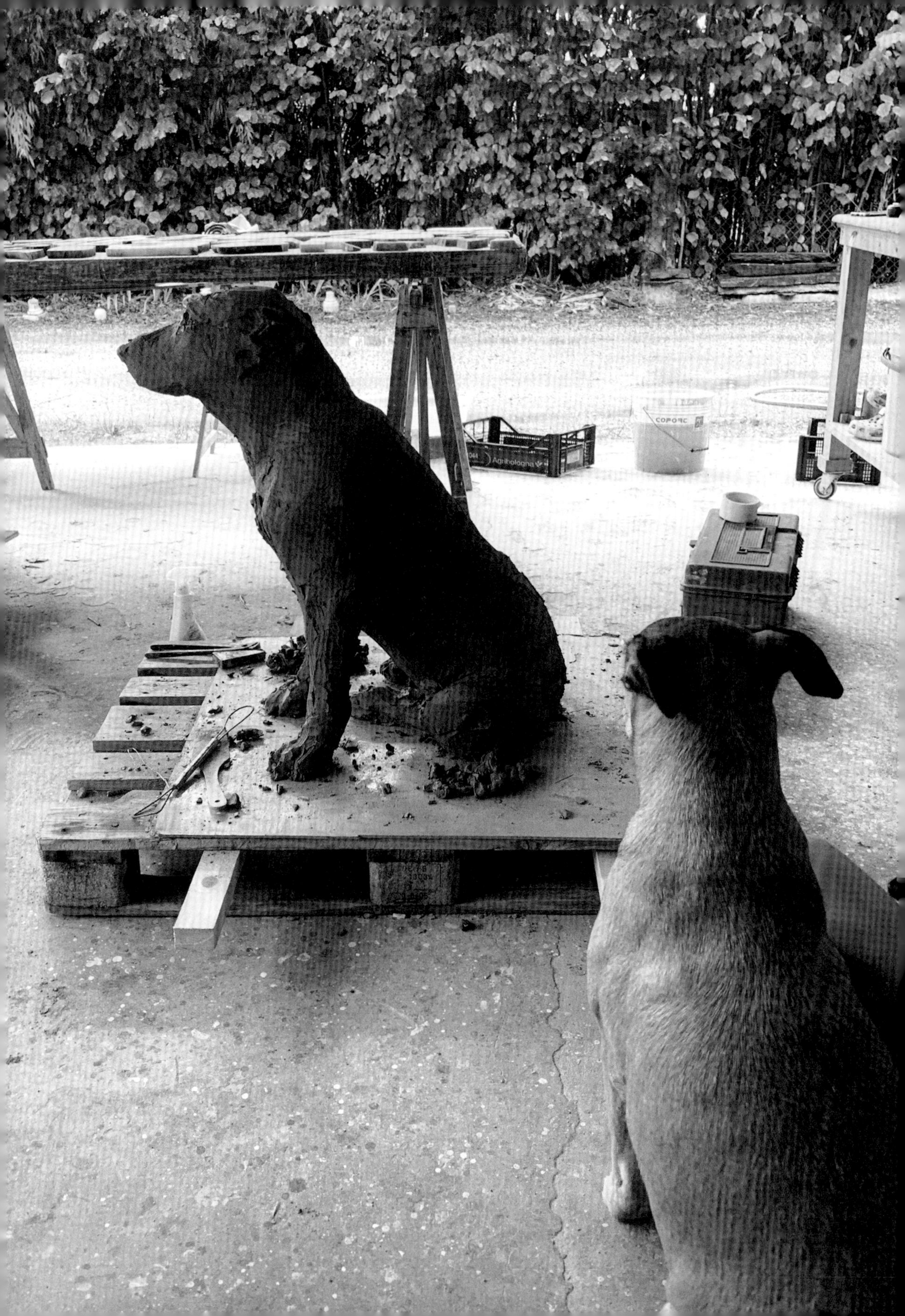
Agribologna

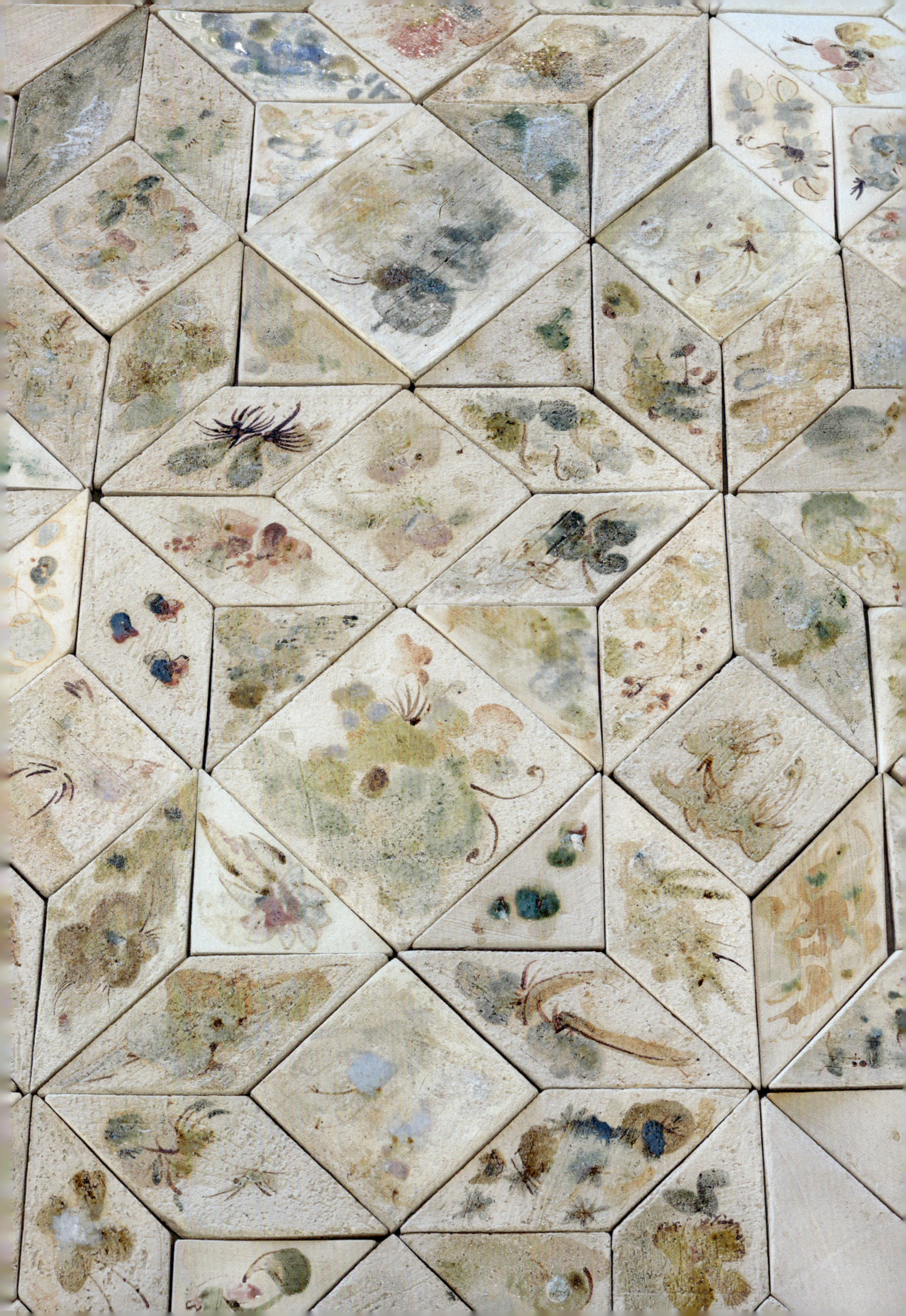

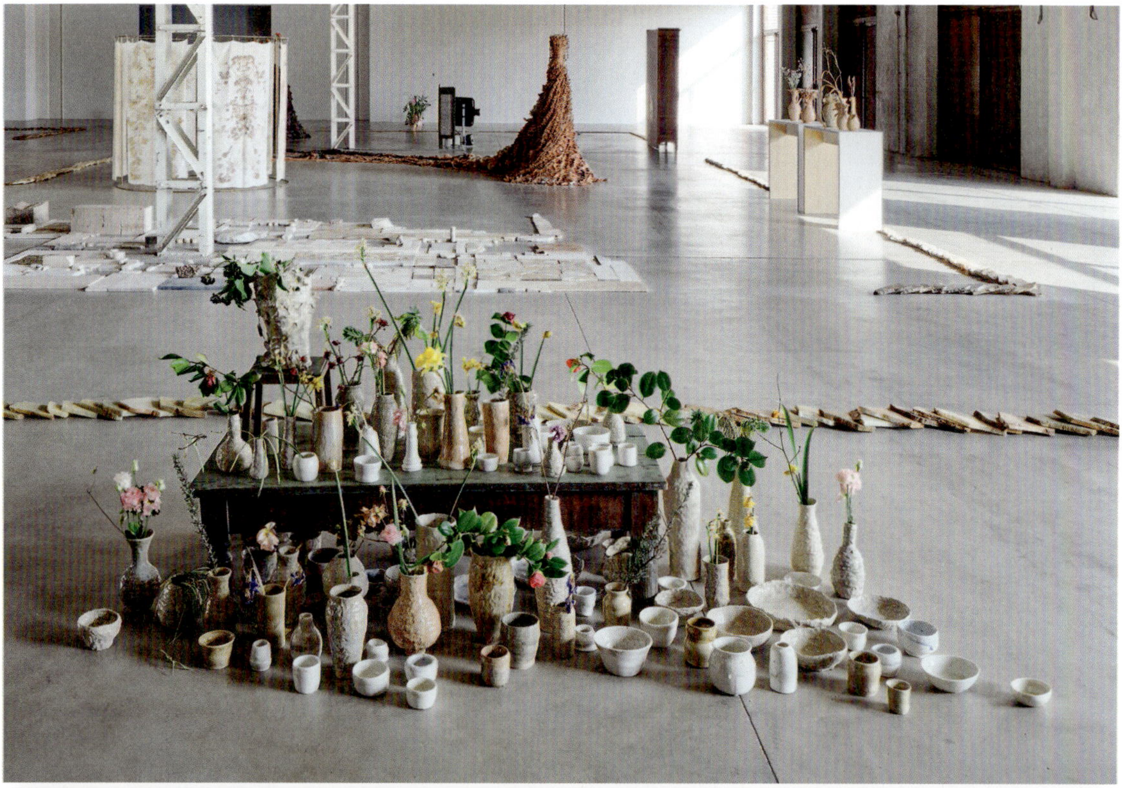

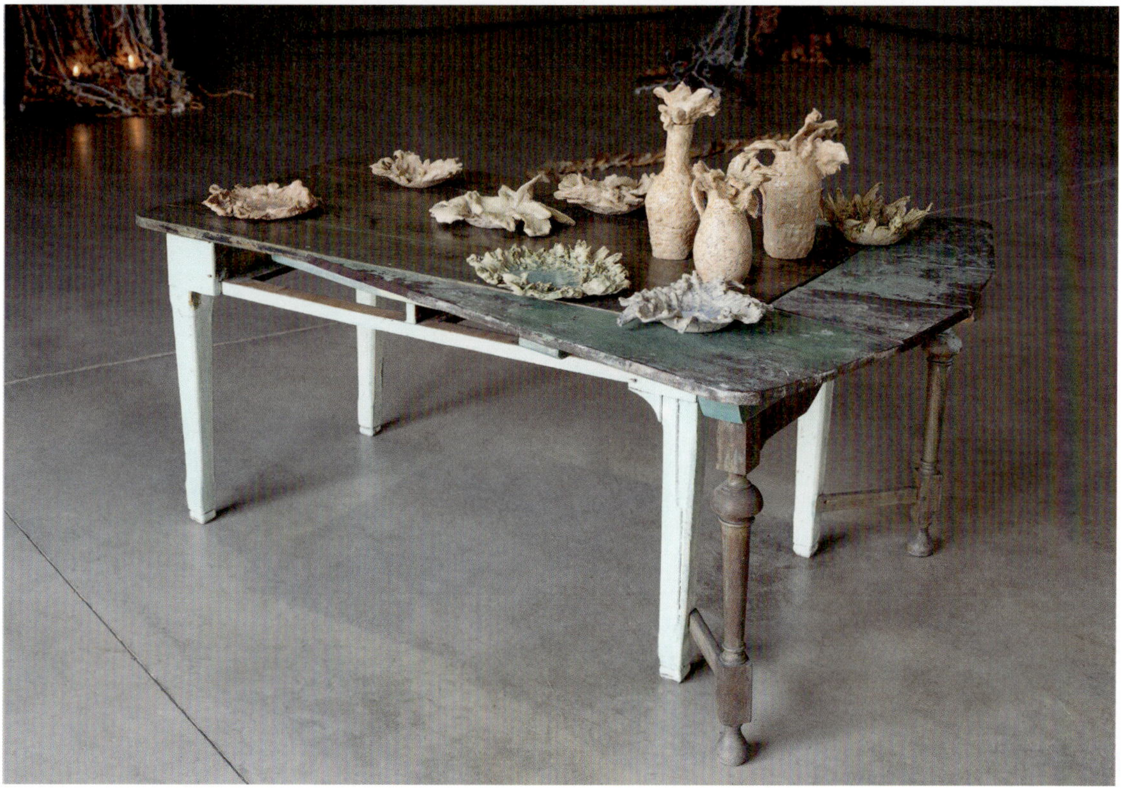

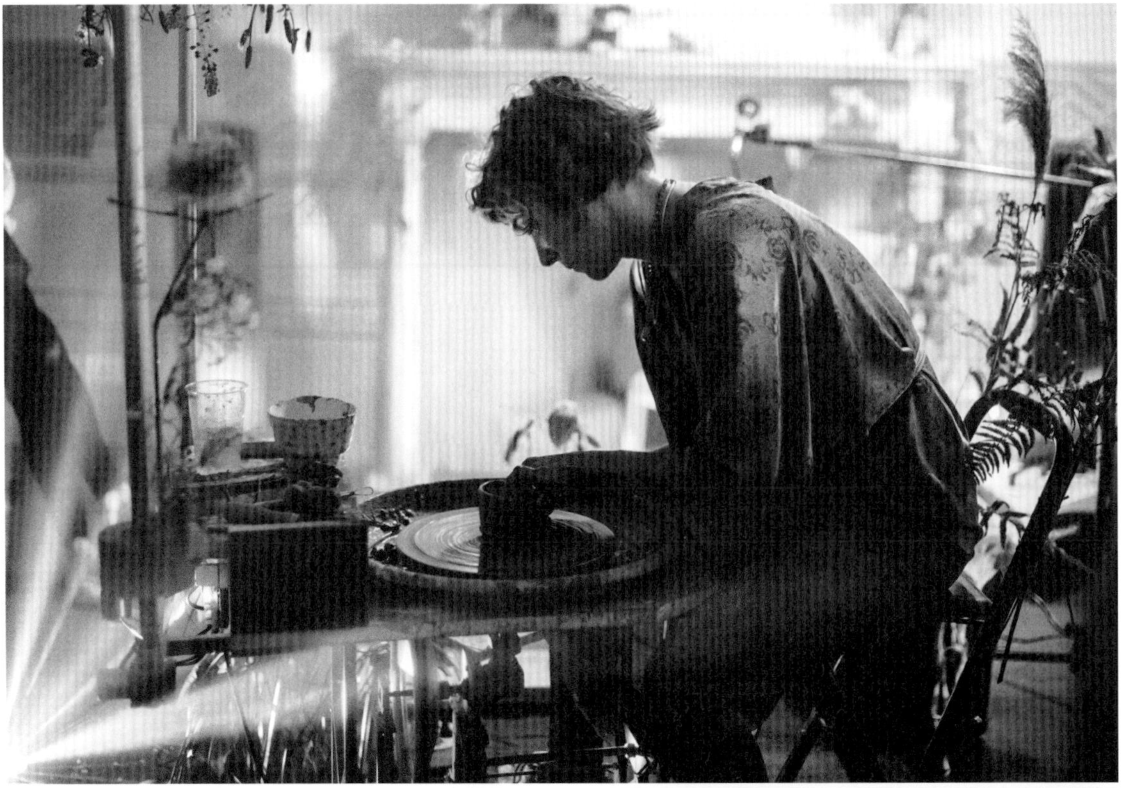

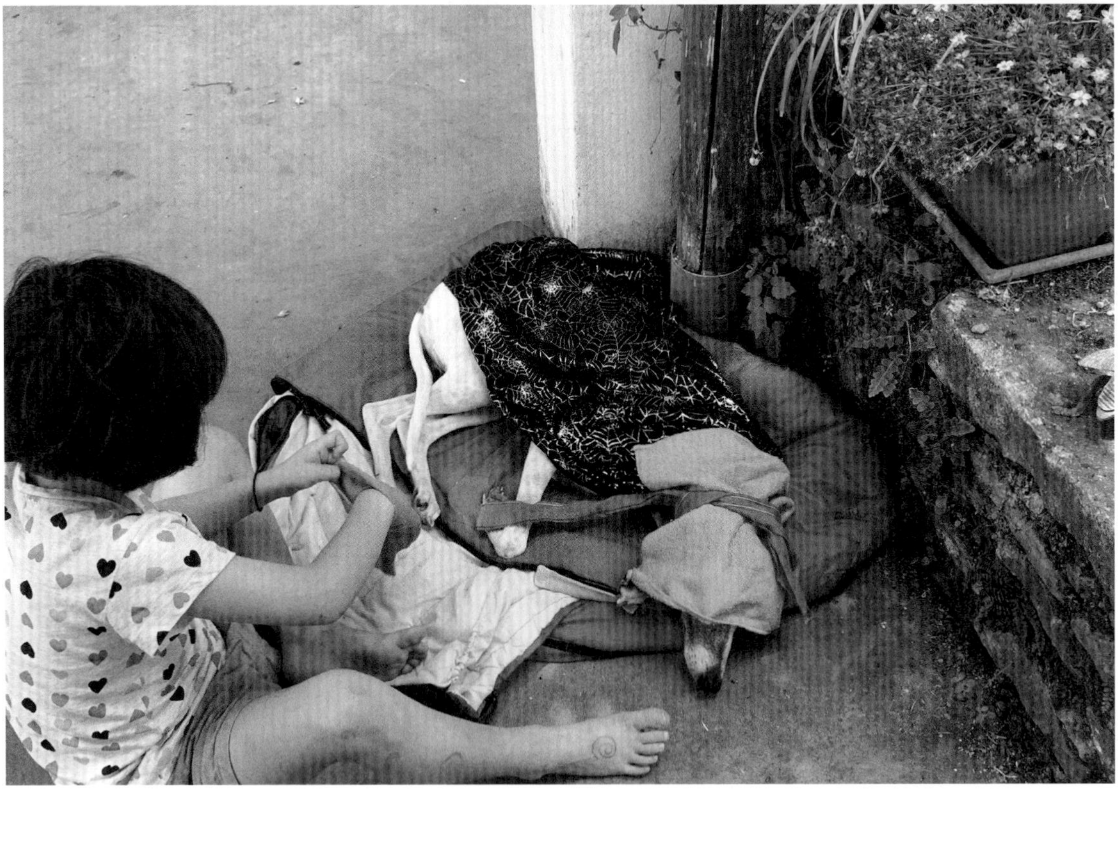

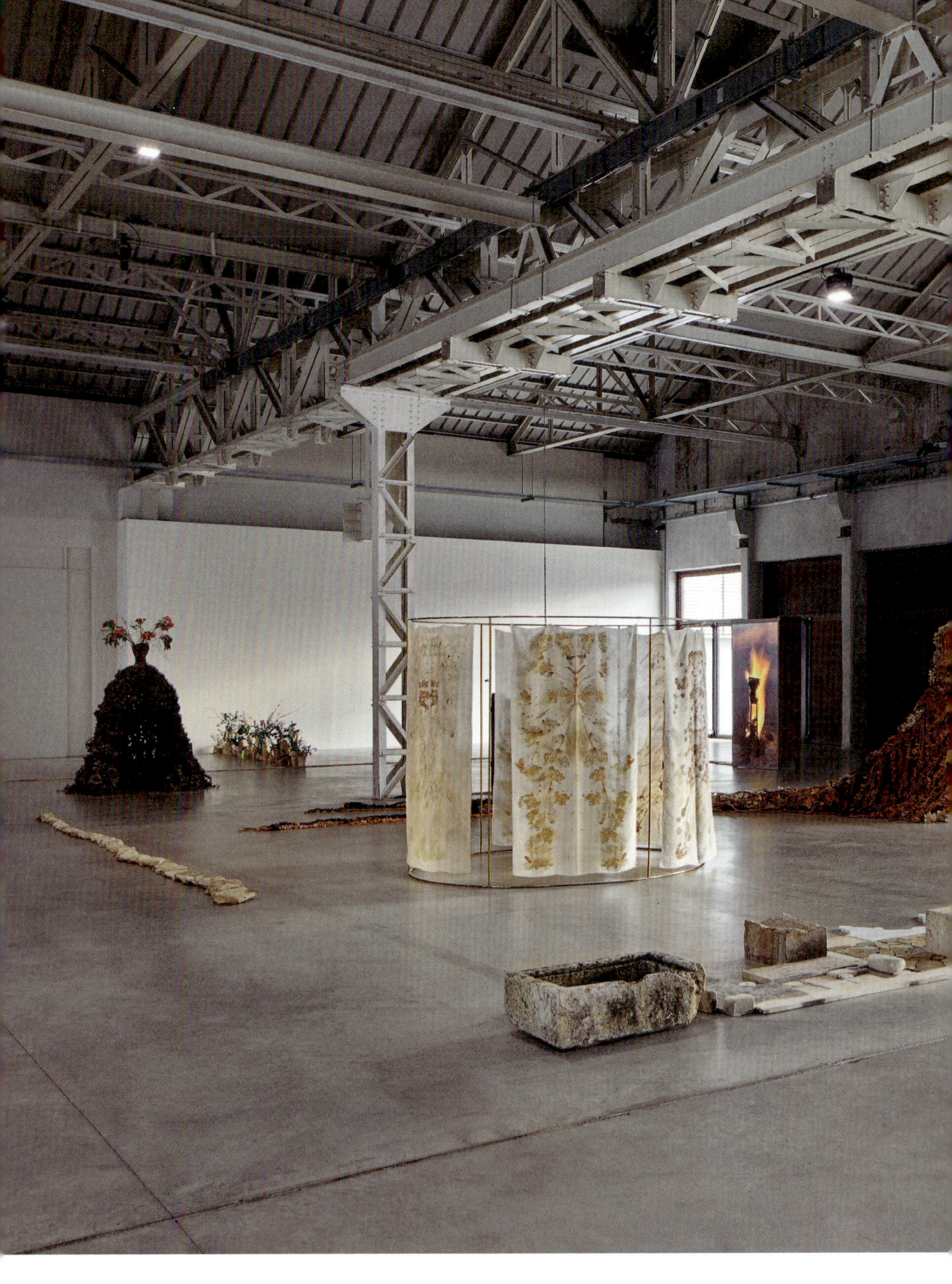

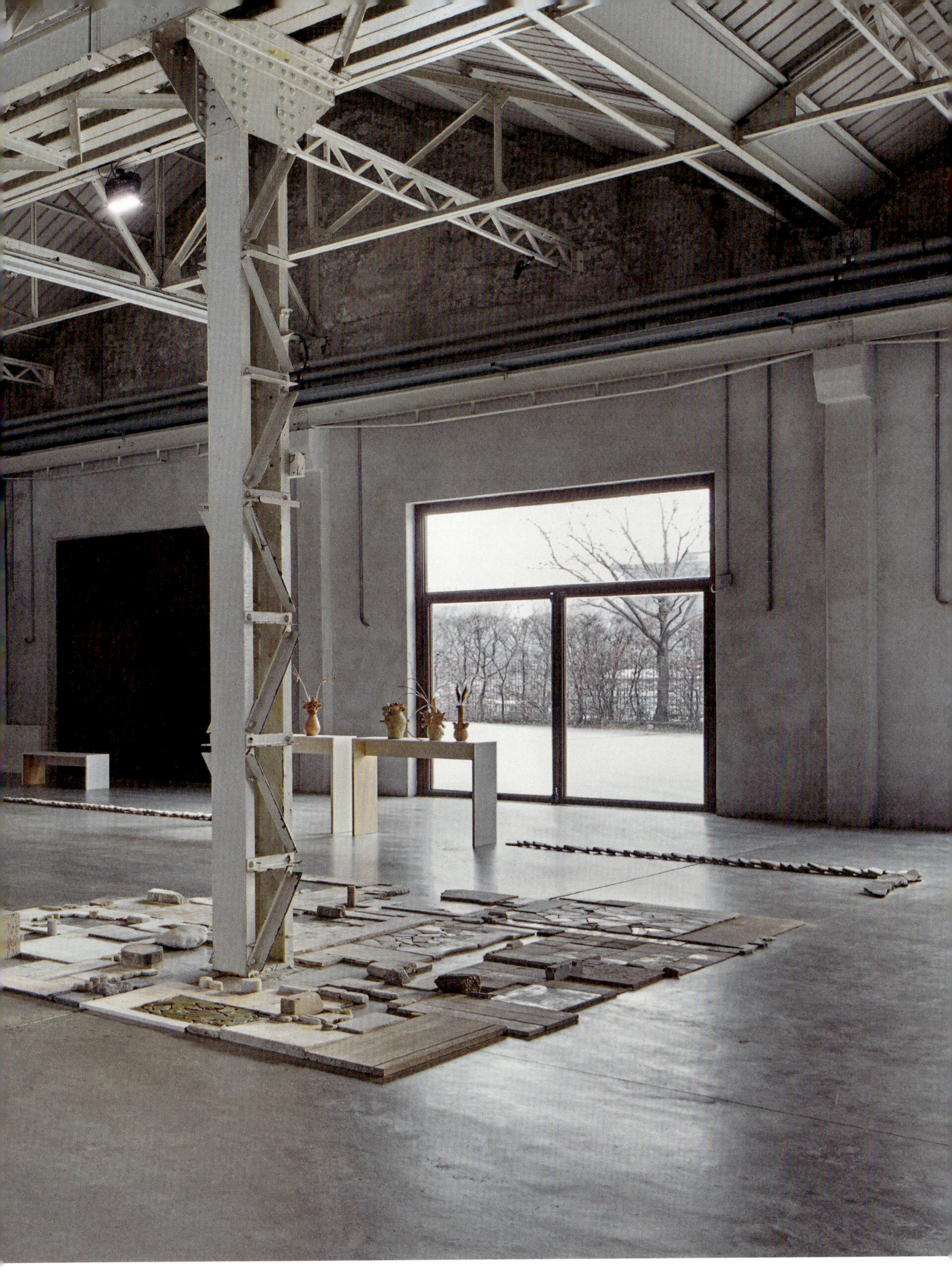

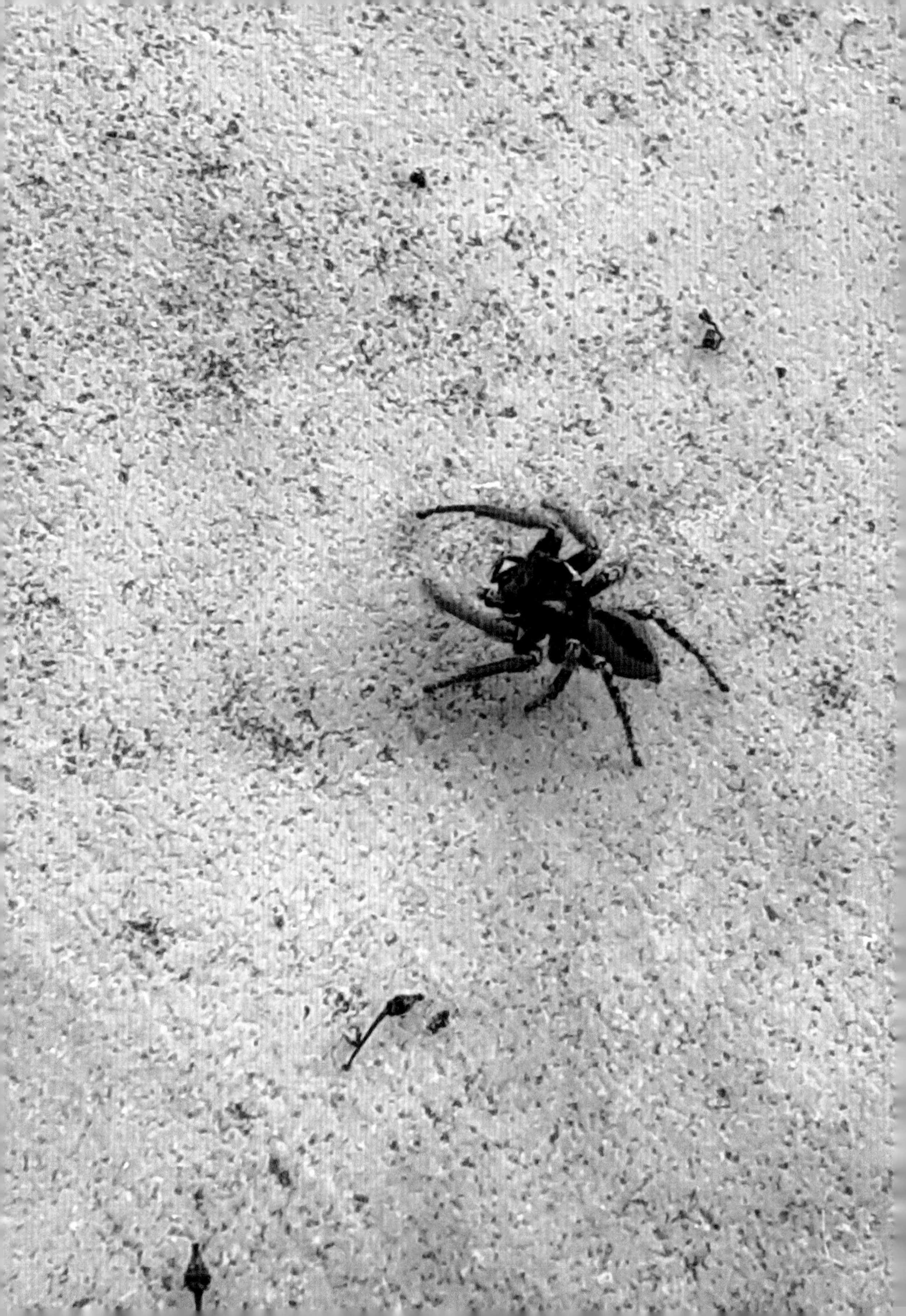

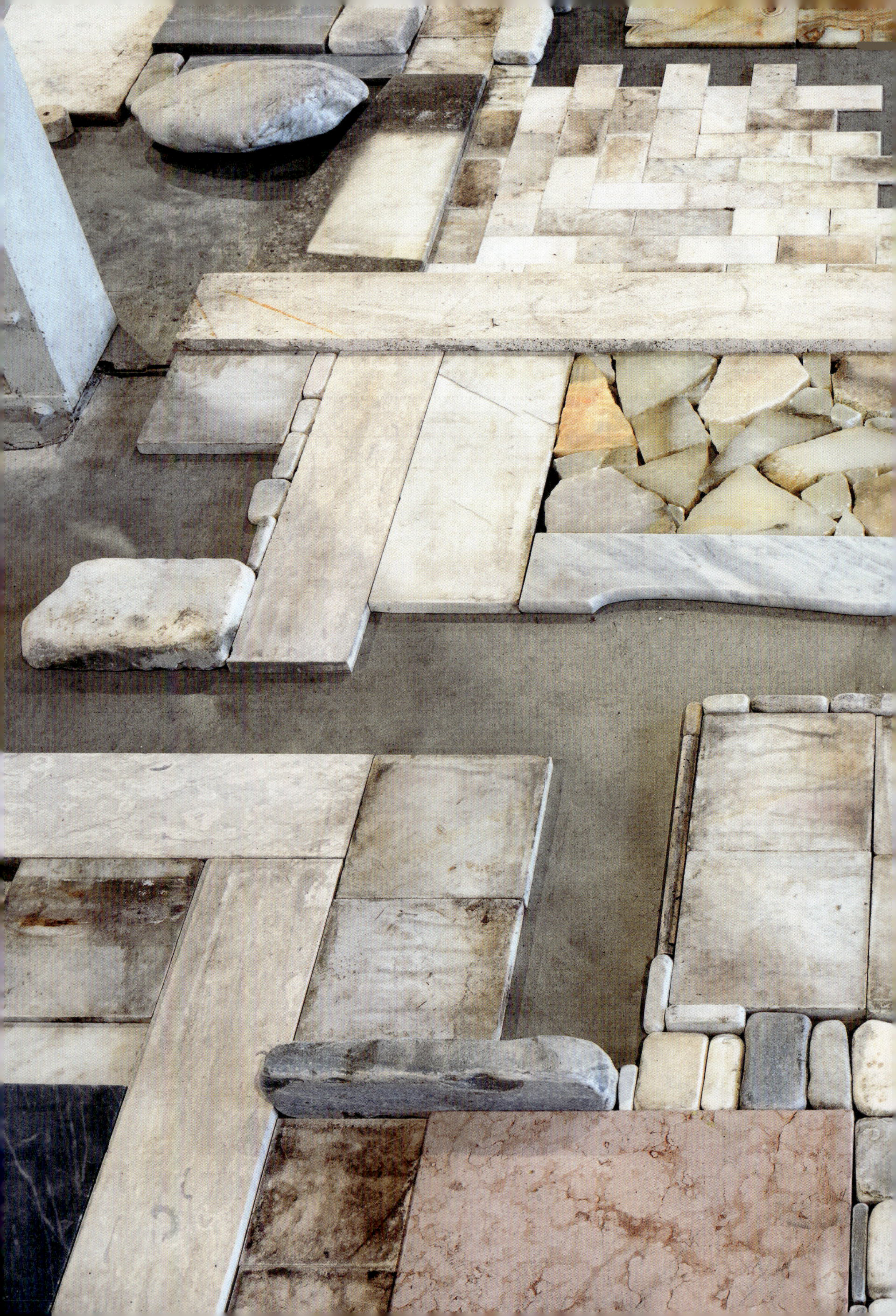

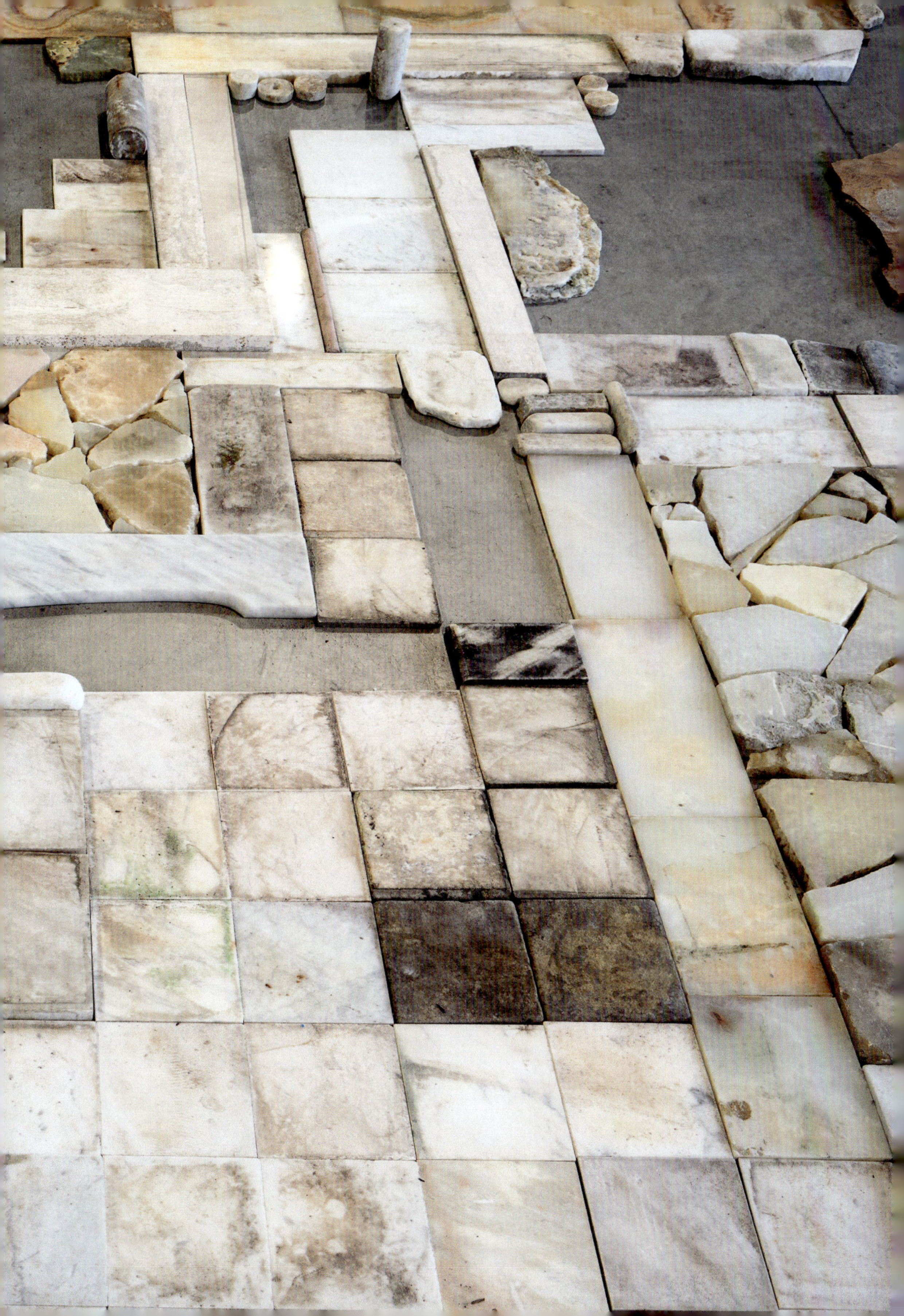

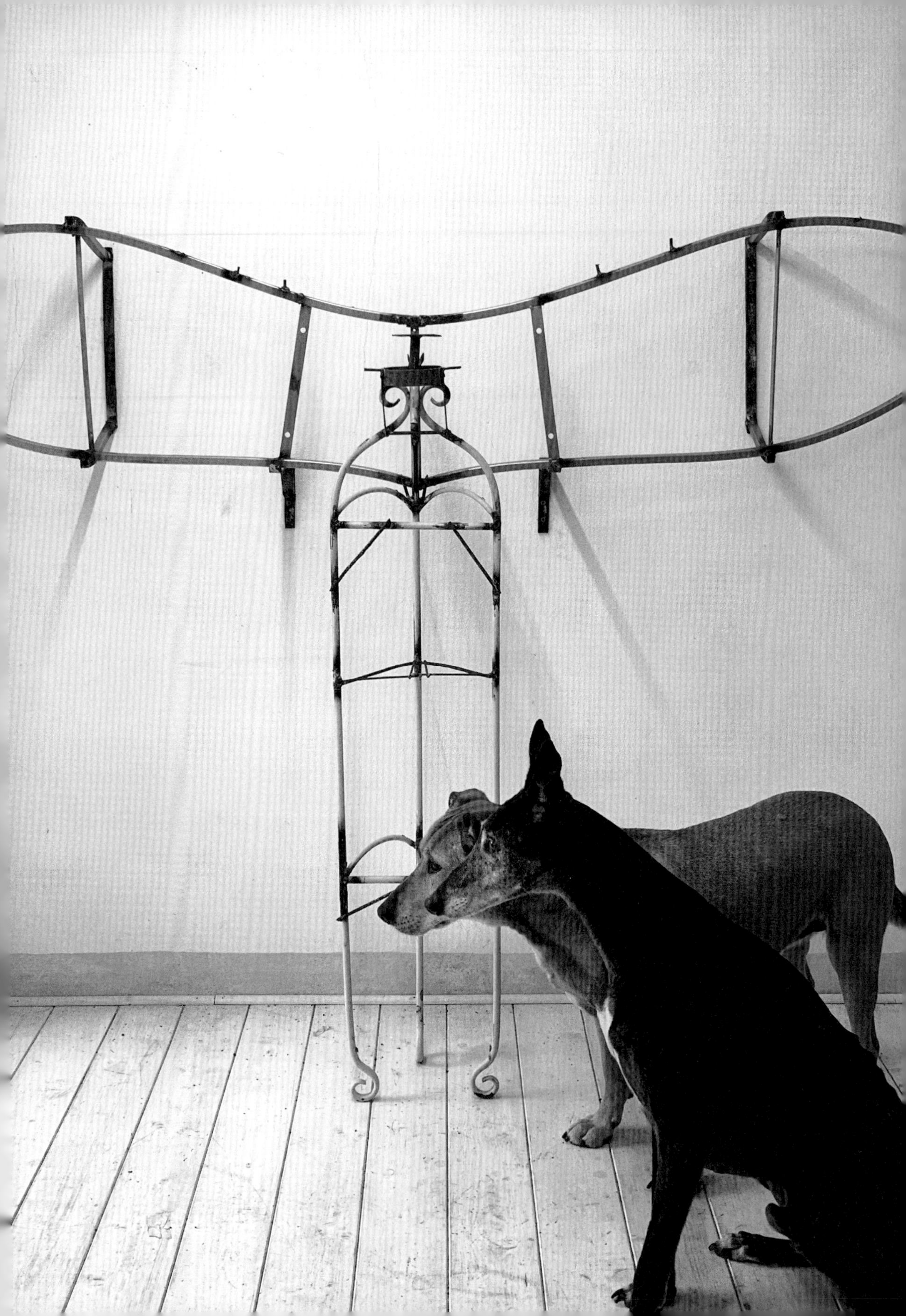

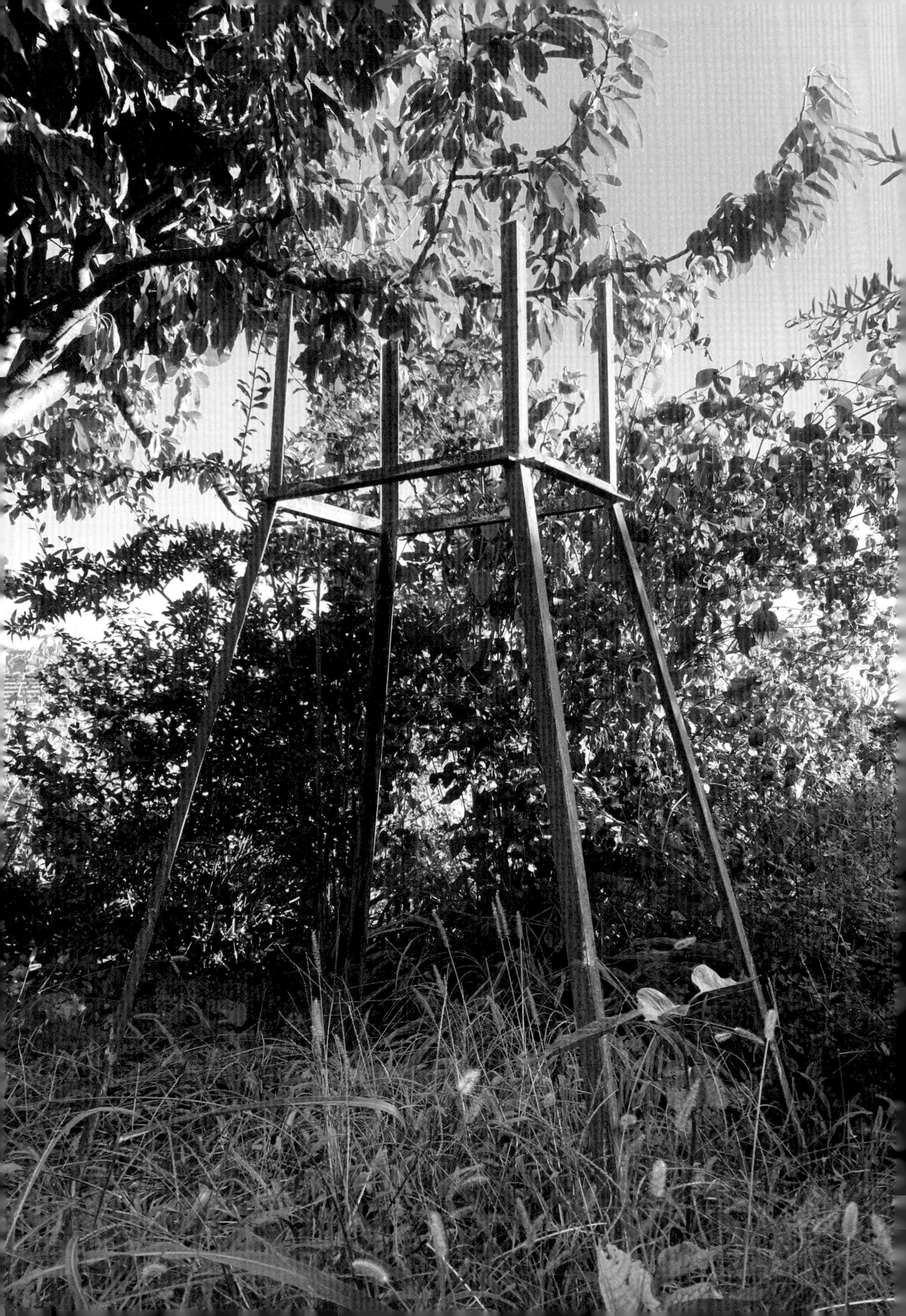

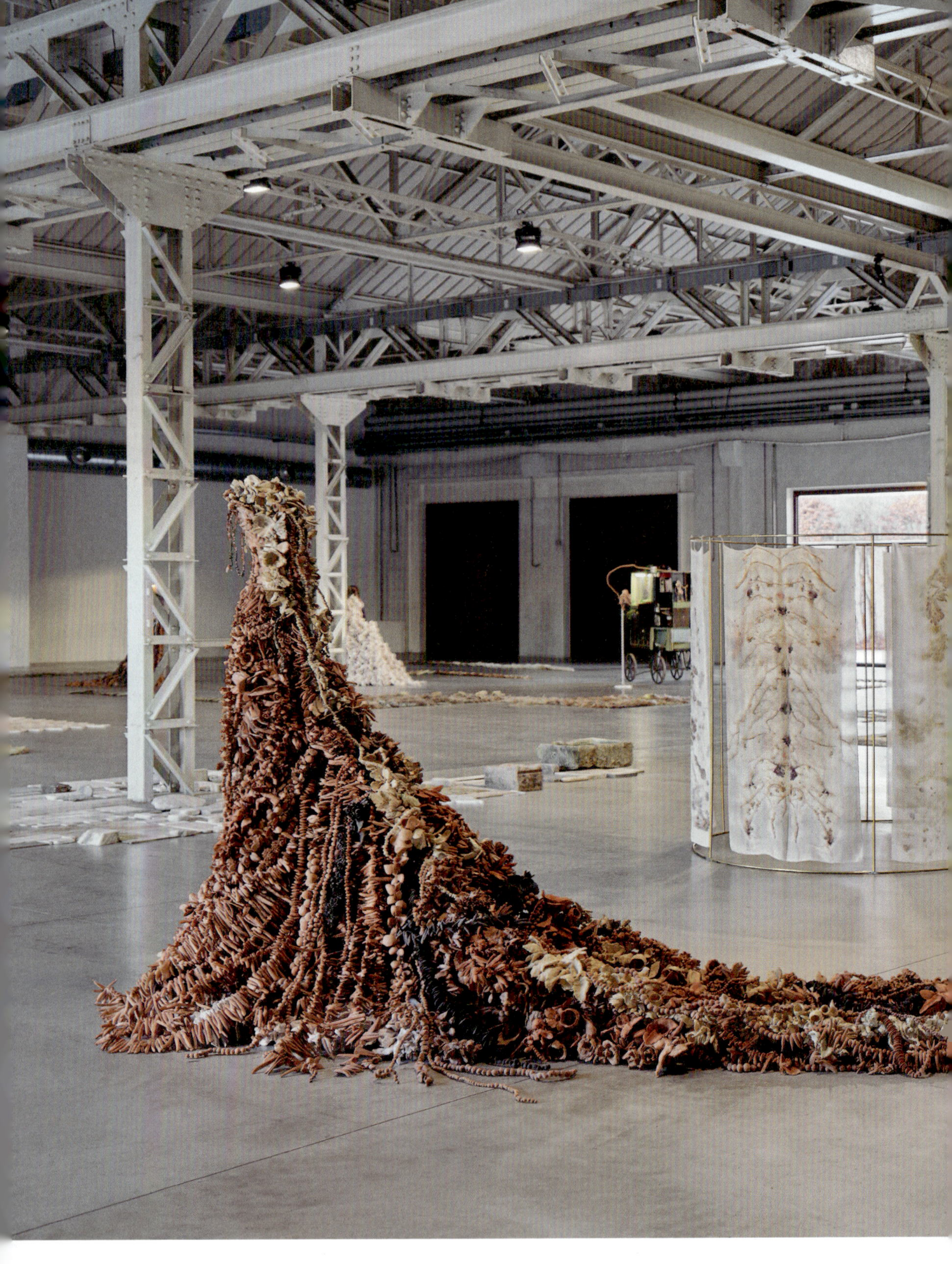

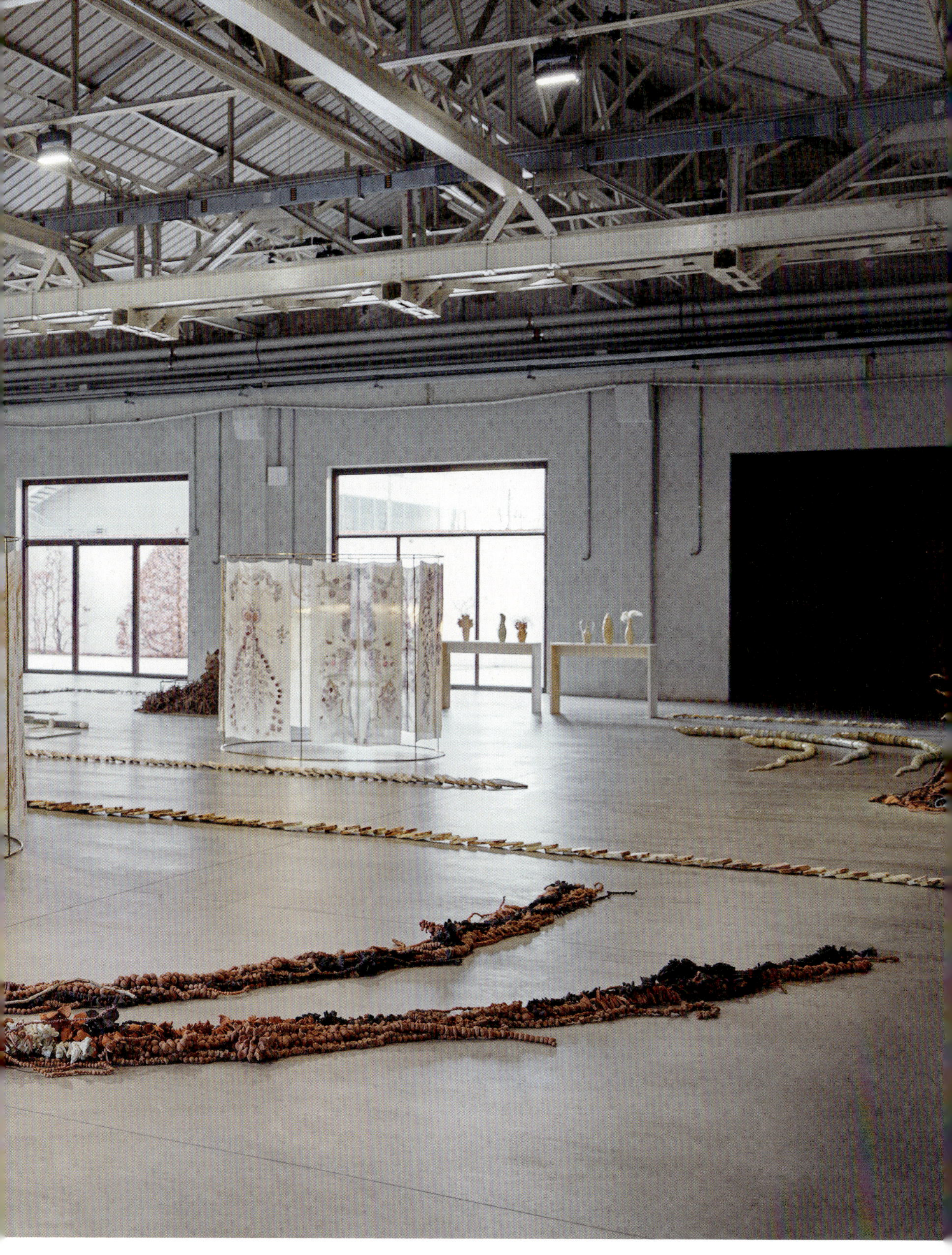

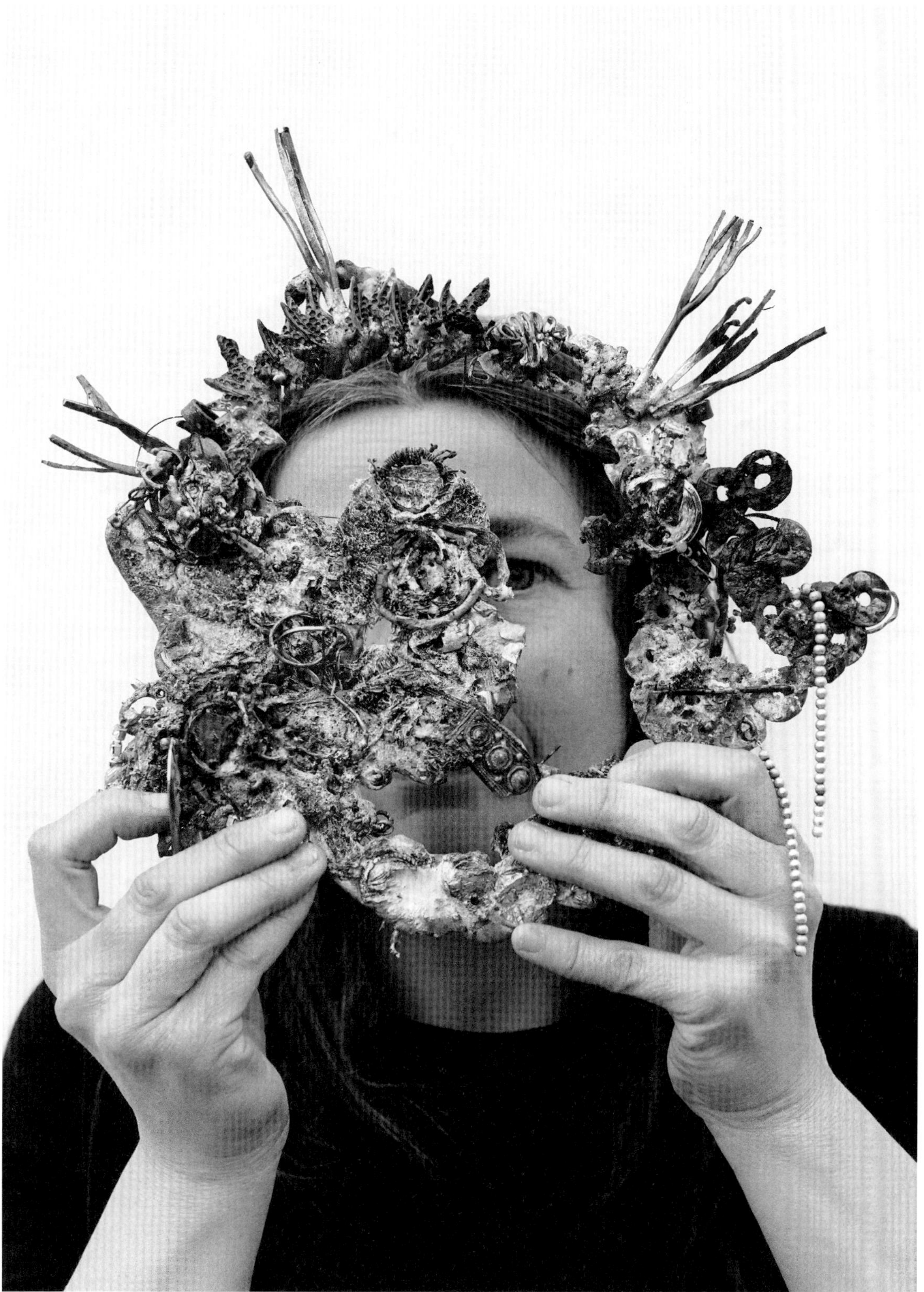

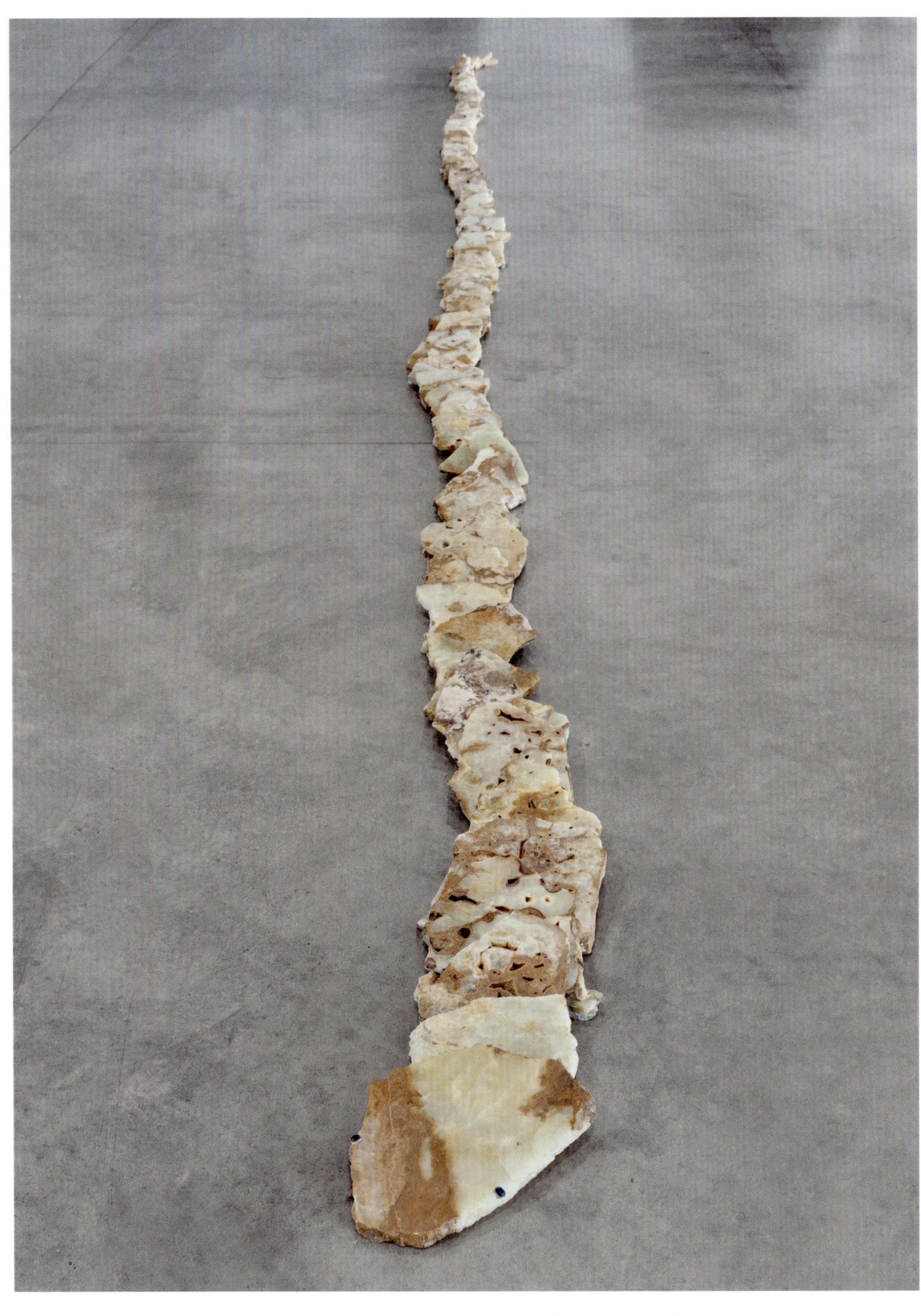

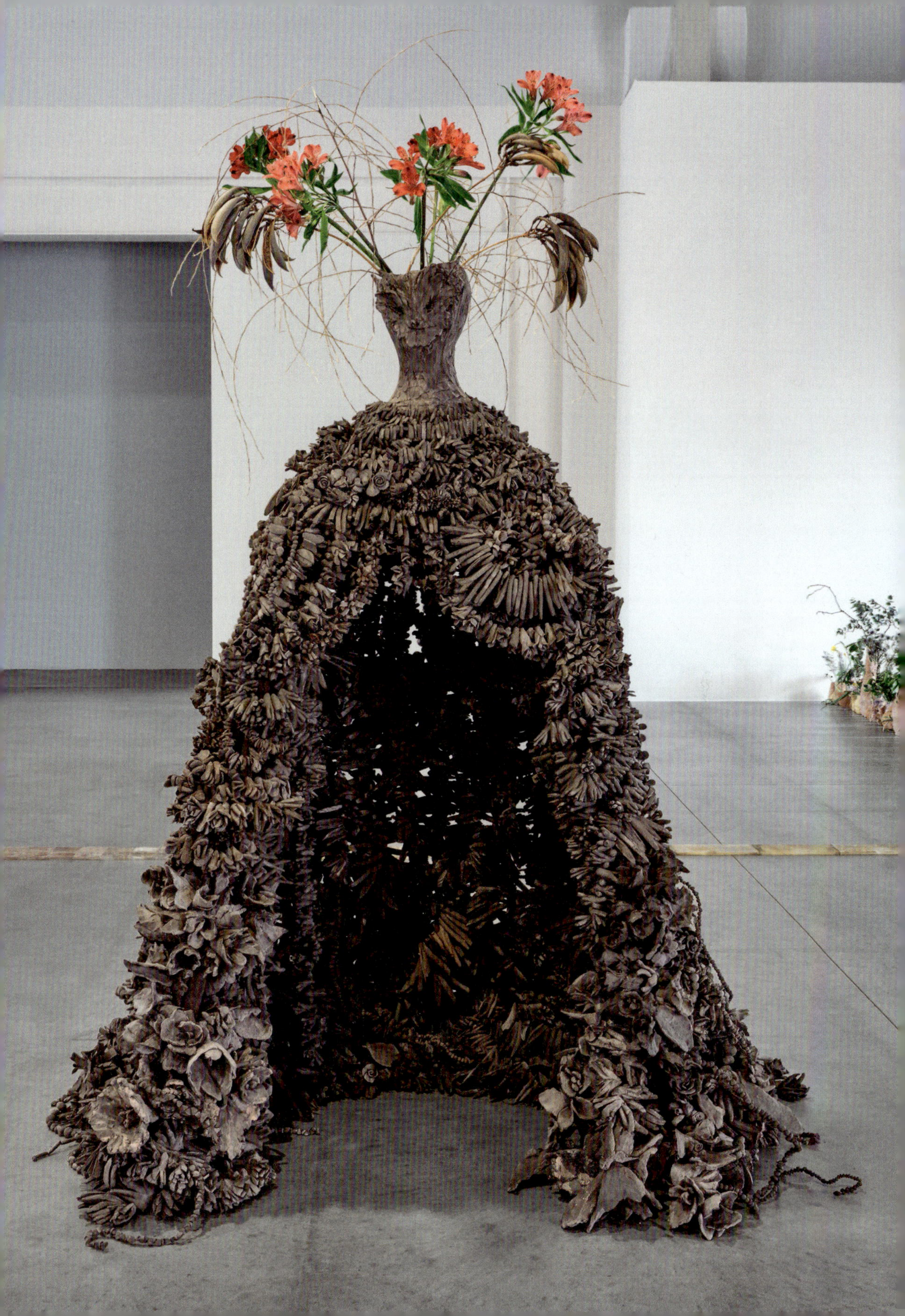

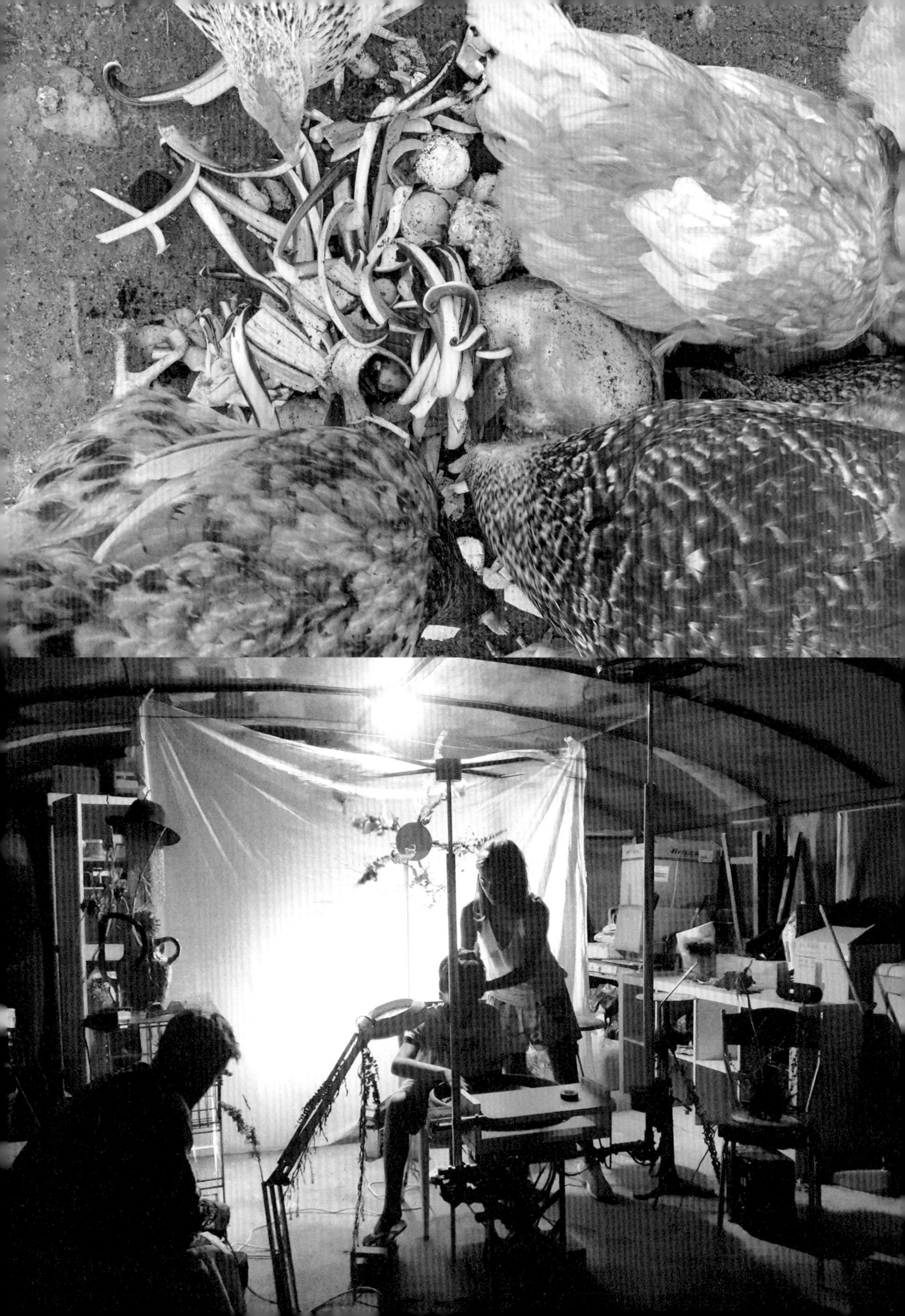

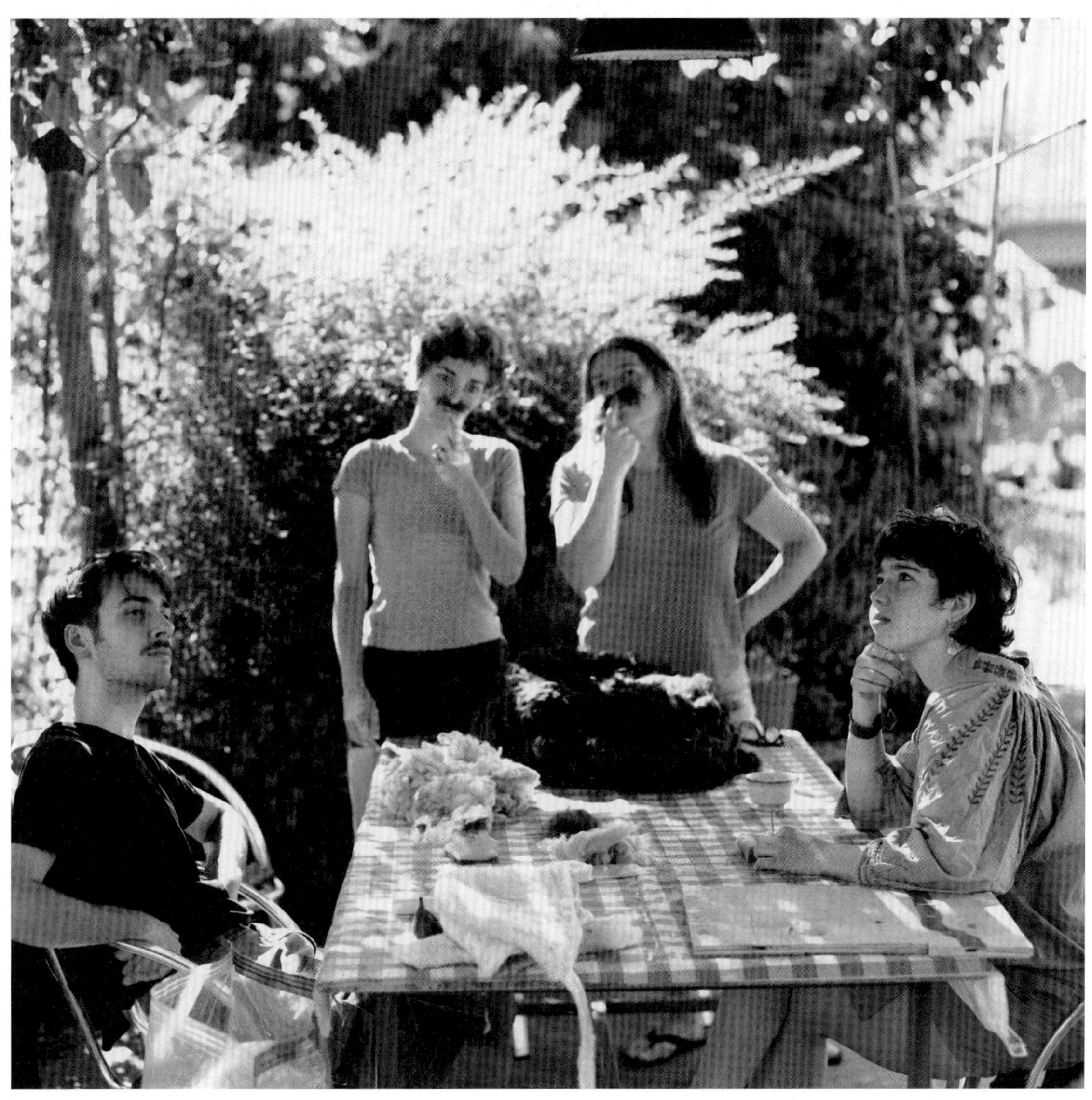

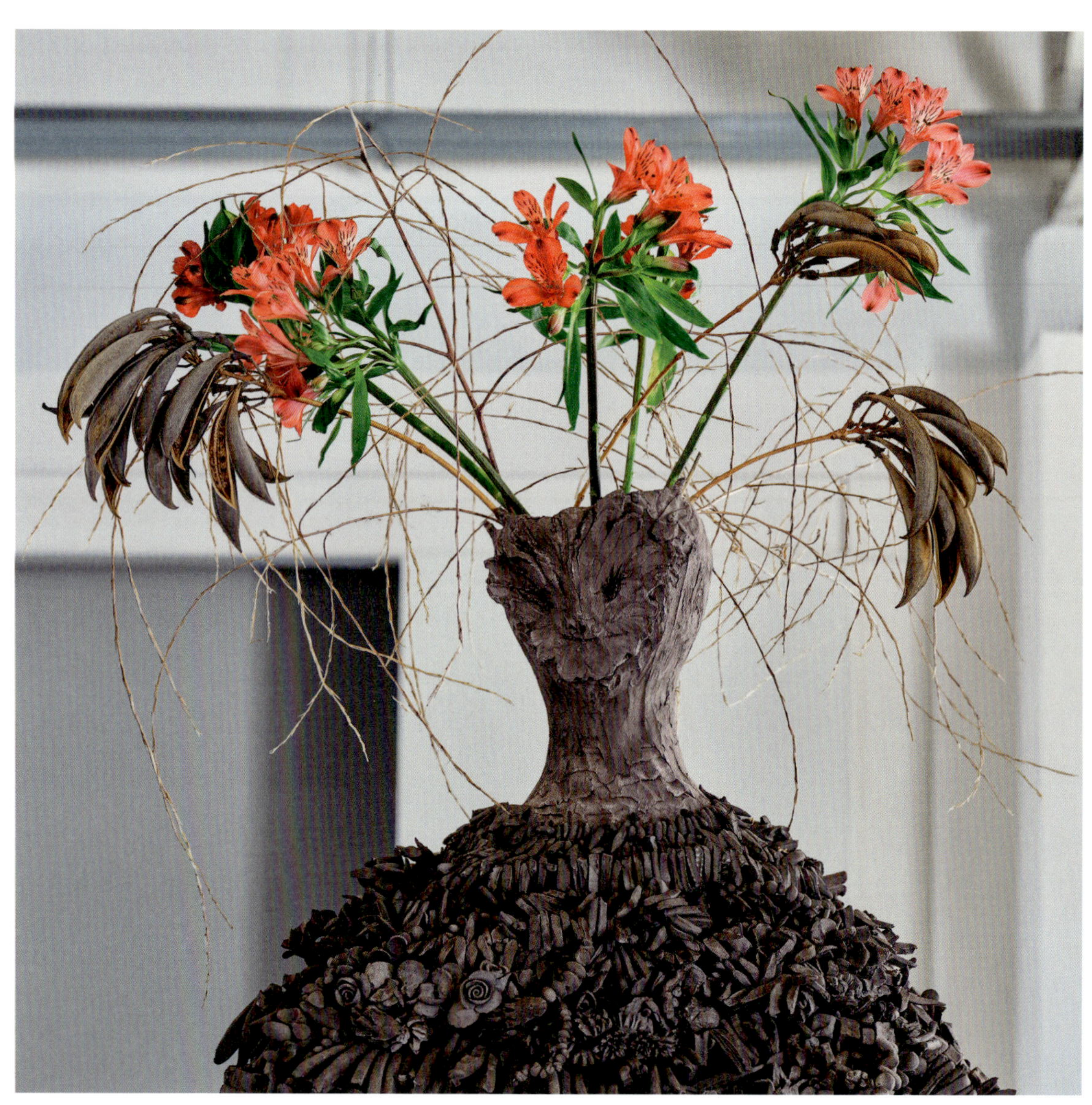

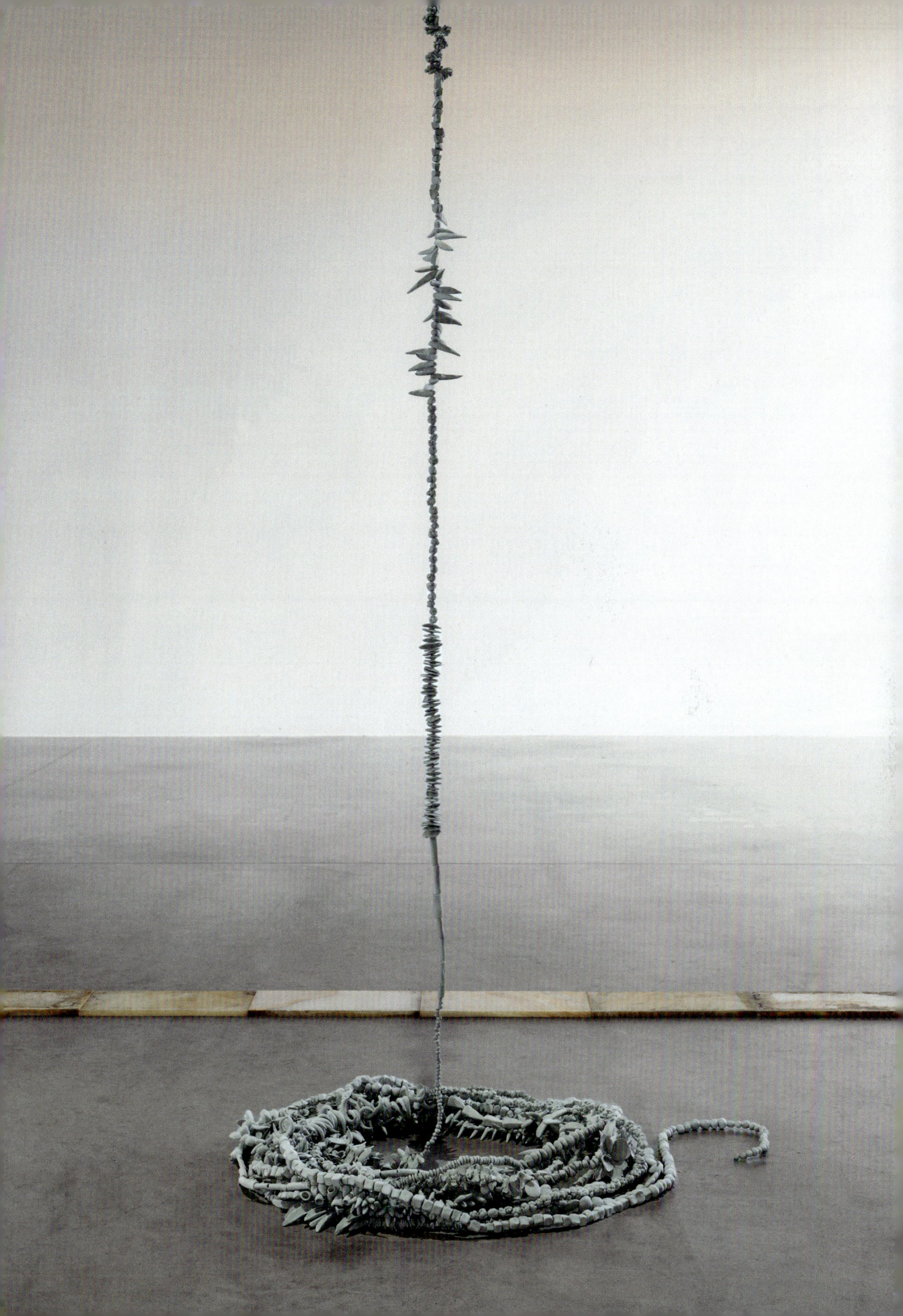

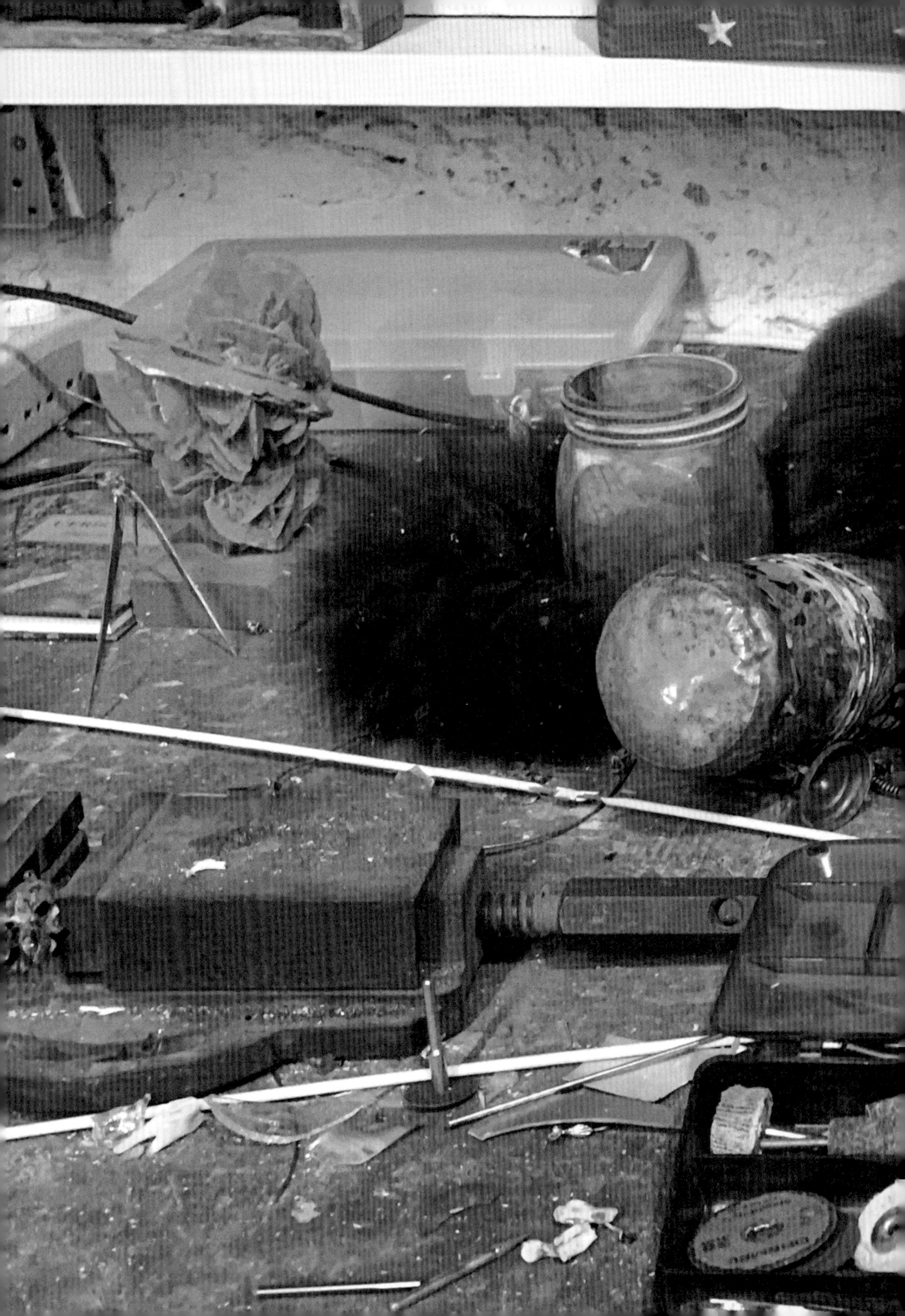

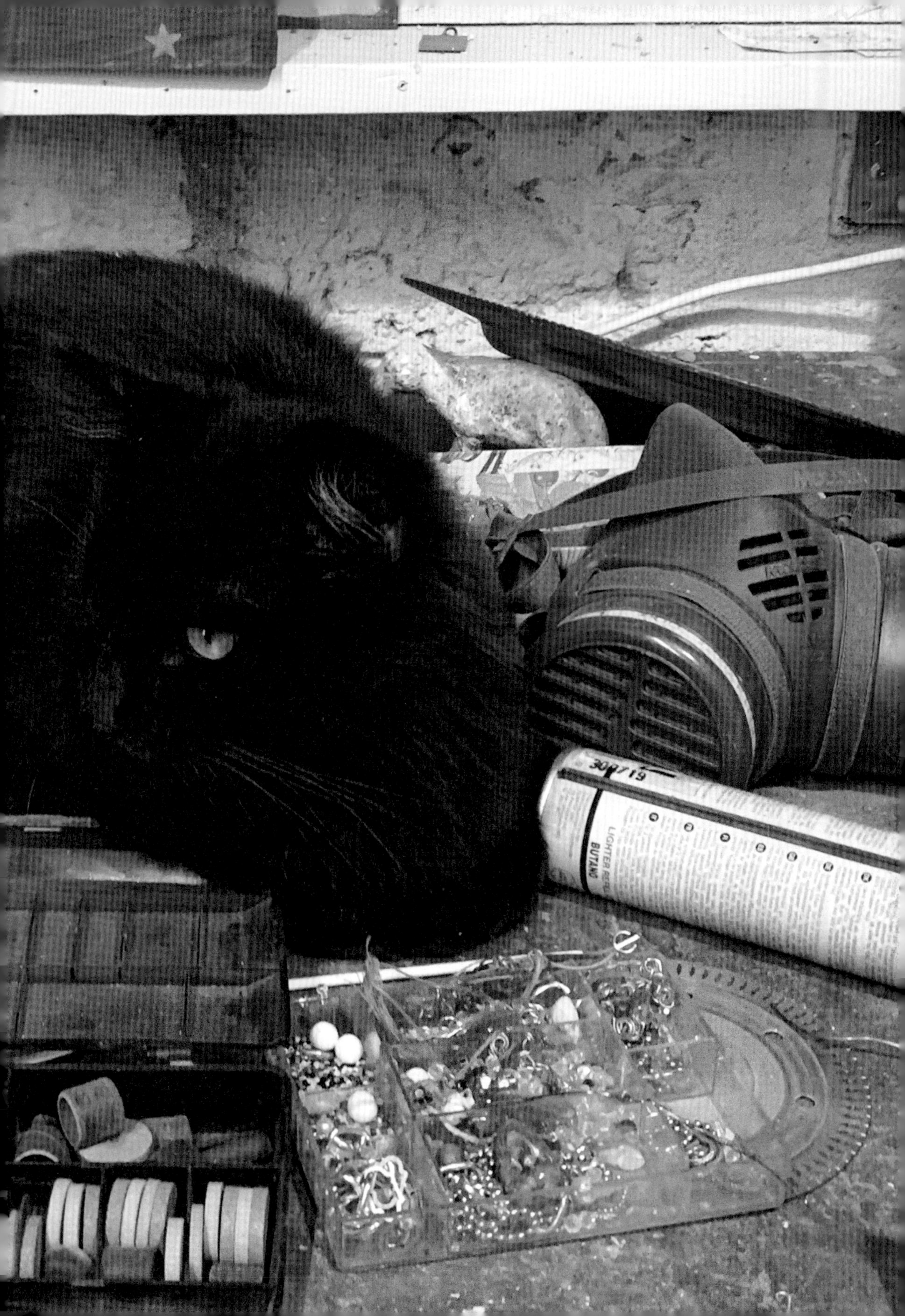

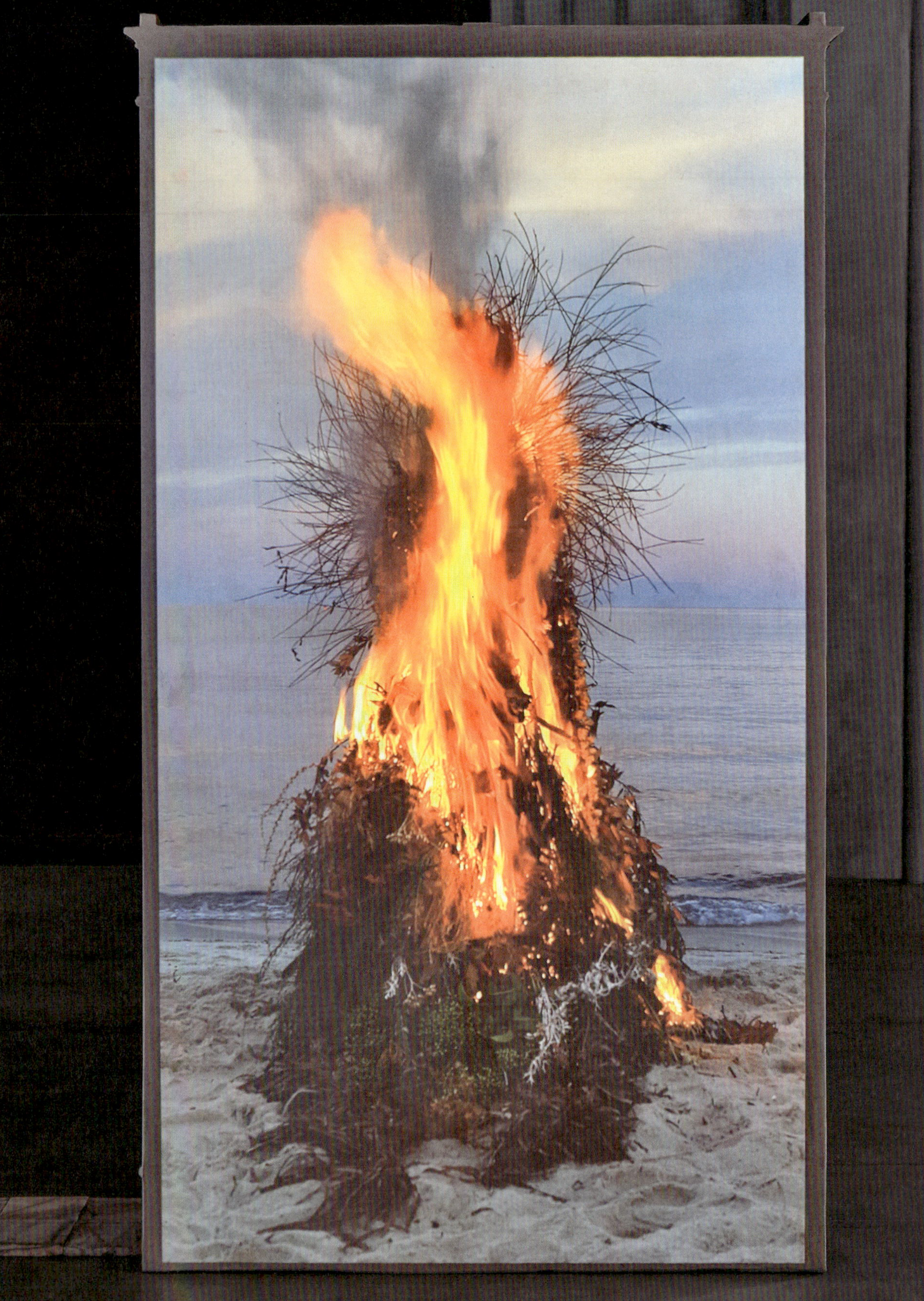

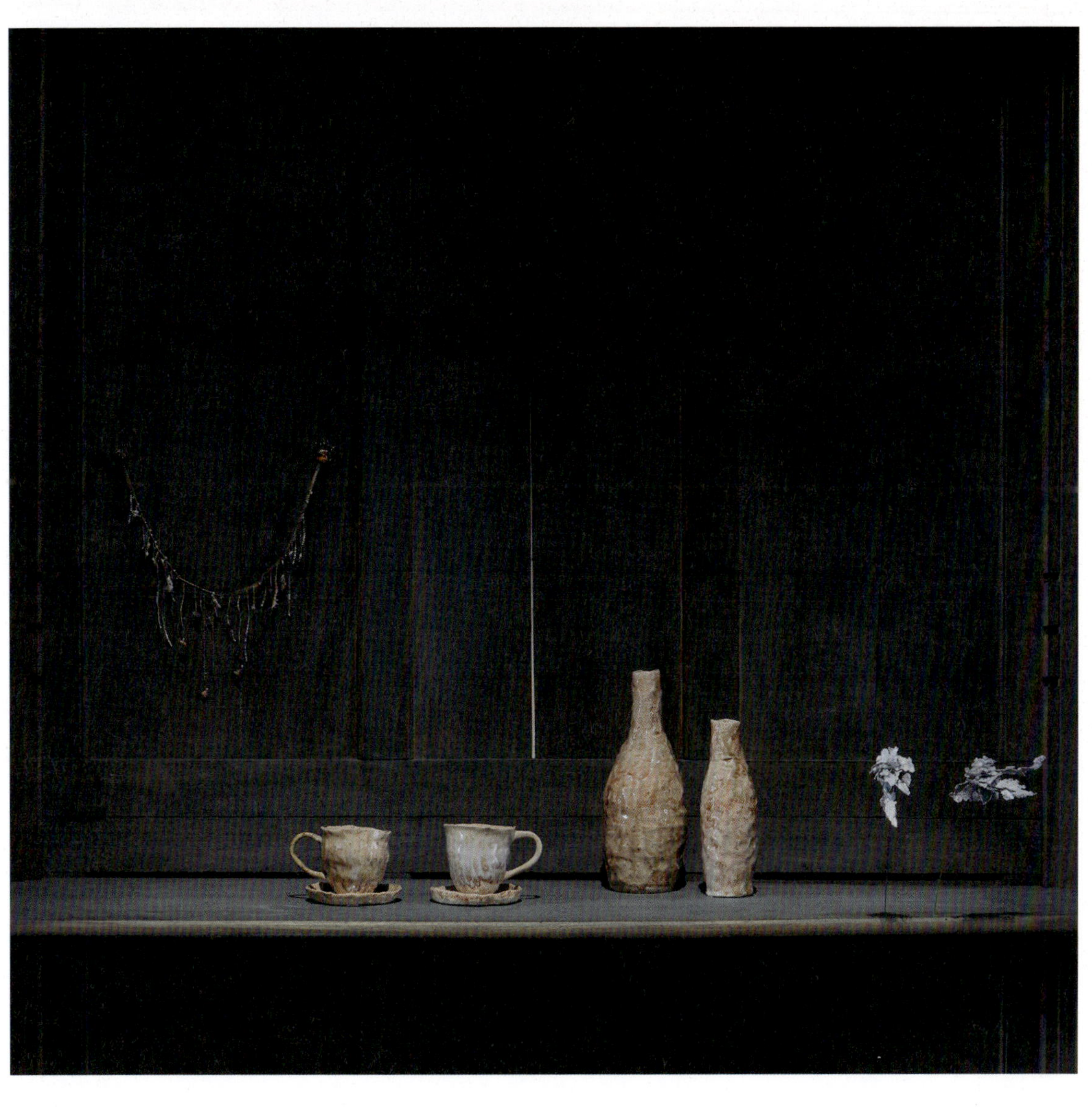

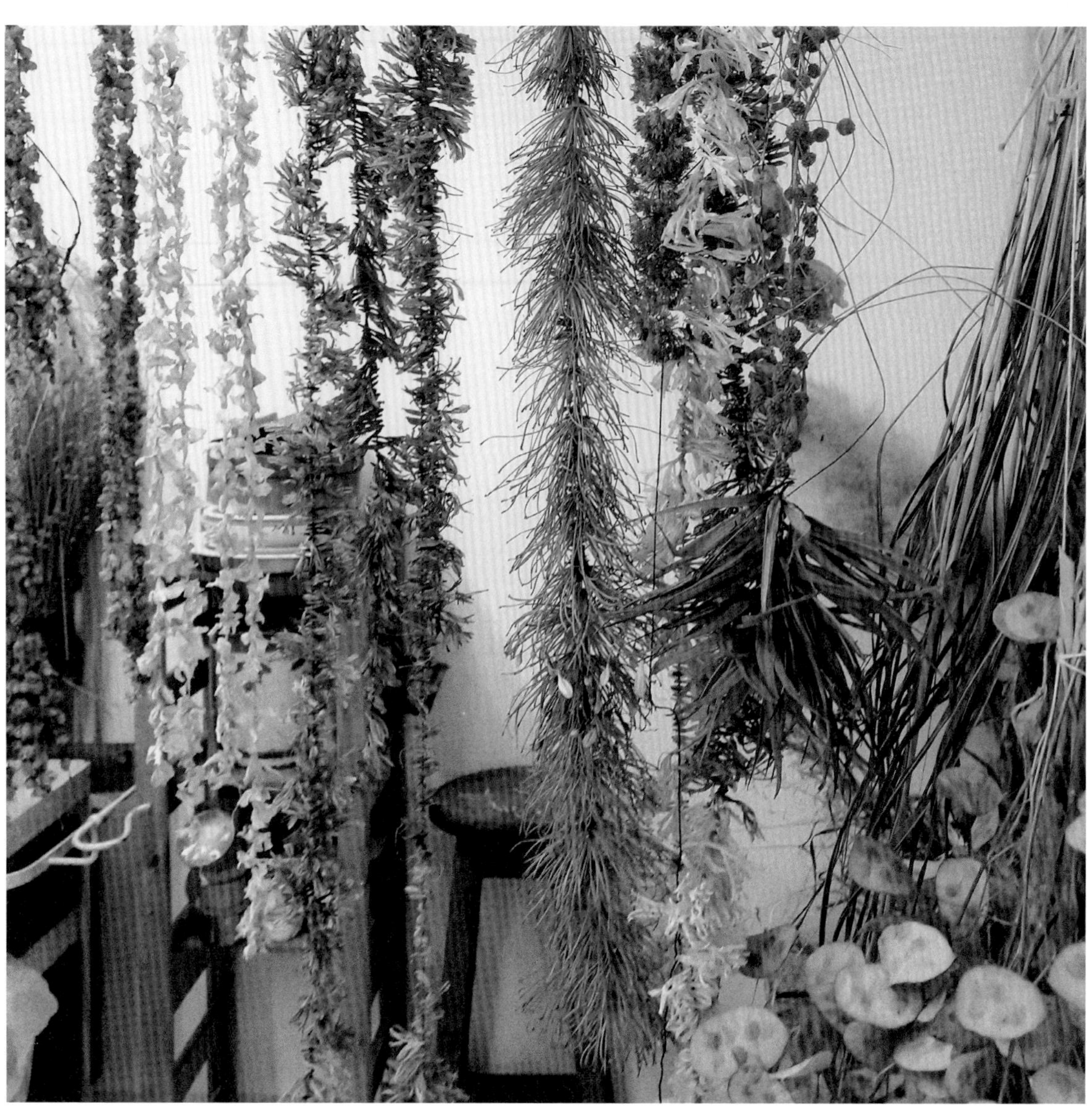

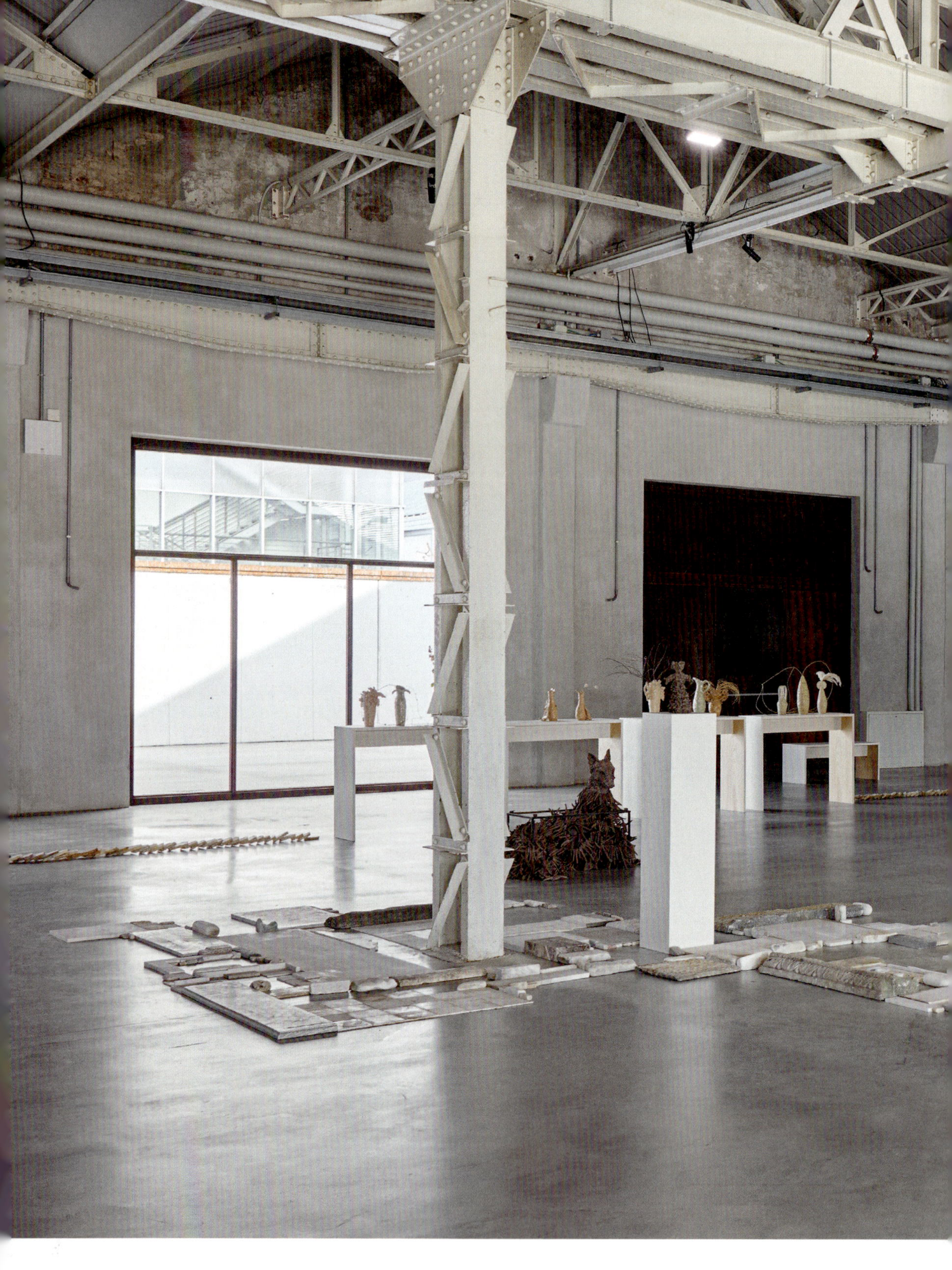

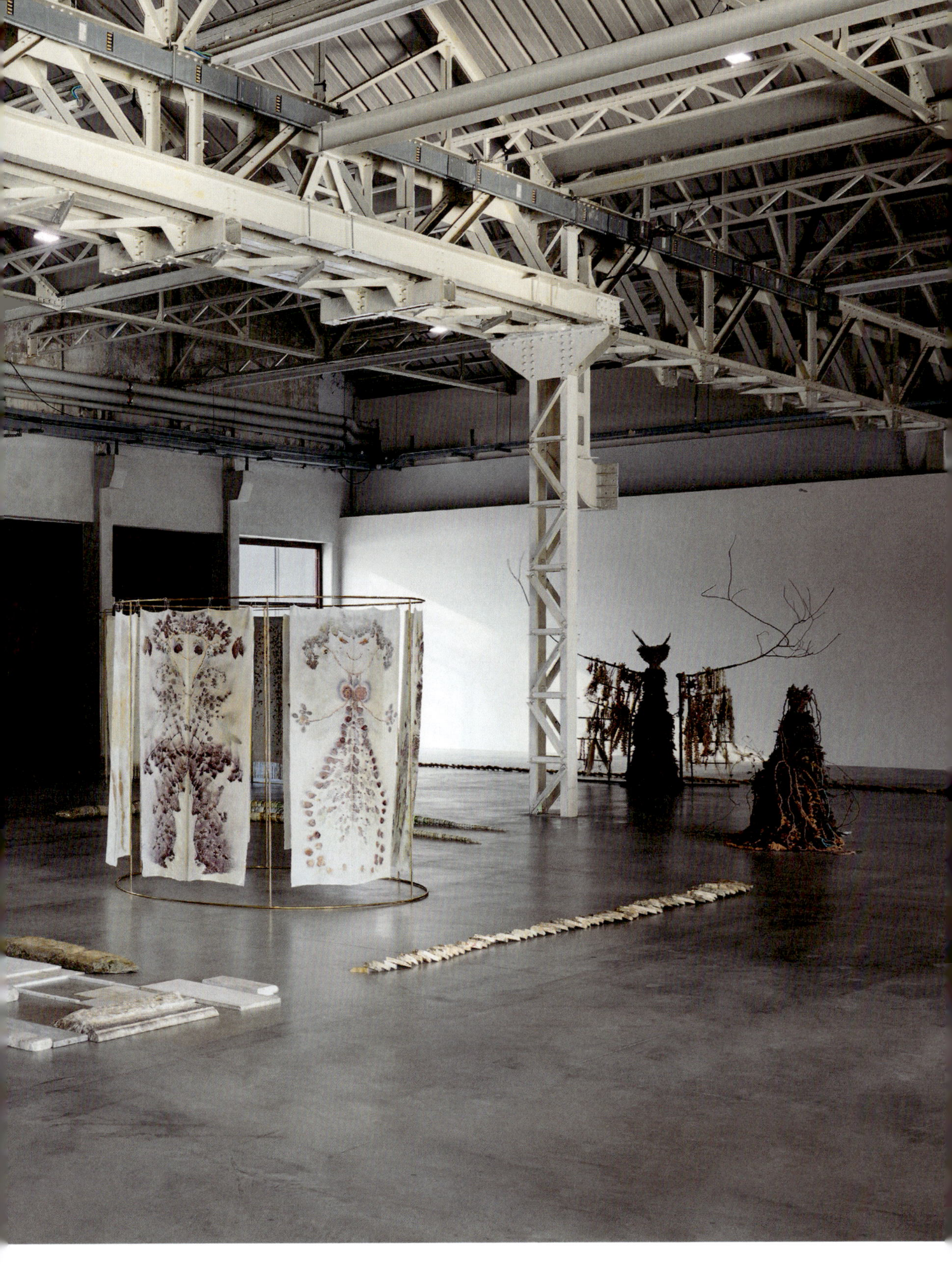

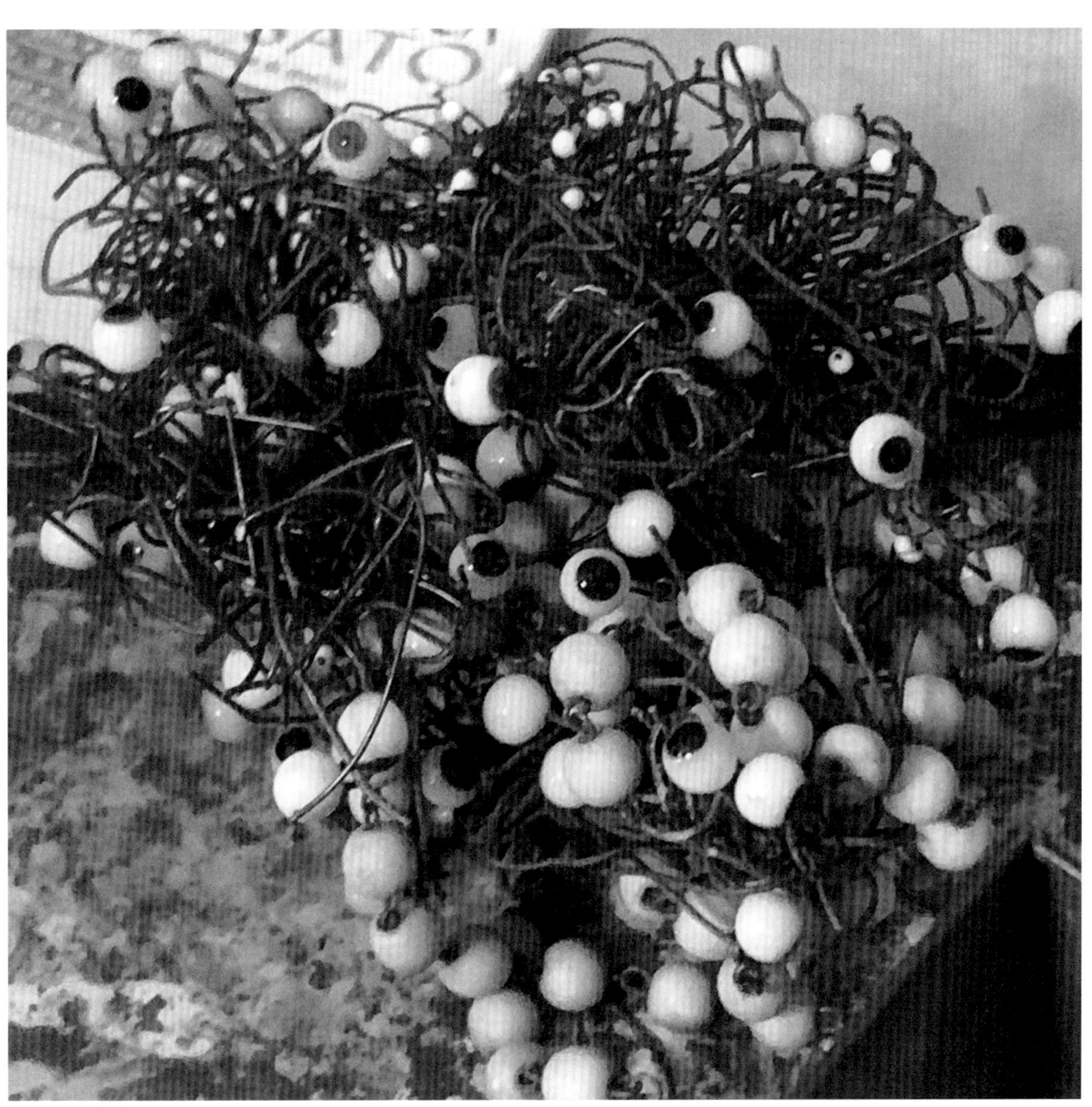

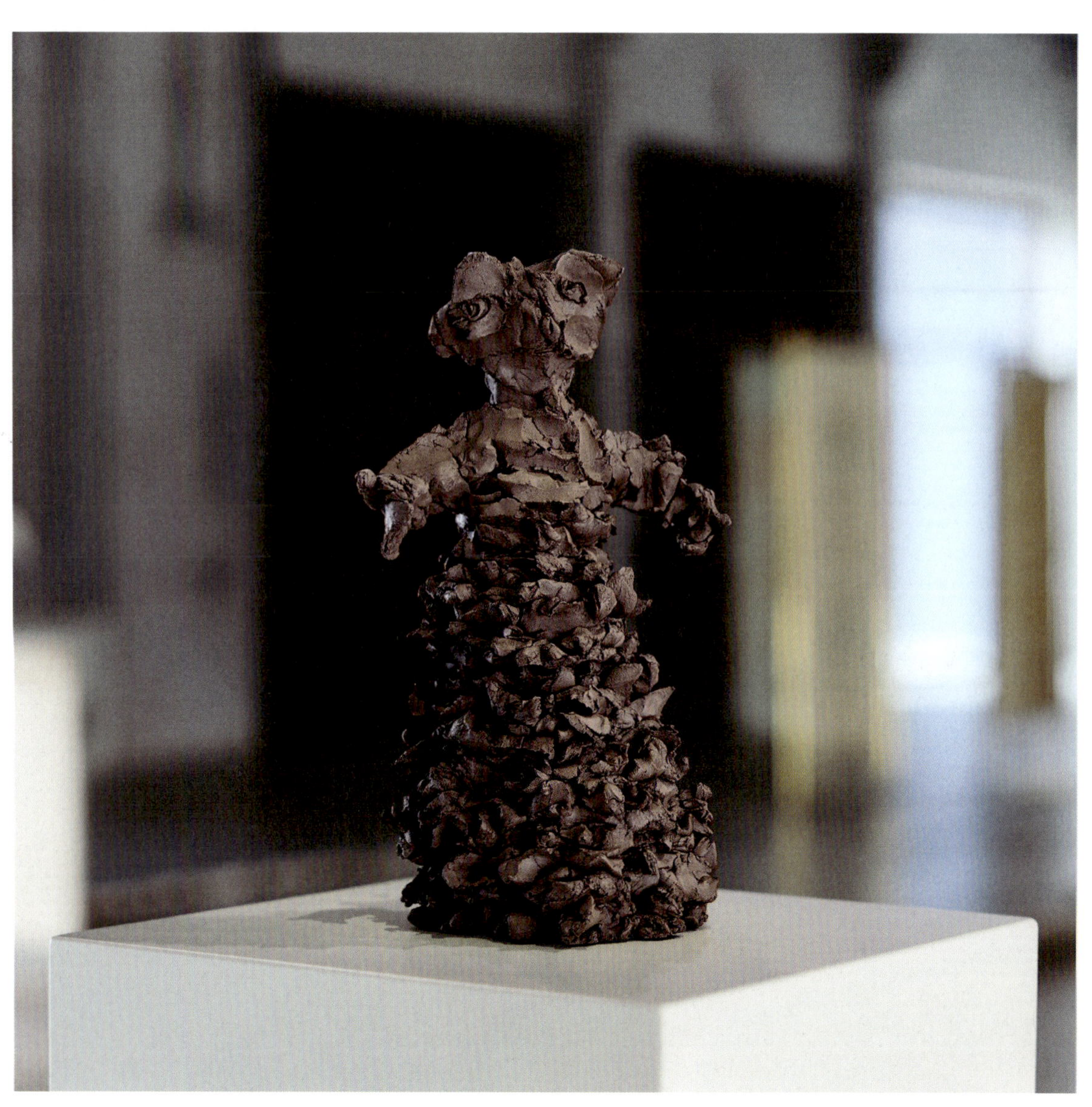

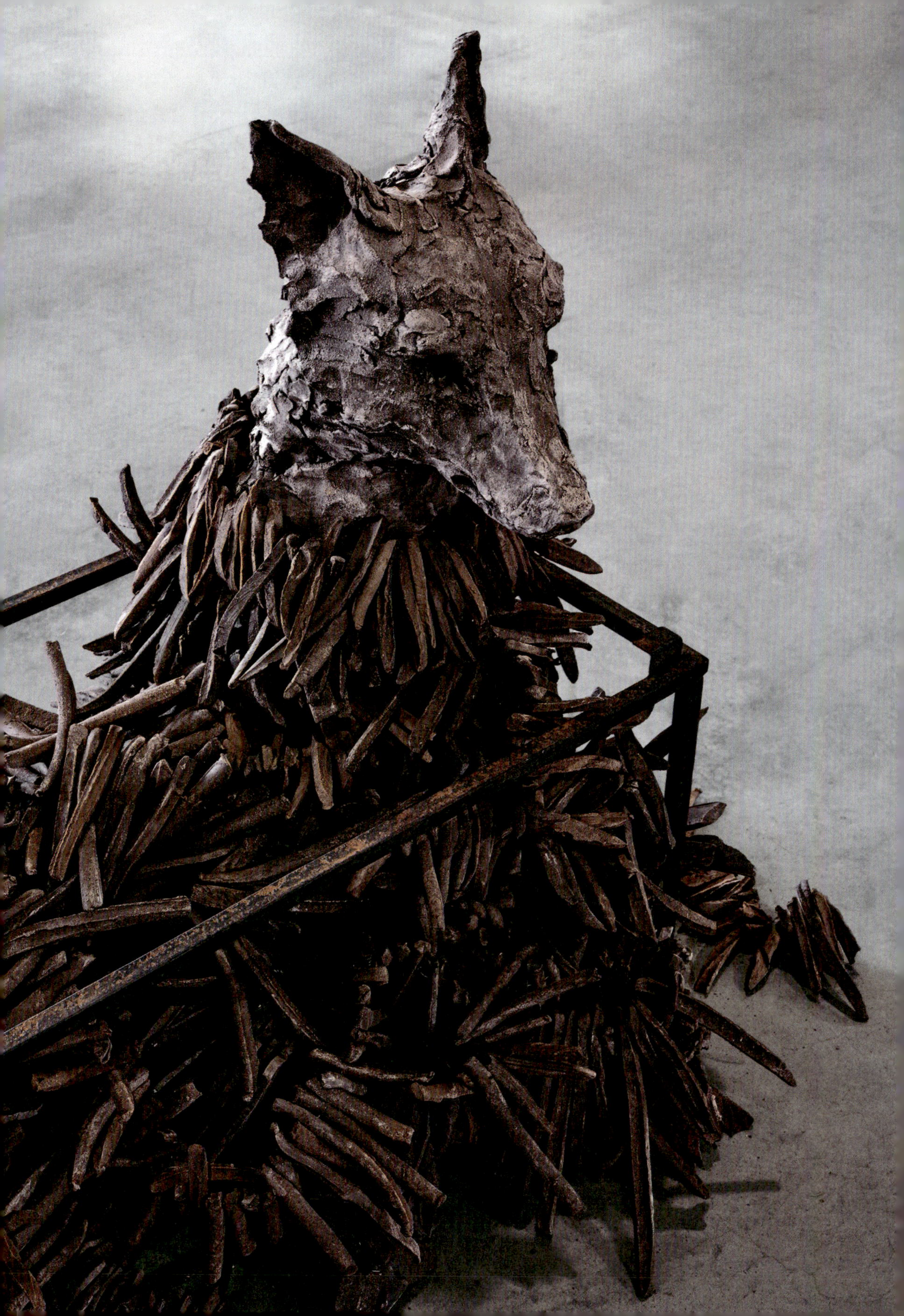

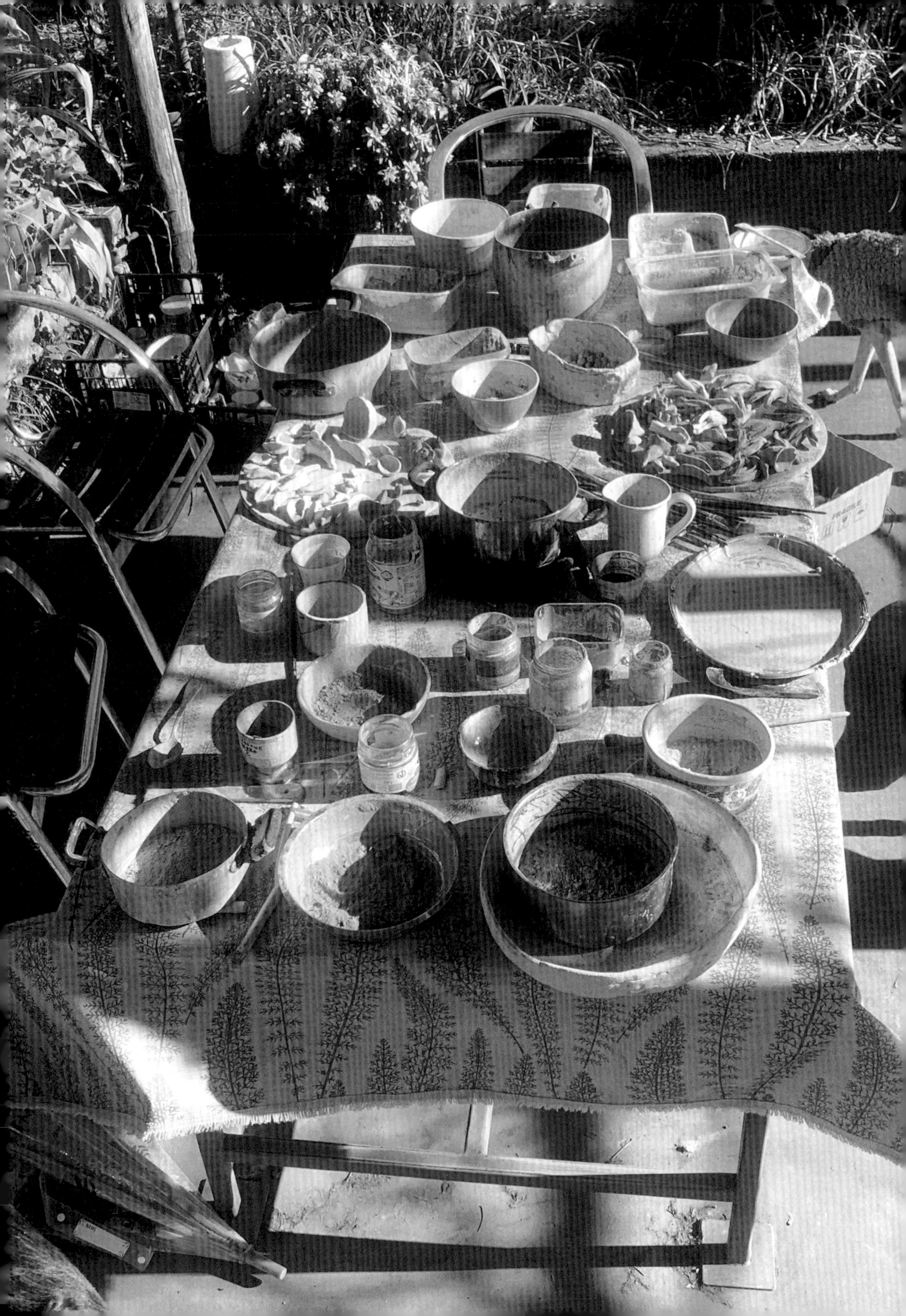

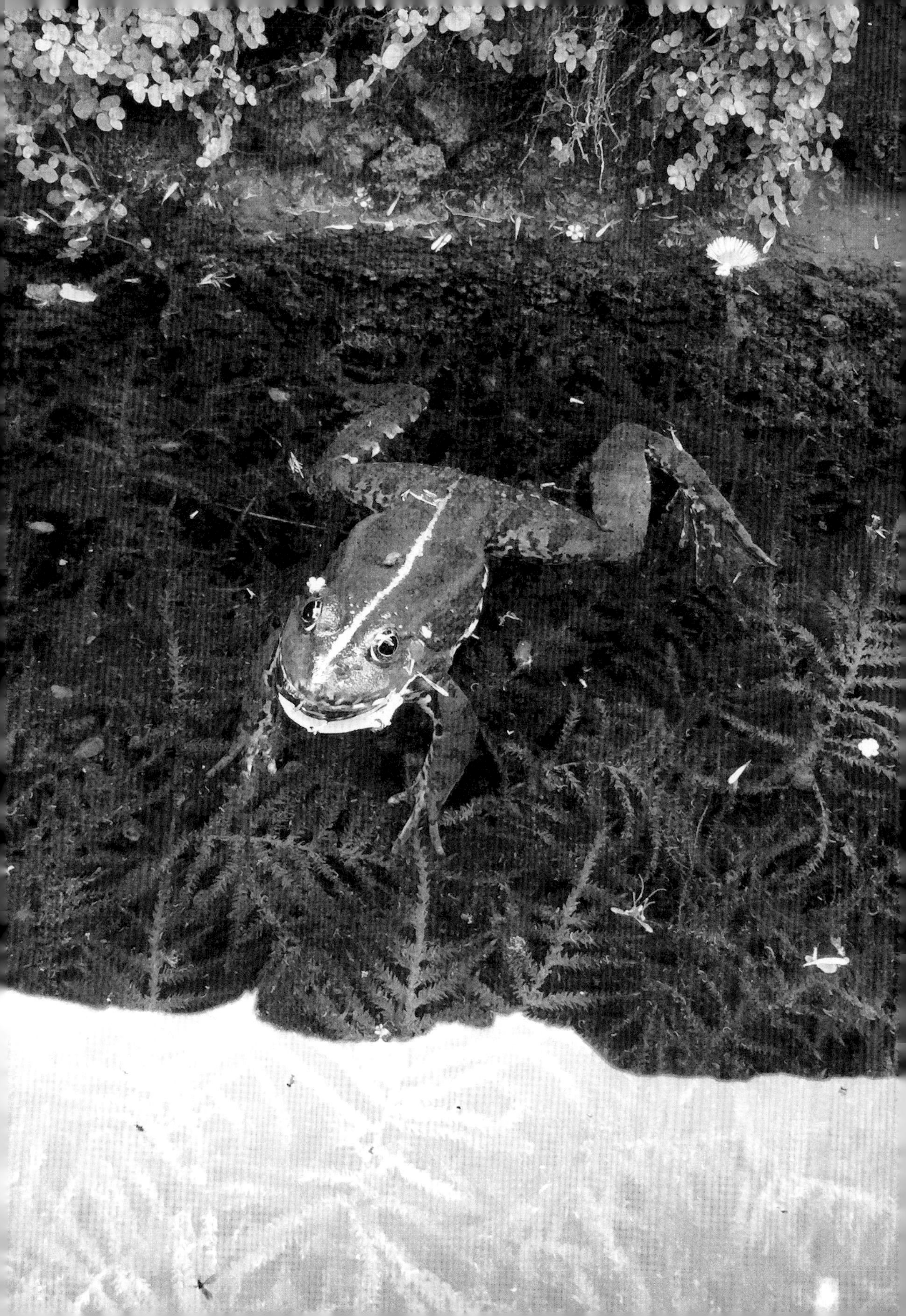

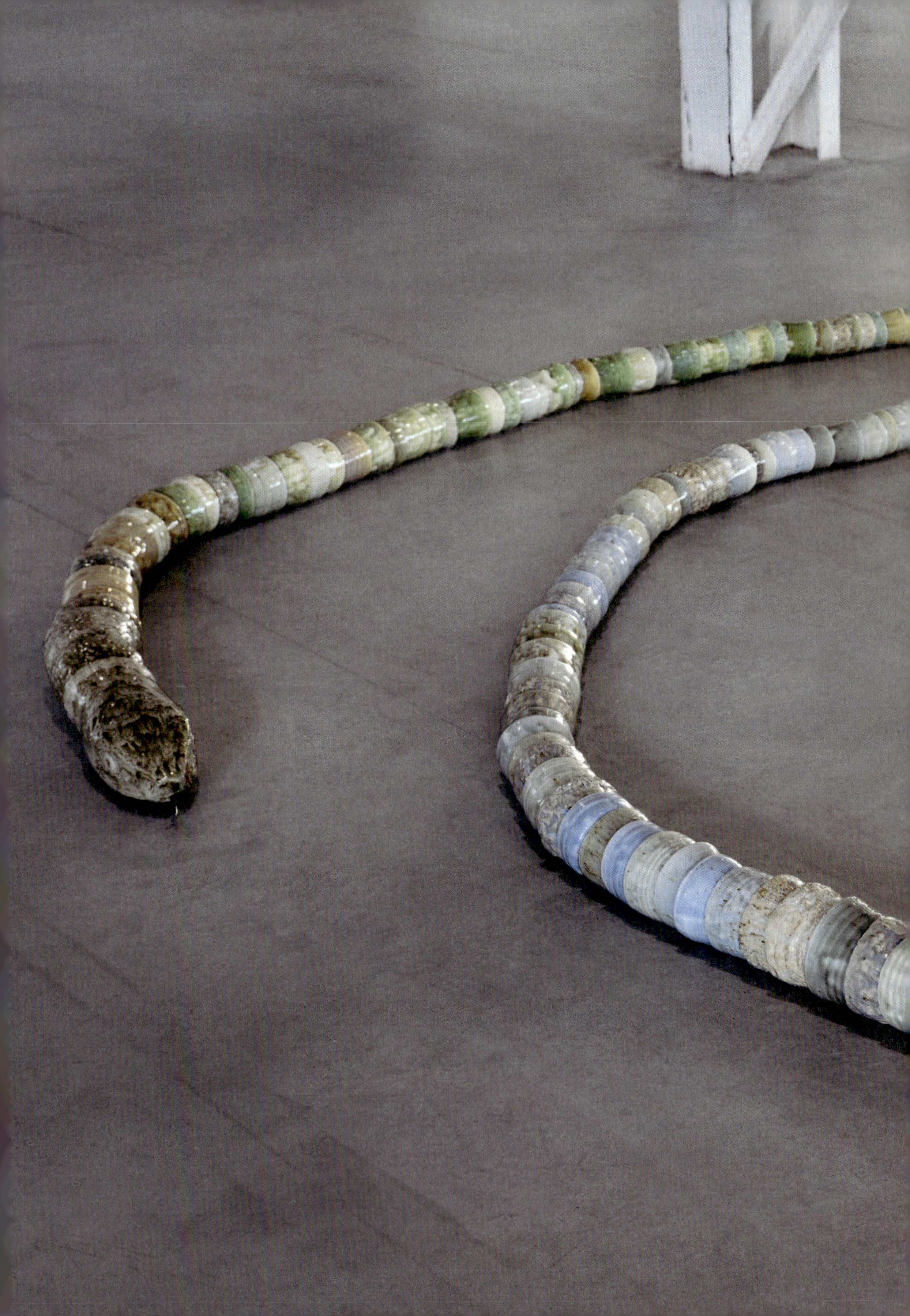

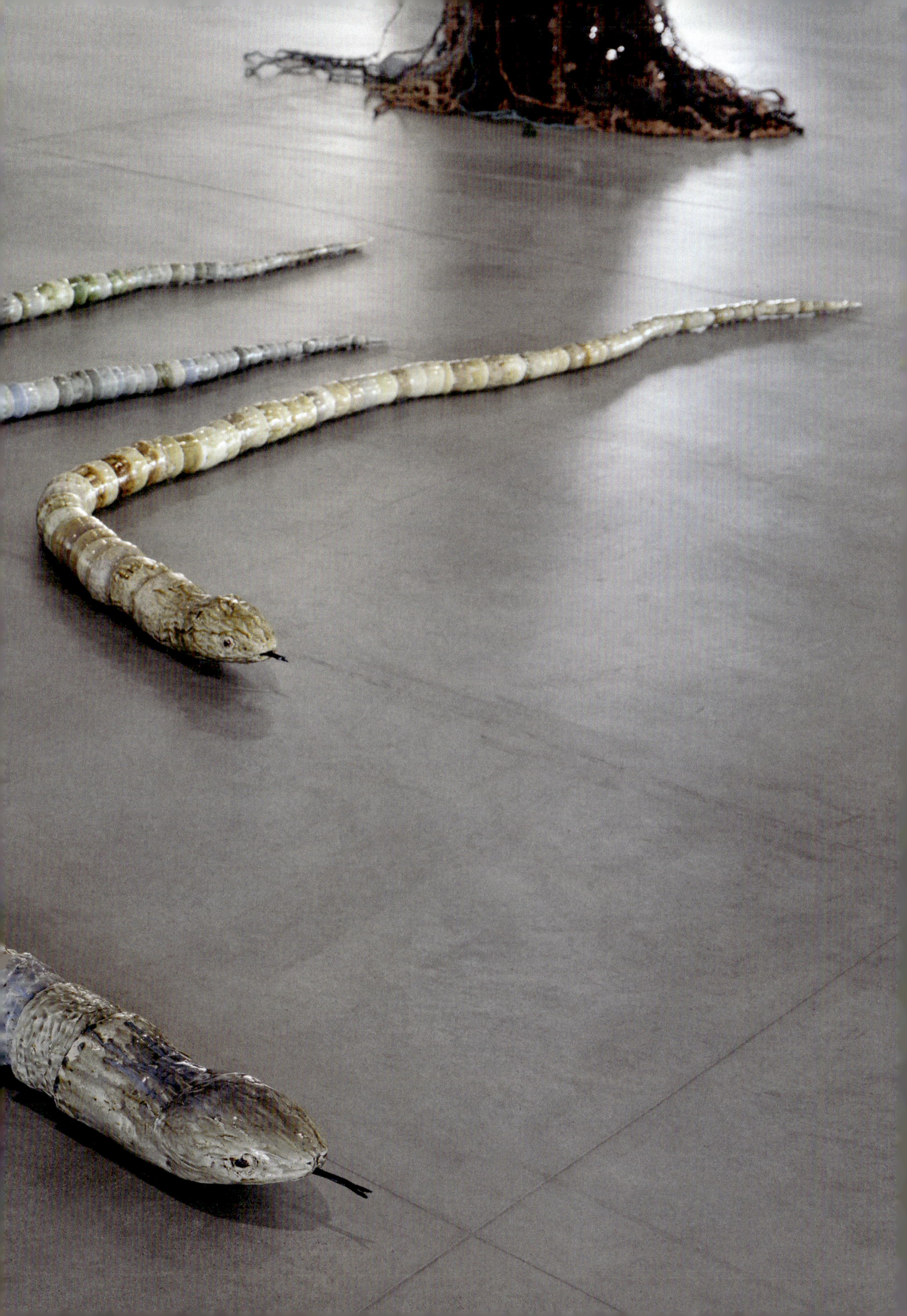

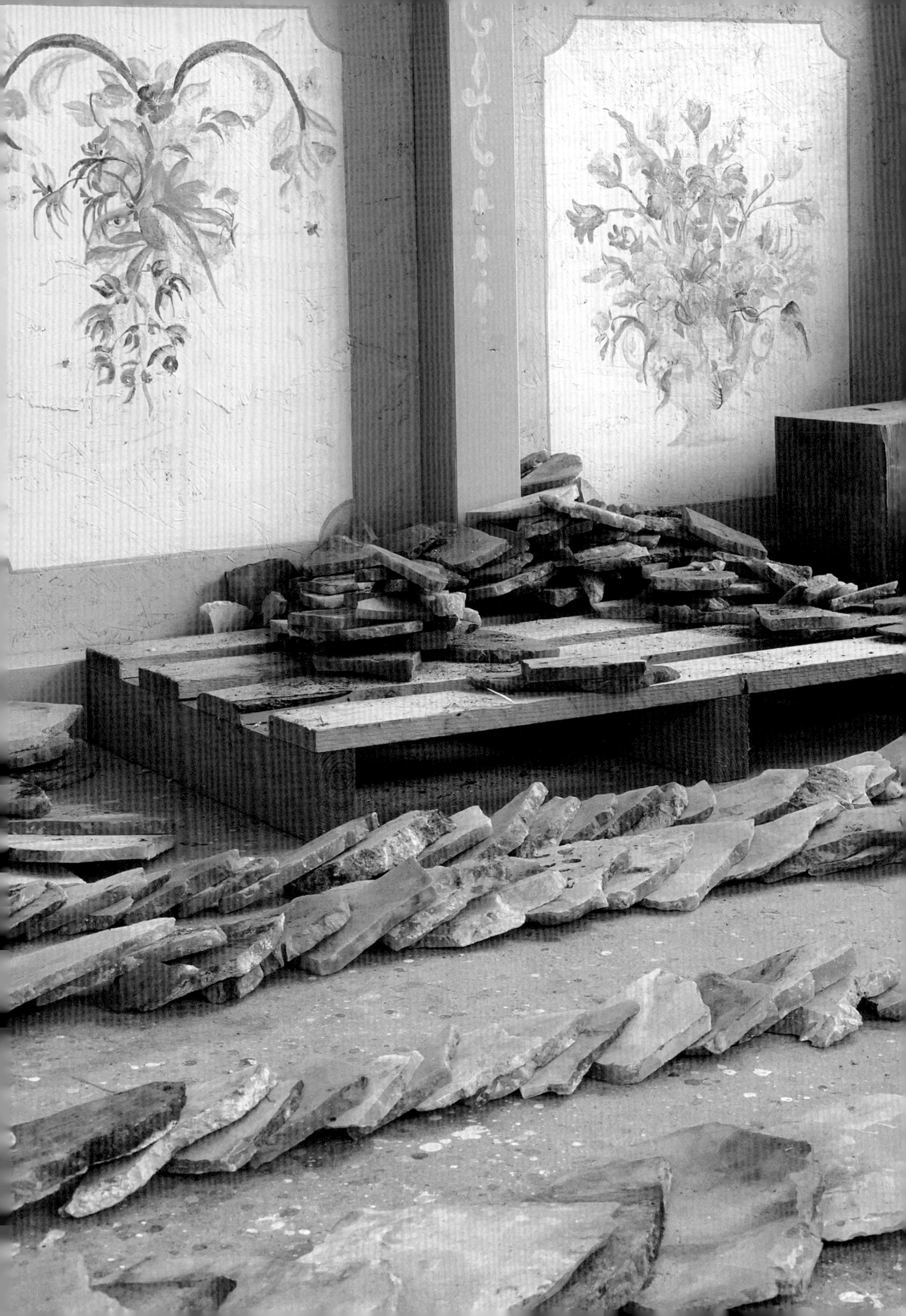

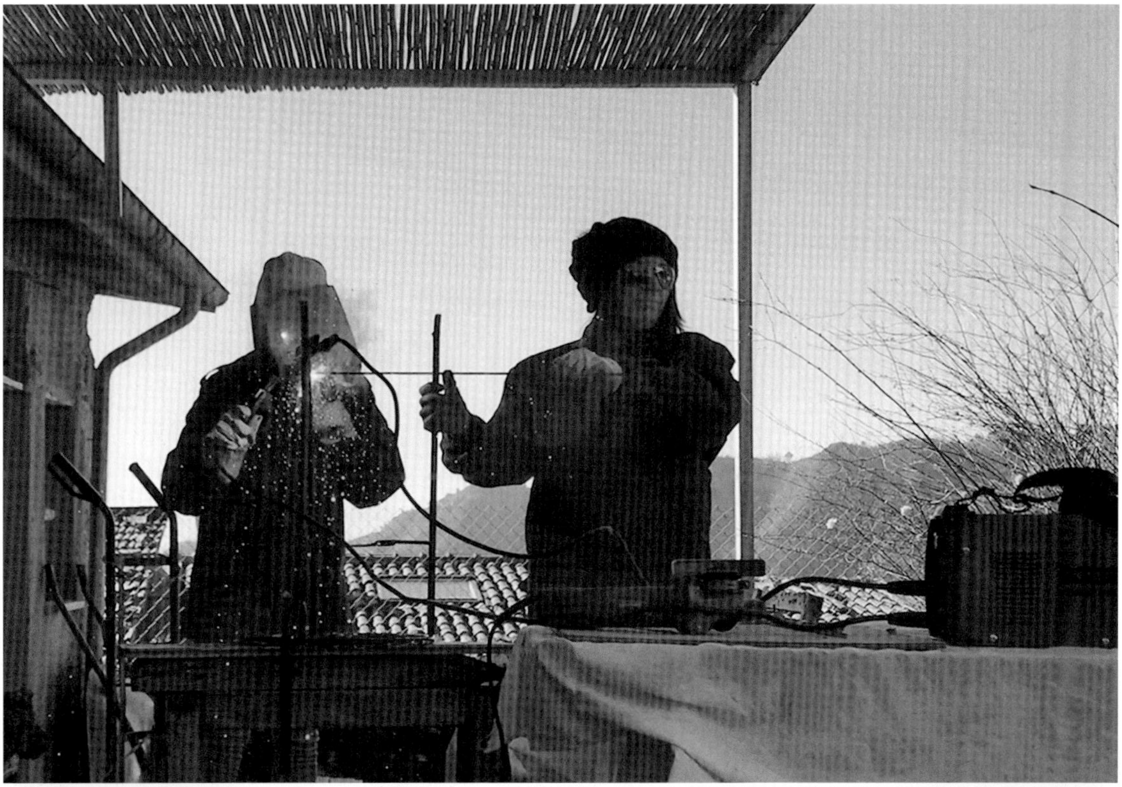

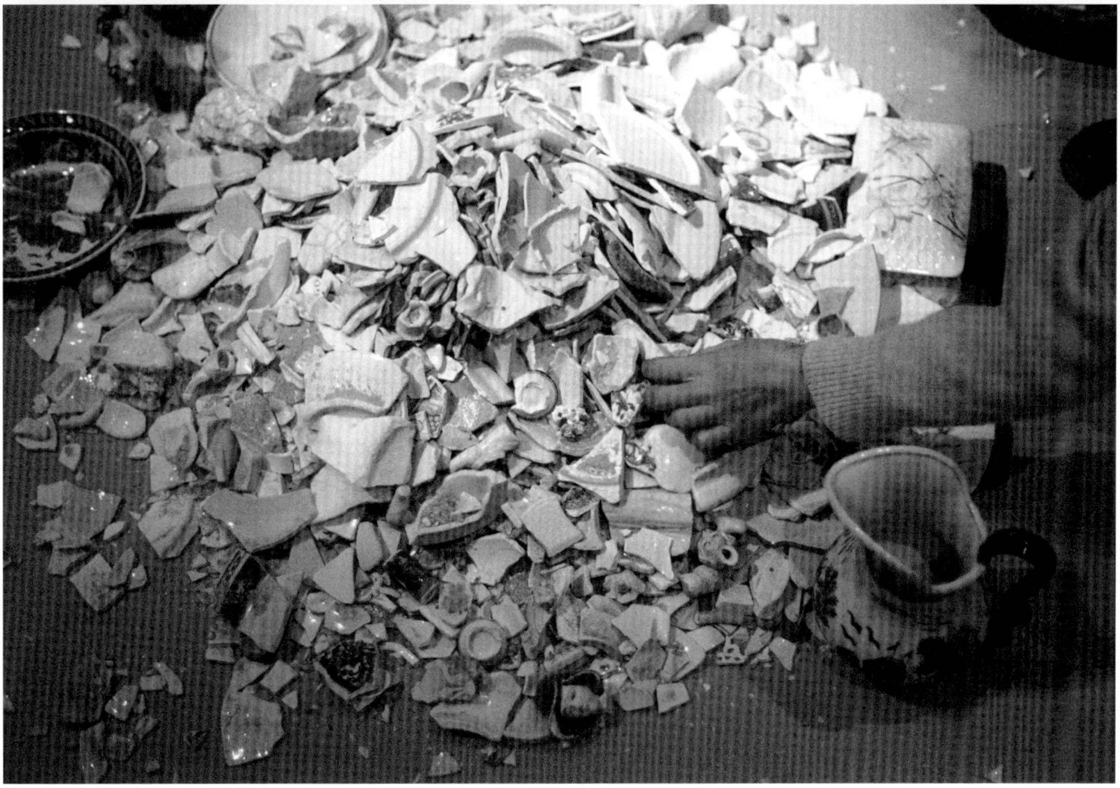

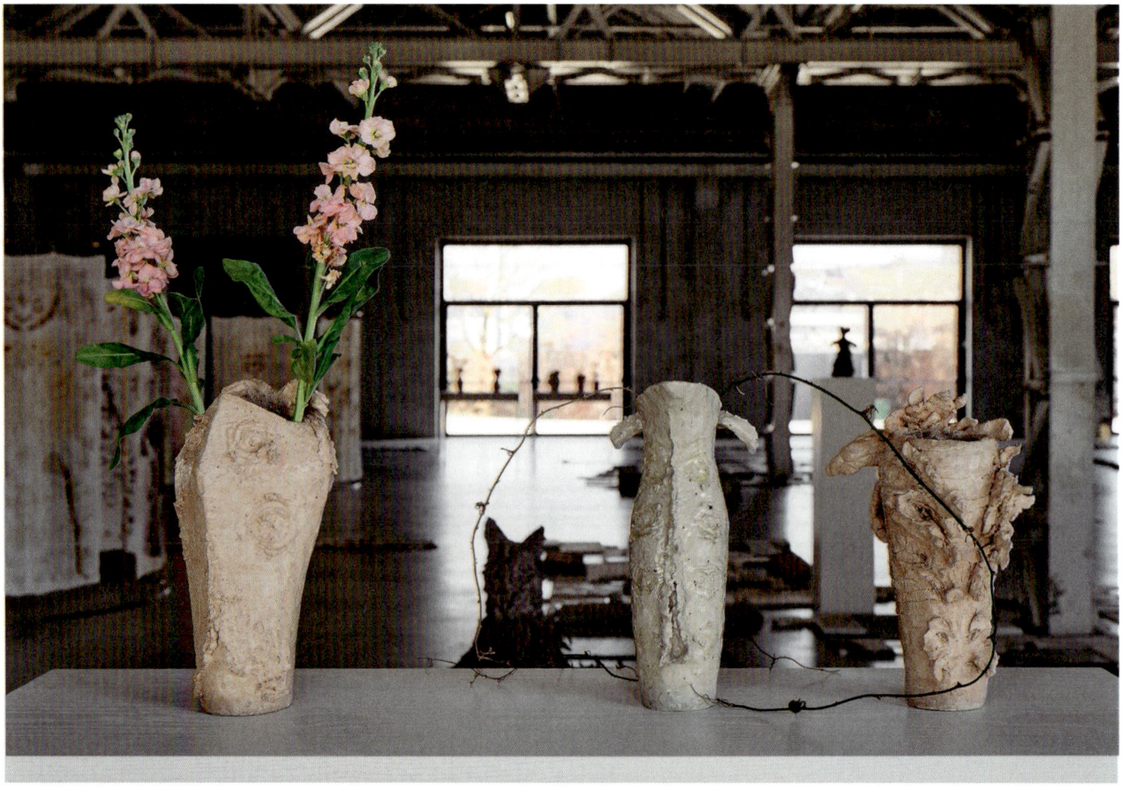

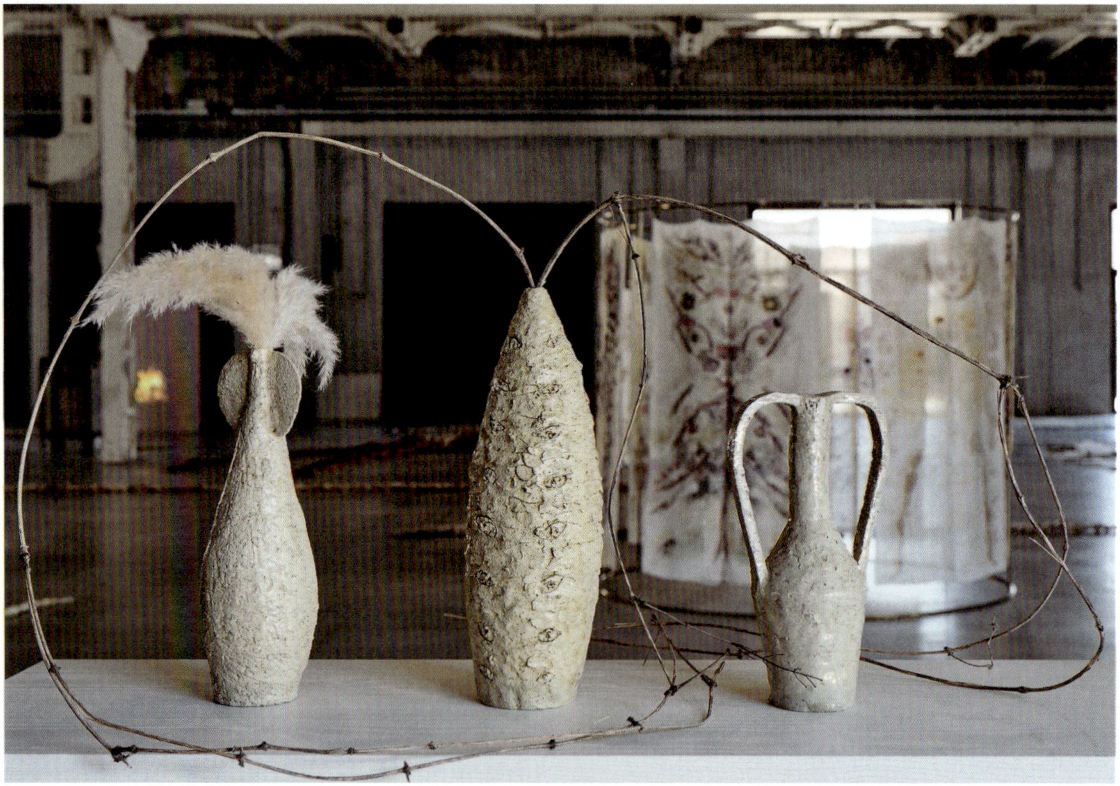

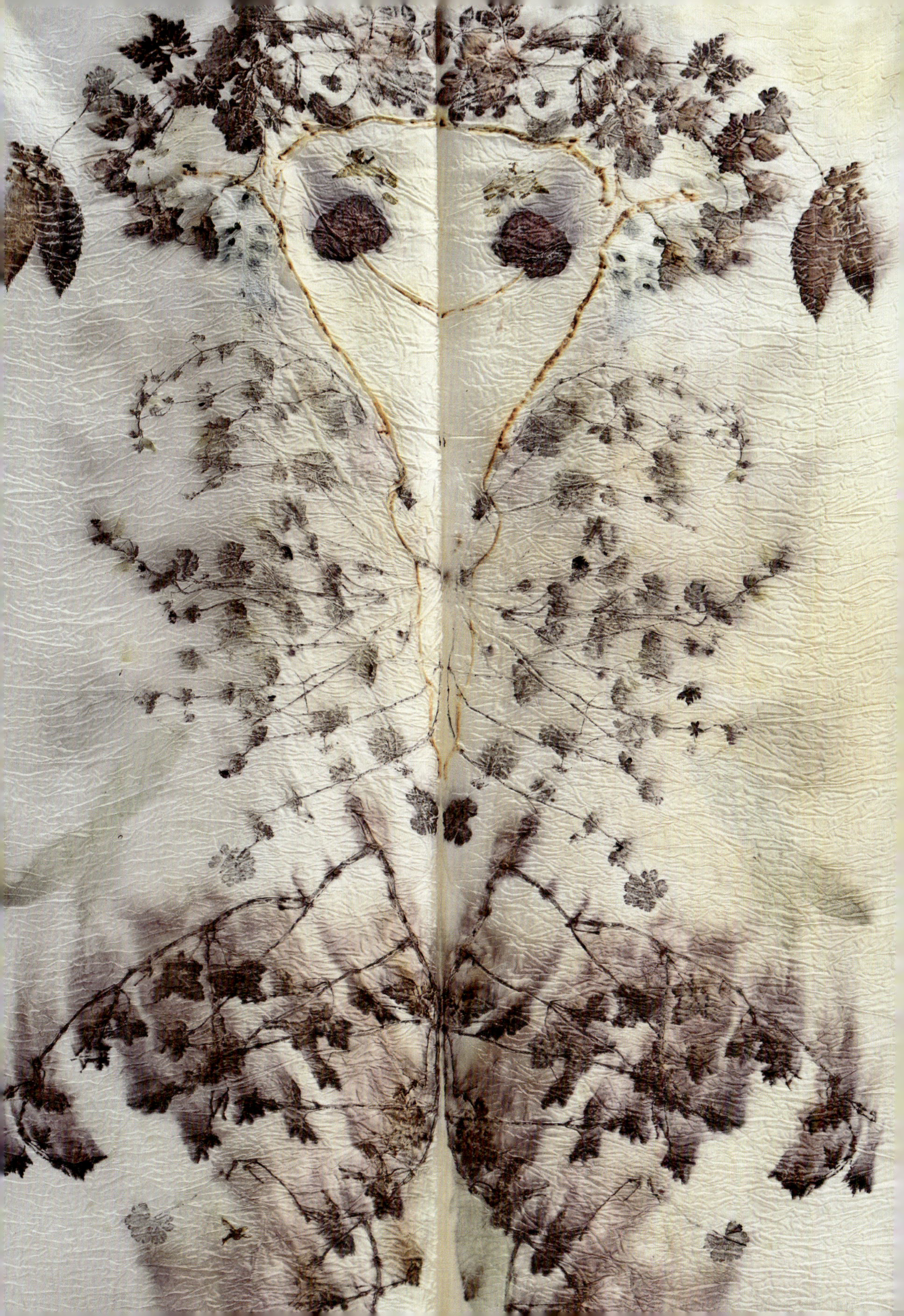

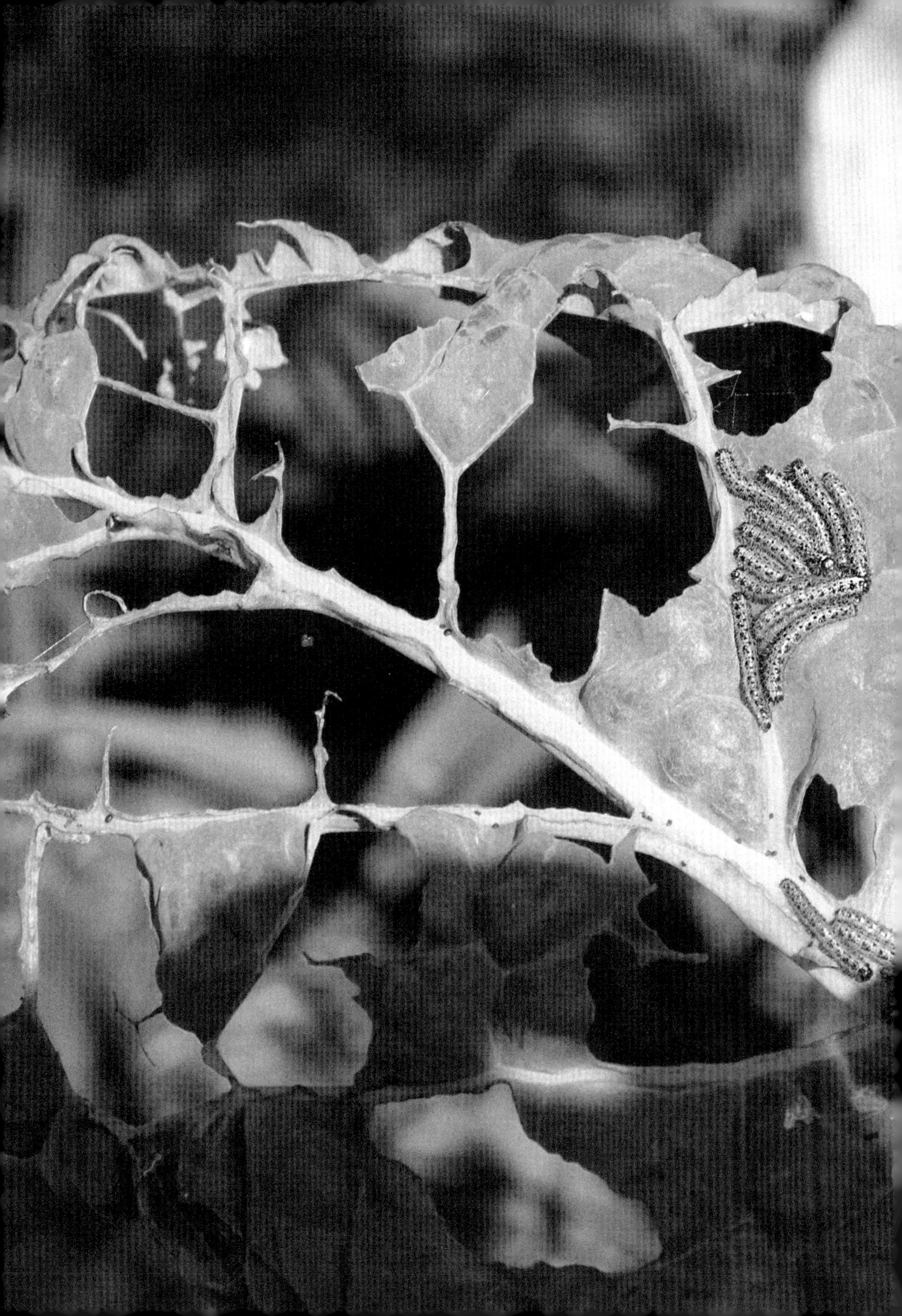

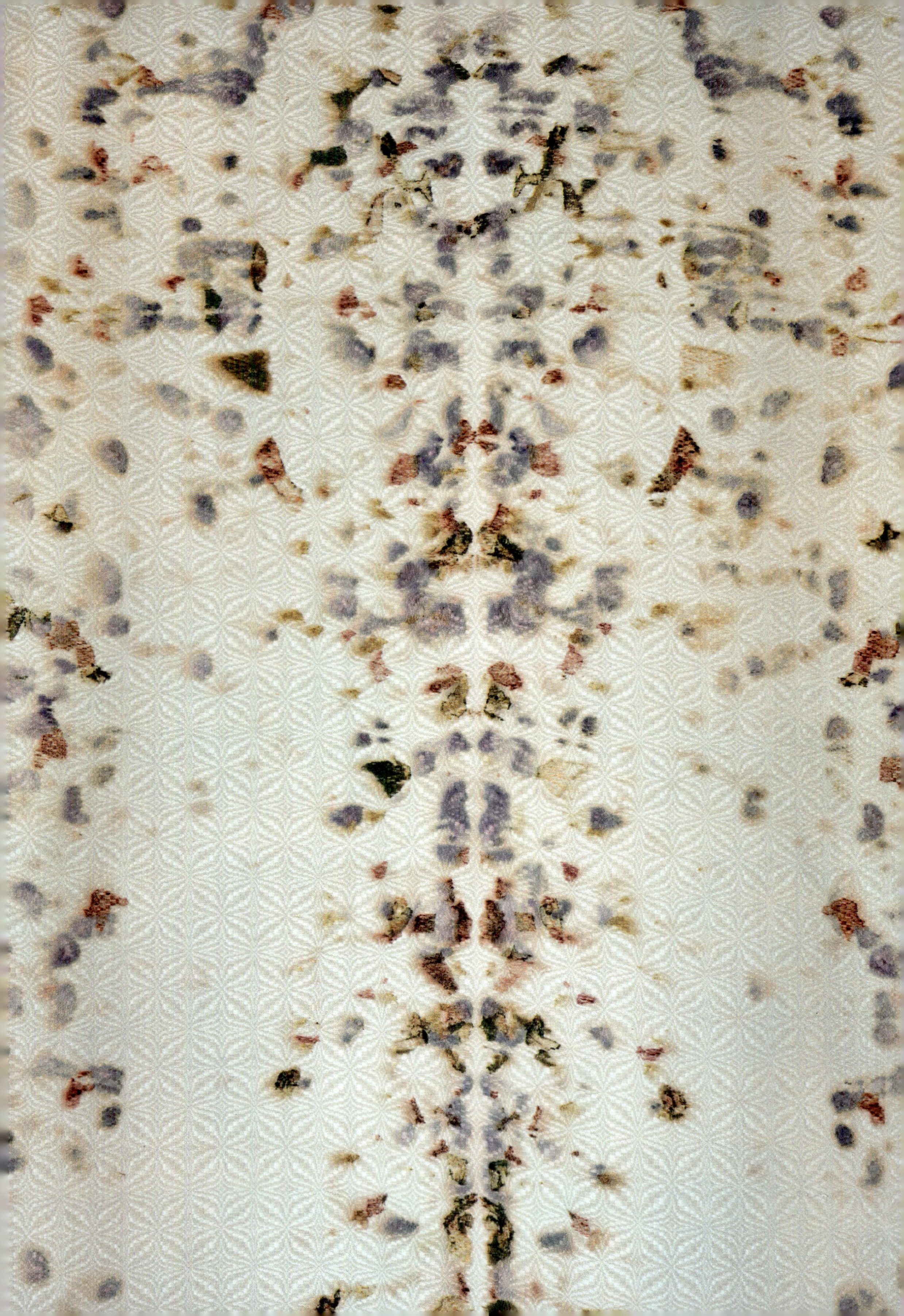

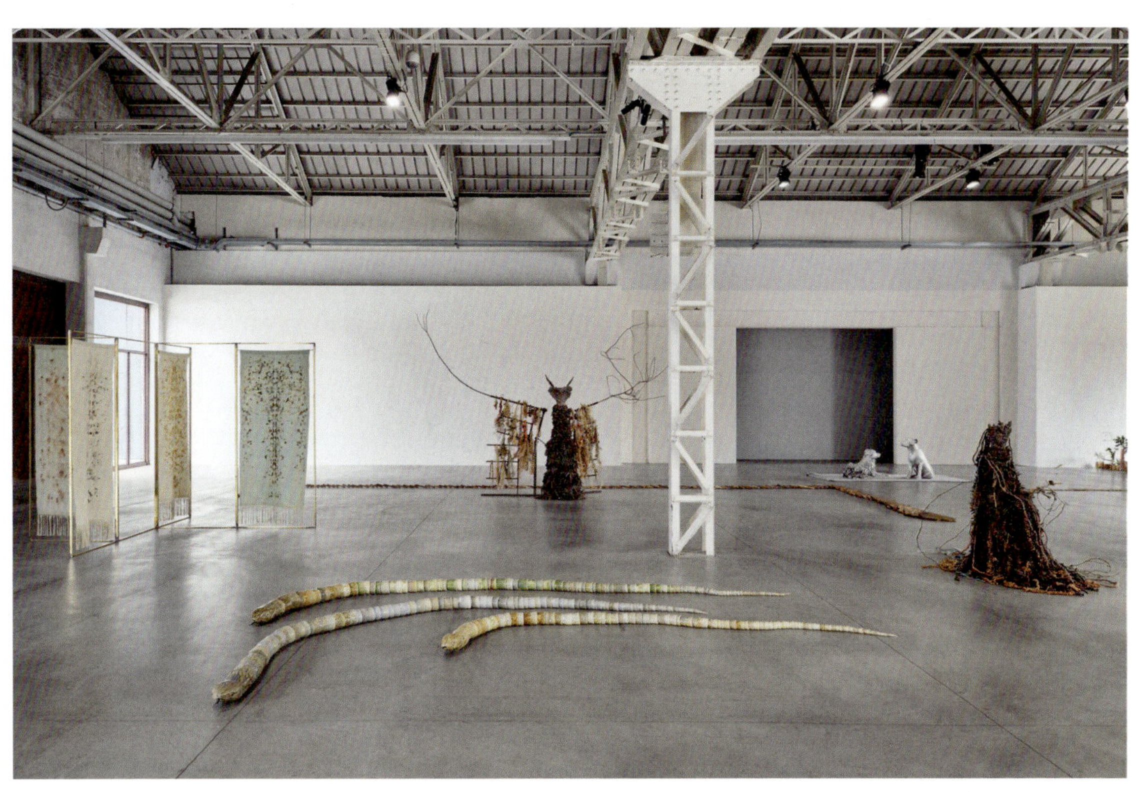

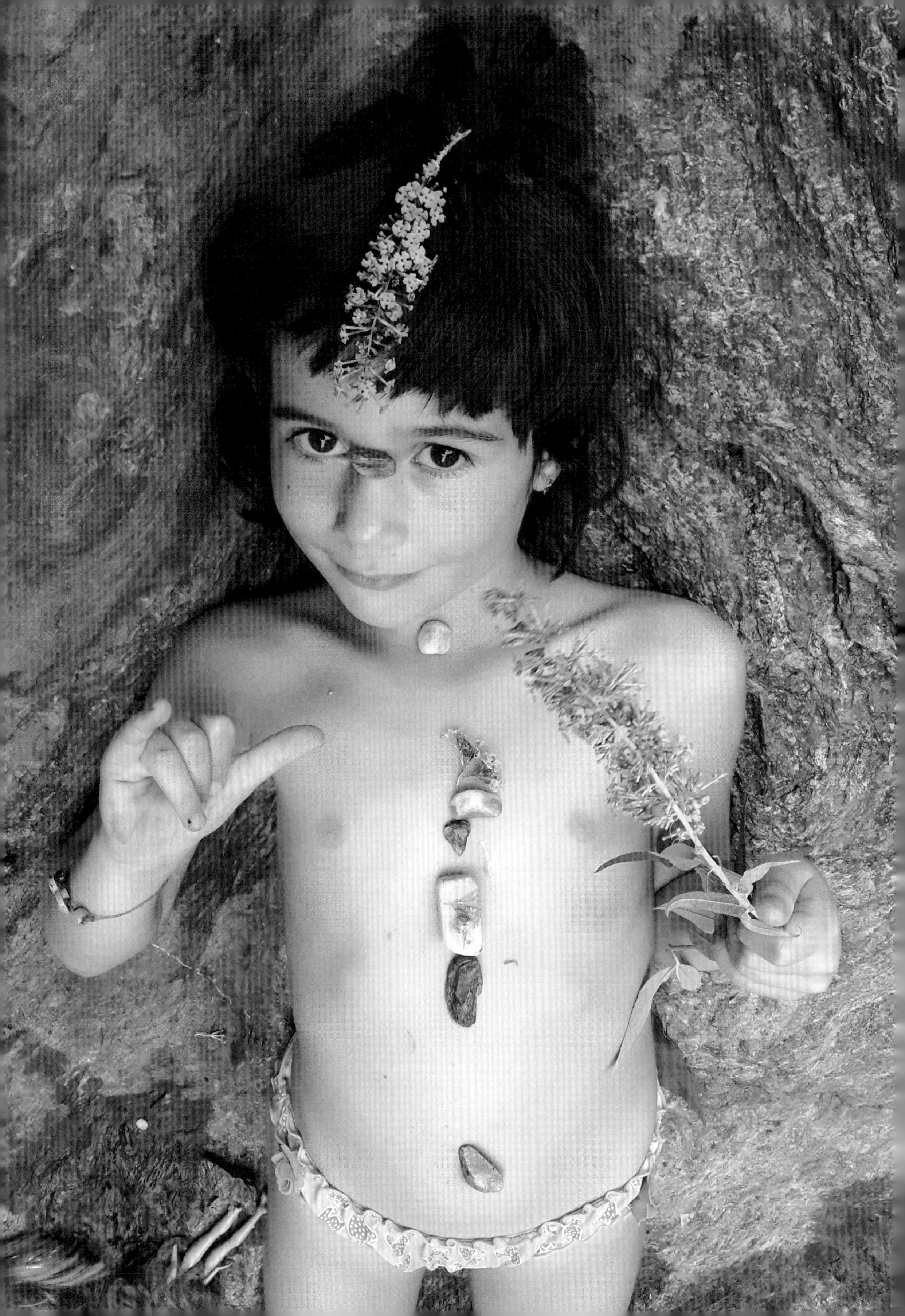

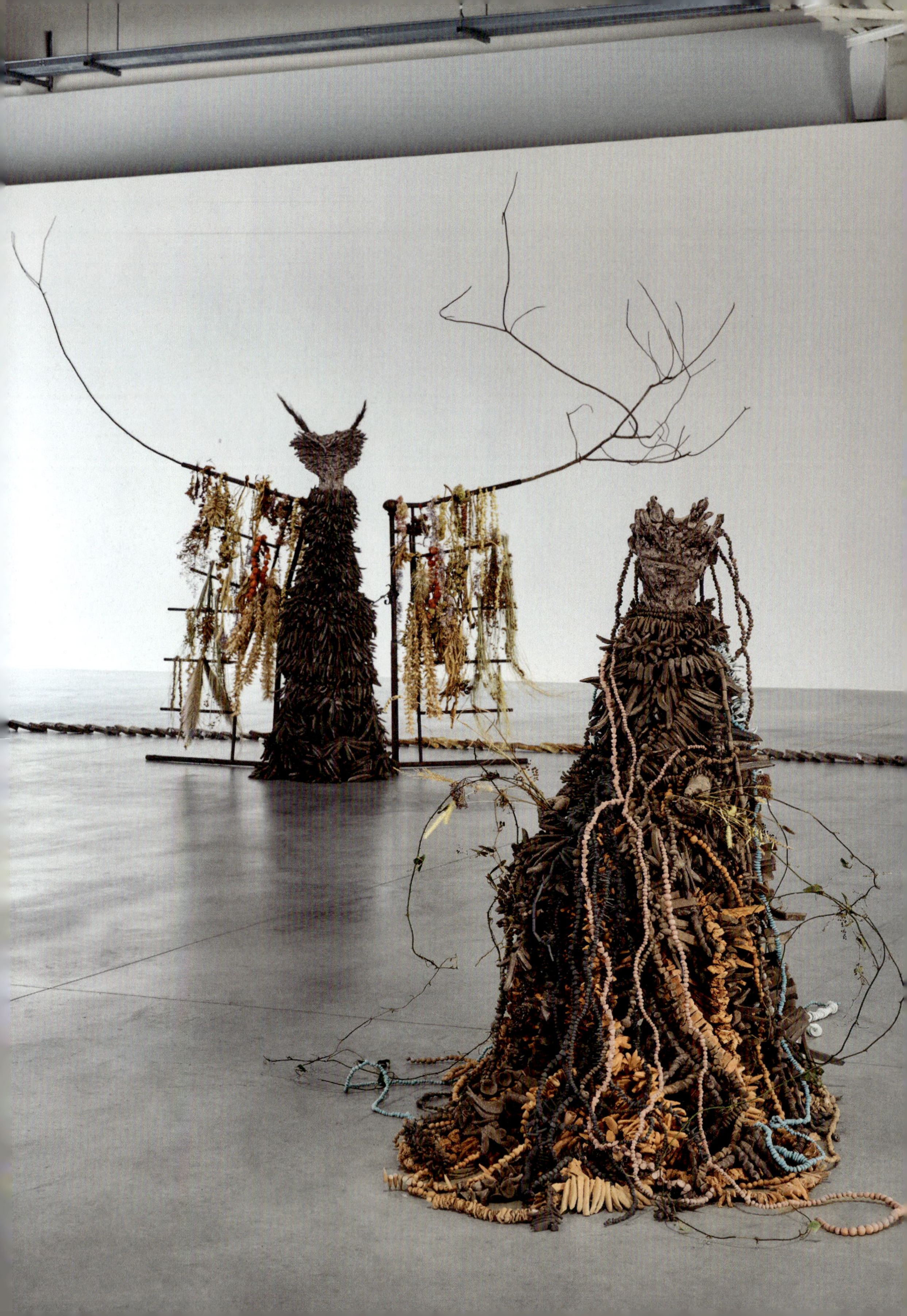

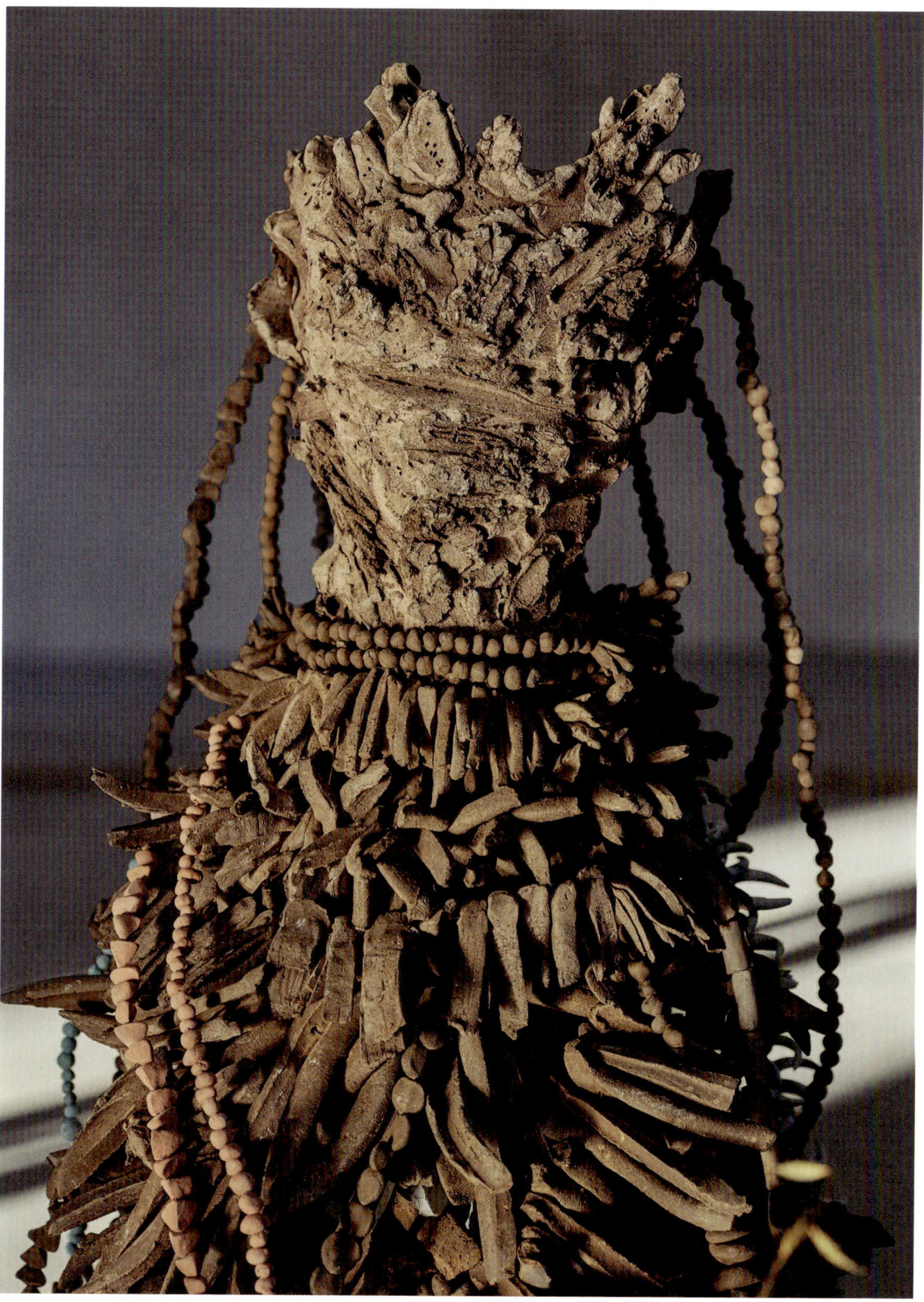

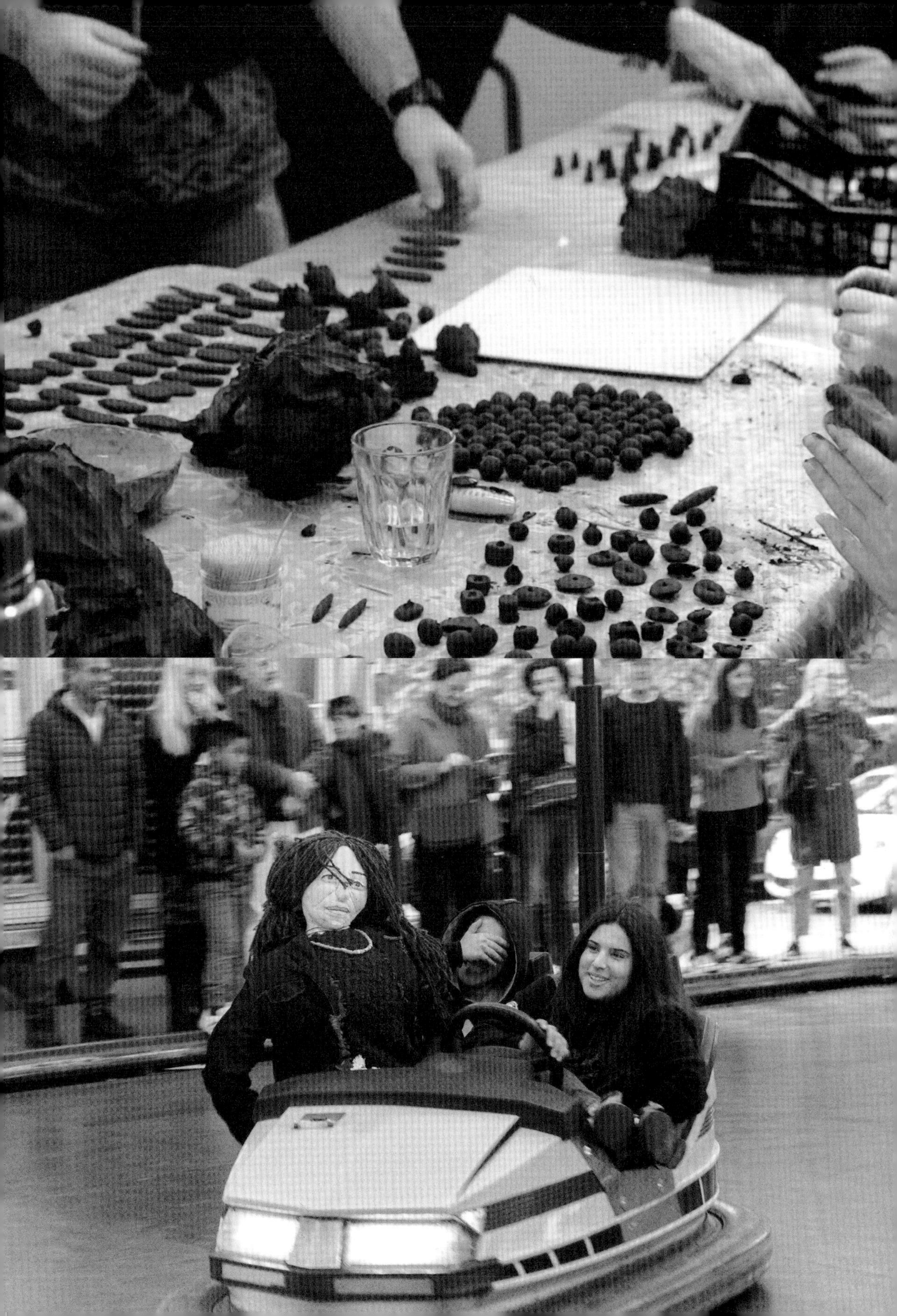

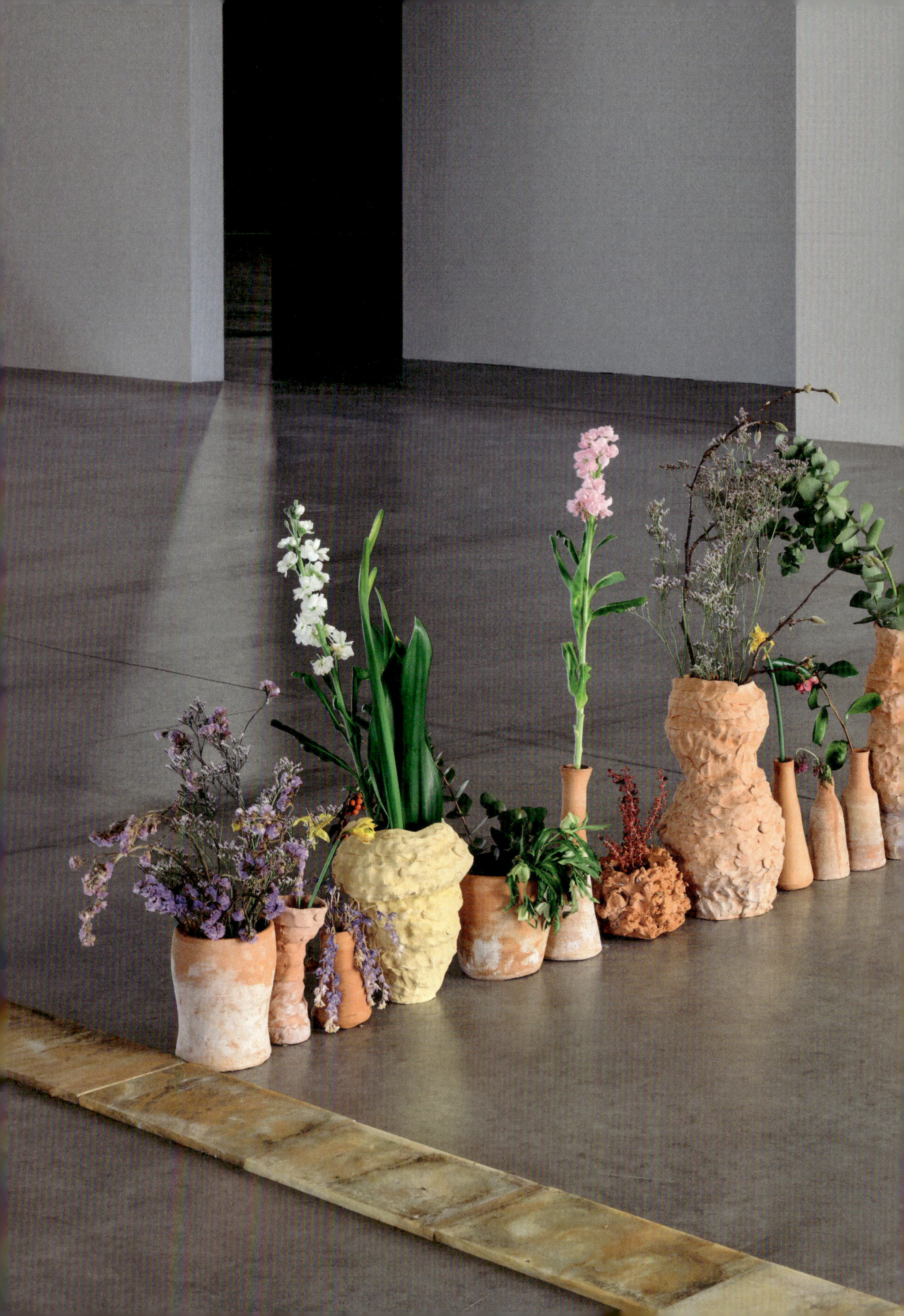

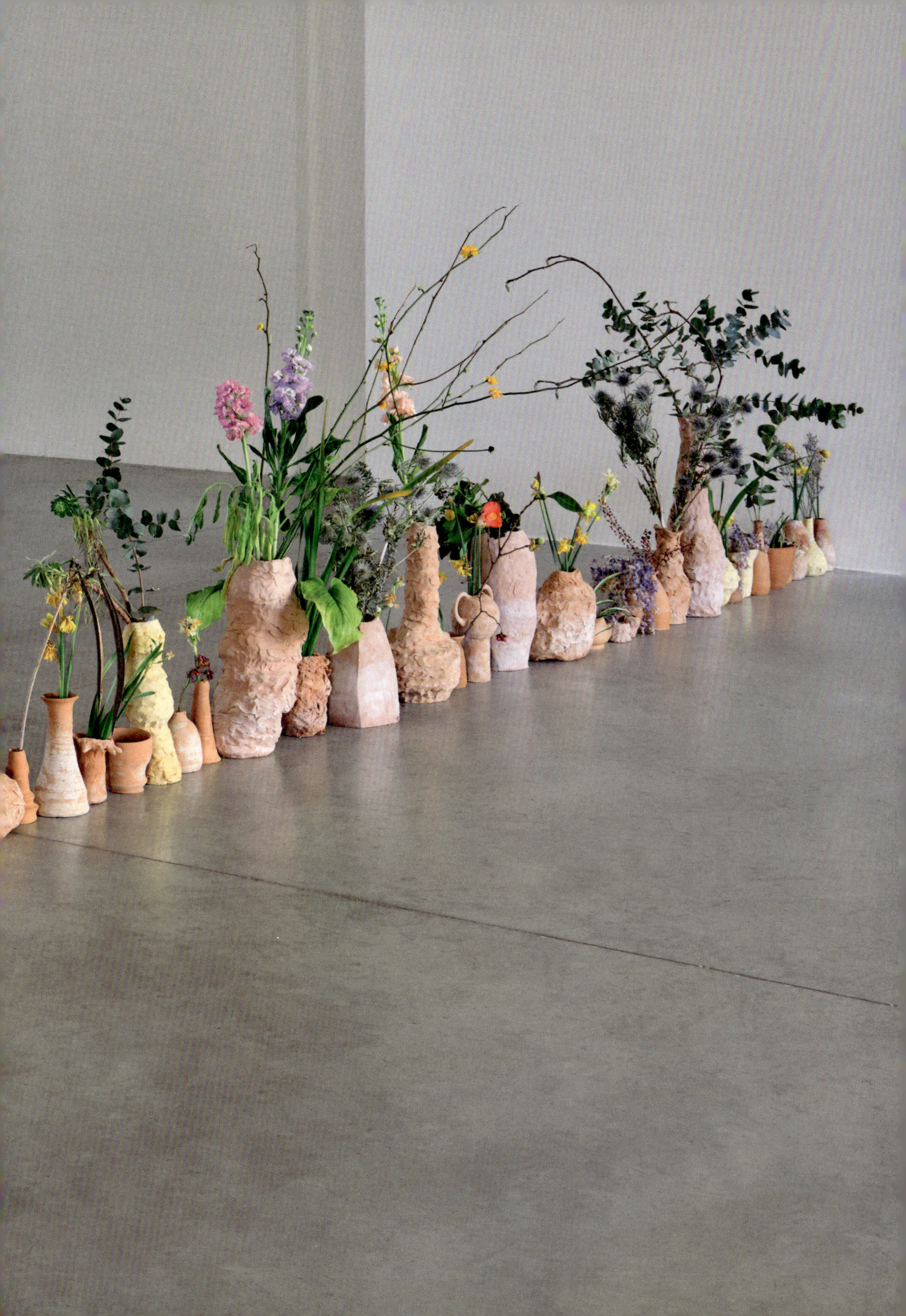

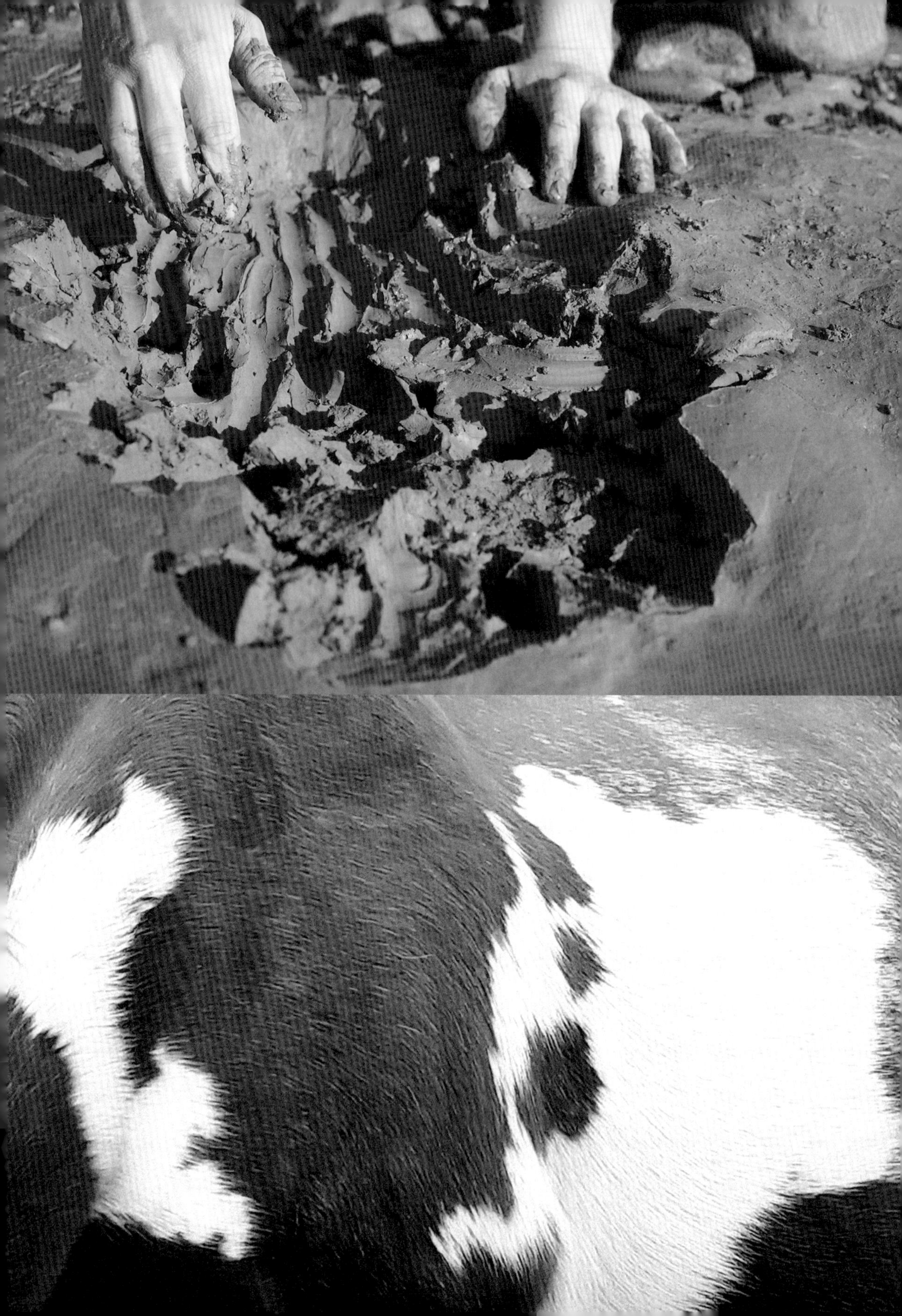

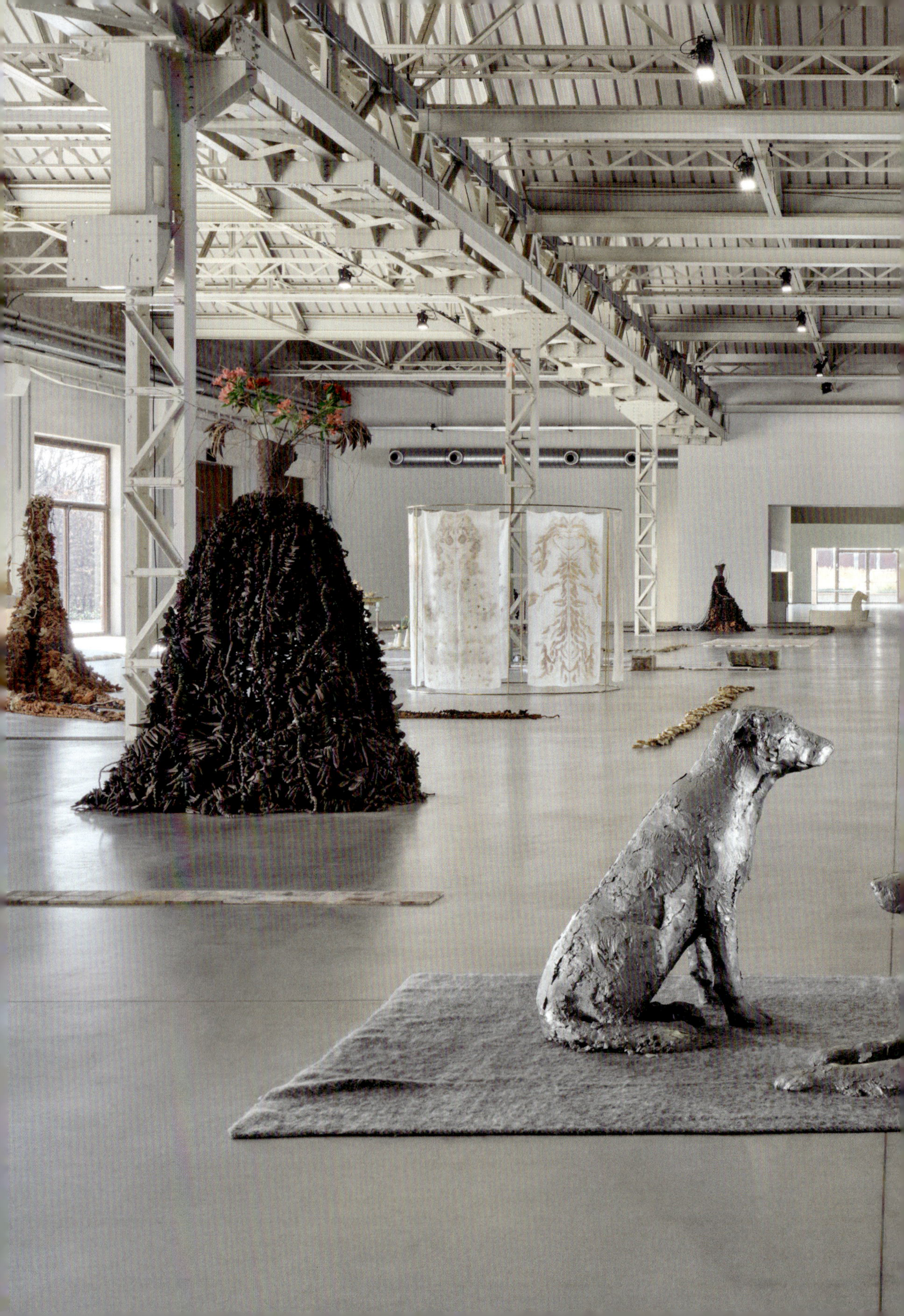

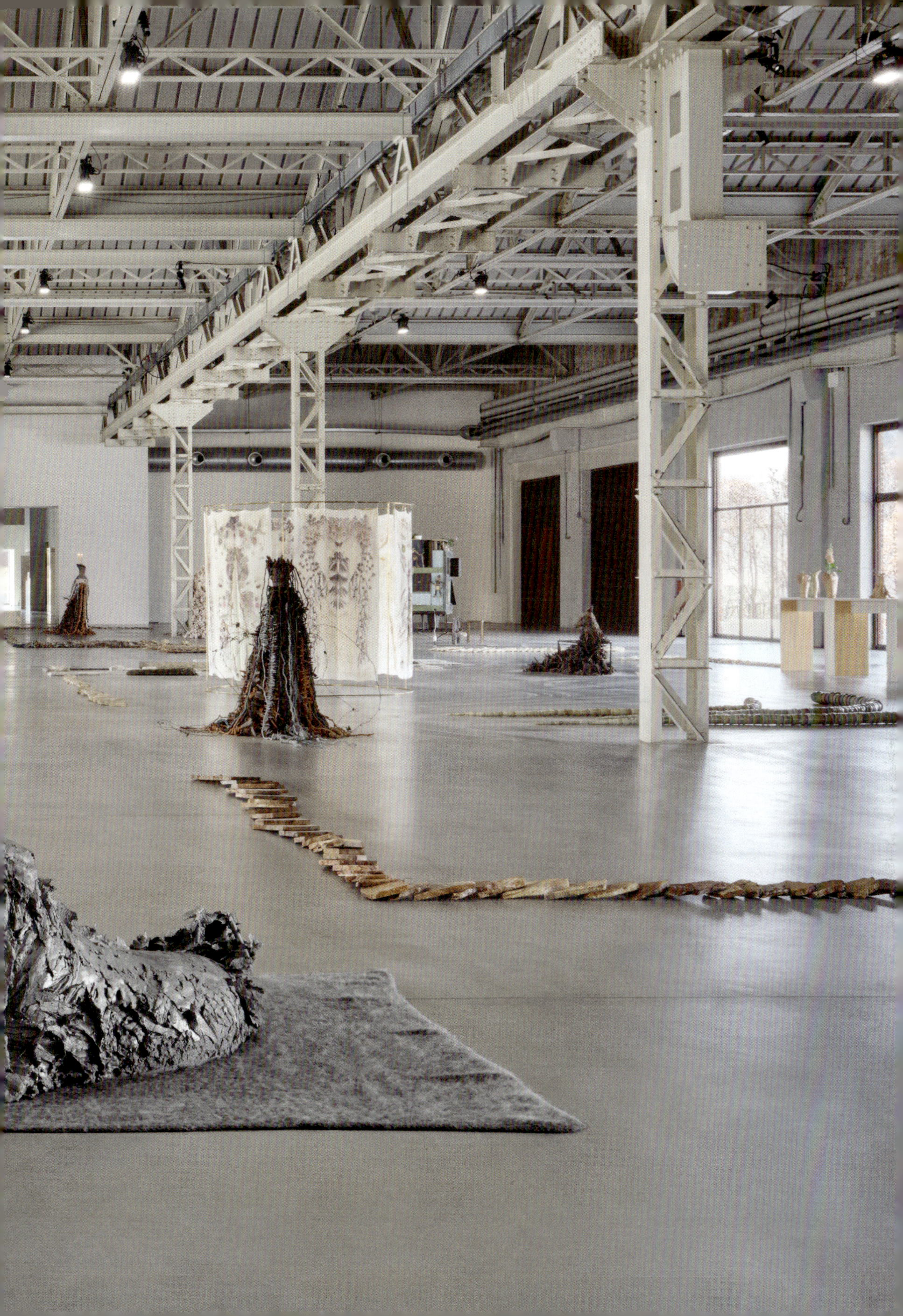

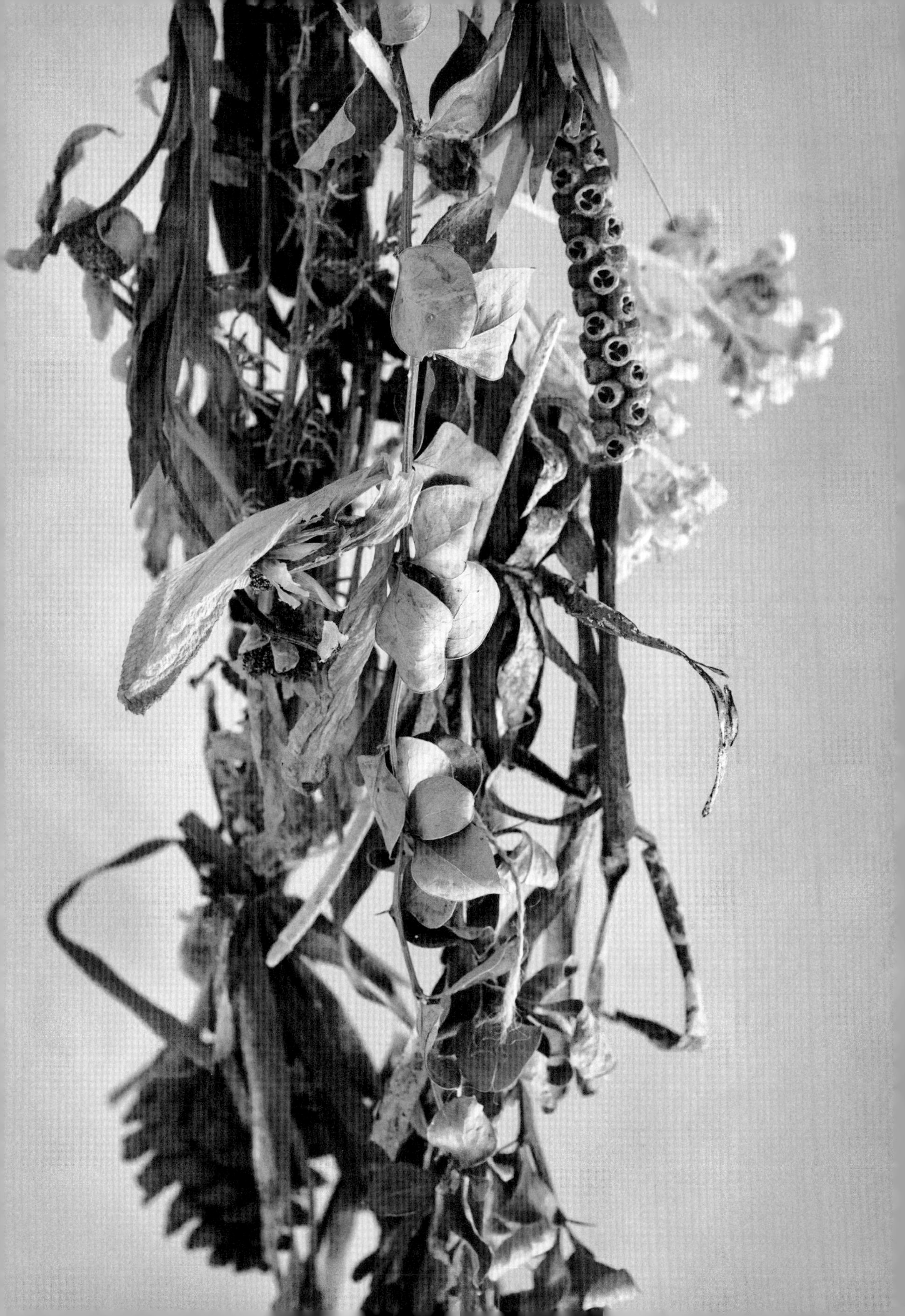

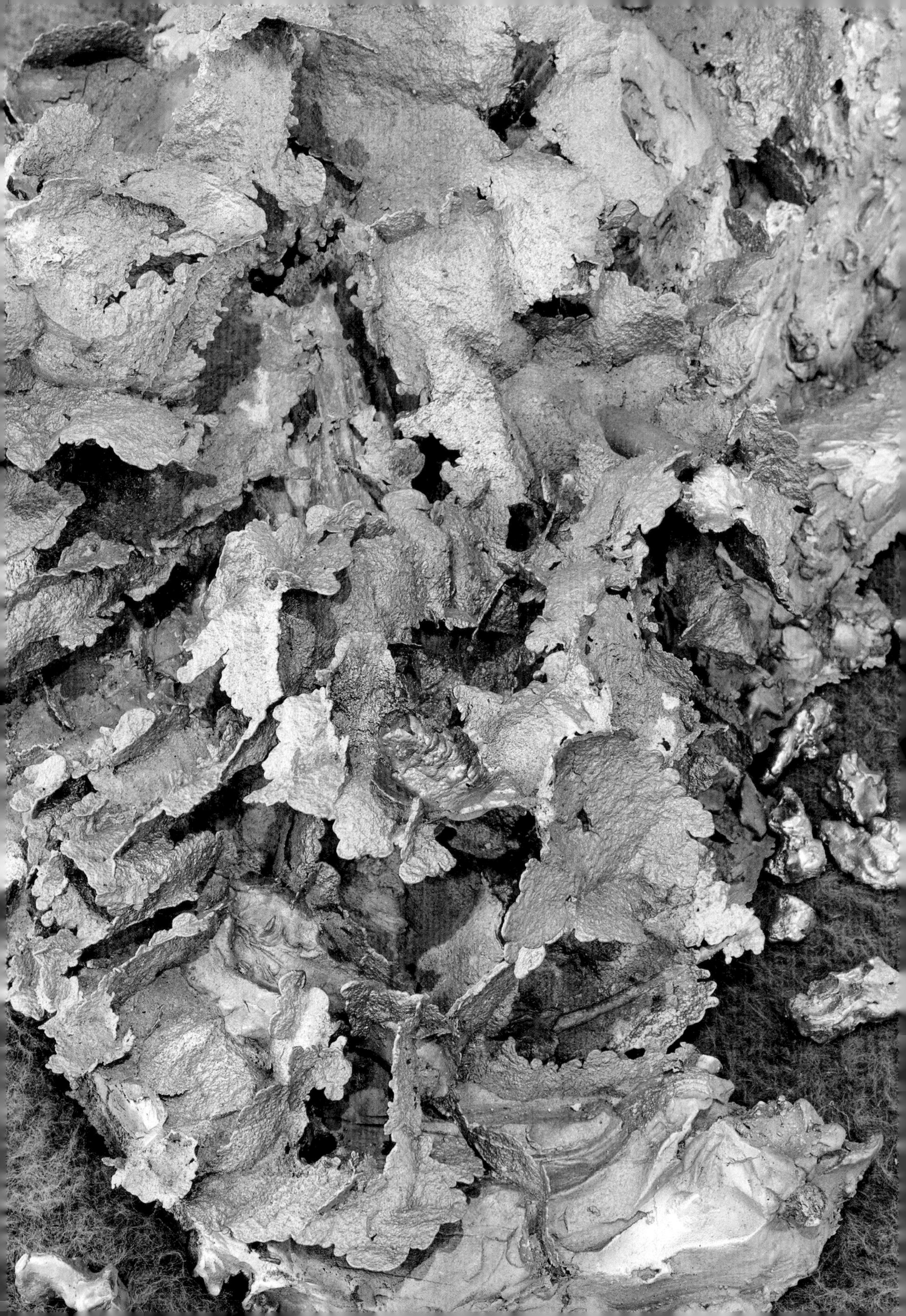

Arazzi / Tapestries, 2024
Stampa vegetale su cotone, ottone / Vegetable print on cotton, brass
210 × 270 × 270 cm

Cani (Bruno e Tre) / Dogs (Bruno and Tre), 2024
Alluminio, lana / Aluminum, wool
80 × 250 × 150 cm
Prodotto da / Produced by Pirelli HangarBicocca

Casetta, 2024
Legno patinato verderame, calce, grès smaltato con cenere vegetale proveniente dalla combustione della *Burning Sister*, alluminio, oro, argento, ottone, rame, pietre dure, ambra, agata, cotone, lana / Verdigris-patinated wood, lime, stoneware glazed with vegetable ash from the combustion of *Burning Sister*, aluminum, gold, silver, brass, copper, gemstones, amber, agate, cotton, wool
Dimensioni variabili / Variable dimensions
Prodotto da / Produced by Pirelli HangarBicocca

I Tre Serpenti / The Three Snakes, 2024
Porcellana e grès smaltati con cenere vegetale e sabbia di fiume / Porcelain and stoneware glazed with vegetal ash and river sand
Tre elementi / Three elements
Dimensioni variabili / Variable dimensions
Prodotto da / Produced by Pirelli HangarBicocca

Leonesse / Lionesses, 2024
Pietra leccese, inserti di vetro e pietra labradorite / Leccese stone, inserts of glass and labradorite stone
Due elementi / Two elements
90 × 180 × 60 cm ciascuno / each
Prodotto da / Produced by Pirelli HangarBicocca

Senza titolo (Mosaico) / Untitled (Mosaic), 2024
Marmo, onice / Marble, onyx
Dimensioni variabili / Variable dimensions

Serpenti e Serpentesse, 2024
Onice, inserti di ambra, perle, pietre dure, vetro, plastica / Onyx, inserts of amber, pearls, gemstones, glass, plastic
Dimensioni variabili / Variable dimensions
Installazione site-specific / Site-specific installation
Prodotto da / Produced by Pirelli HangarBicocca

Burning Sister, 2023
Video monocanale, colore, suono / Single-channel video, color, sound, 23'30"

Senza titolo (una Tenda) #03 / Untitled (a Tent) #03, 2023
Stampa vegetale su seta, ottone / Vegetal print on silk, brass
205 × Ø 200 cm

Sister, 2023
Terracotta policroma, metallo, grès smaltato con terra, sabbia e cenere da Borger-Odoorn / Polychrome terracotta, metal, stoneware glazed with earth, sand and ash from Borger-Odoorn
200 × 130 × 1200 cm
Prodotta da / Produced by Into Nature

Sister (degli Scarti) / Sister (of Scraps), 2023
Terracotta policroma, ferro, vegetale secco, plastica e materiali vari dal seminario “Lo scarto inconfessabile” / Polychrome terracotta, iron, dried vegetal matter, plastics, mixed material from the workshop “Lo scarto inconfessabile”
150 × 220 × 150 cm (dimensioni variabili / variable dimensions)

Pavimento (per Clarice 02) / Floor (for Clarice 02), 2022
Grès smaltato con cenere vegetale, terra del giardino e sabbie di fiume / Stoneware glazed with vegetal ash, garden soil, river sands
Dimensioni variabili / Variable dimensions

Sister, 2022
Terracotta policroma, grès smaltato con cenere vegetale, terra e sabbia della Val Gardena, vegetale secco, candele, fuoco / Polychrome terracotta, stoneware glazed with vegetal ash, soil and sand from Val Gardena, dried vegetal matter, candles, fire
155 × 166 × 145 cm (dimensioni variabili / variable dimensions)
Prodotto da / produced by Biennale Gherdëina

Sister (Capanna) / Sister (Hut), 2022
Terracotta nera, ferro, fiori freschi e secchi / Black terracotta, iron, fresh and dried flowers
220 × 140 × 150 cm (dimensioni variabili / variable dimensions)
Nicoletta Fiorucci Collection

Sister (Flowers), 2022
Terracotta nera etrusca, ferro, insetti, fiori ed erbe selvatiche secche / Black Etruscan terracotta, iron, insects, dried flowers and wild herbs
170 × 280 × 100 cm (dimensioni variabili / variable dimensions)

Tavolo Insetto / Insect Table, 2022
Legno patinato verderame / Verdigris-patinated wood
70 × 180 × 145 cm

Su *Tavolo Insetto* sono esposti / On *Insect Table* are displayed:
Piatti / Dishes (*#03, #05, #06, #07, #17, #20, #28*), 2021
Brocche / Pitchers, 2024
Grès smaltato con cenere vegetale e sabbia / Stoneware glazed with vegetal ash and sand
Sette piatti / Seven dishes
Tre brocche / Three pitchers
Dimensioni variabili / Variable dimensions

Carrozzone, 2021
Materiali vari, trovati e presi in prestito / Mixed media, found and borrowed materials
Con / with Il Centro di Sperimentazione
220 × 300 × 150 cm
Courtesy Chiara Camoni e / and This is Arcade

Sister #02, 2021
Legno, porcellana e grès smaltati con cenere vegetale e sabbia di fiume, erbe e fiori, piuma di ghiandaia / Wood, porcelain and stoneware glazed with vegetal ash and river sand, grasses and flowers, jay feather
64 × 150 × 64 cm (dimensioni variabili / variable dimensions)

Sister #04, 2021
Terracotta nera, ferro / Black terracotta, iron
85 × 150 × 80 cm
Collezione 54, Milano

Sister, 2020
Terracotta policroma, ferro, vegetale secco, candele, fuoco / Polychrome terracotta, iron, dried vegetal matter, candles, fire
140 × 70 × 140 cm

Sister #01, 2020
Terracotta policroma, ferro, legno, erbe e fiori secchi / Polychrome terracotta, iron, wood, dry grasses and flowers
125 × 70 × 60 cm (dimensioni variabili / variable dimensions)
Proprietà della / Property of Fondazione per l'Arte Moderna e Contemporanea CRT – in comodato presso la / on loan at GAM – Galleria Civica d'Arte Moderna e Contemporanea di Torino. Su concessione della / By concession of Fondazione Torino Musei

Living Room, 2019-24
Terracotta, ferro, vetro, fiori, foglie, erbe selvatiche, cotone, canapa, plastica / Terracotta, iron, glass, flowers, leaves, wild herbs, cotton, hemp, plastic
Dimensioni variabili / Variable dimensions
Courtesy l'artista e / and This is Arcade

Senza titolo / Untitled, 2019
Terracotta policroma, legno, ferro, porcellana, paraffina, fuoco / Polychrome terracotta, wood, iron, porcelain, paraffin, fire
143 × 130 × 80 cm
Collection Silvia Fiorucci, Monaco

Senza titolo (una Tenda) / Untitled (a Tent), 2019
Stampa vegetale su seta, ottone / Vegetal print on silk, brass
183 × Ø 211 cm
Collection Silvia Fiorucci, Monaco

Senza titolo (Laocoonte) / Untitled (Laocoön), 2017
Terracotta refrattaria bianca / White refractory terracotta
Dimensioni variabili / Variable dimensions
Fondazione Fiera Milano

Barricata #1 / Barricade #1, 2016
Terracotta policroma, fiori, acqua / Polychrome terracotta, flowers, water
Dimensioni variabili / Variable dimensions

Ninessa #01, 2015
Terracotta nera / Black terracotta
26 × 16 × 12 cm
Collection Silvia Fiorucci, Monaco

Sul perché in natura tutto avvolge a sinistra #02 / Regarding why everything winds leftward in Nature #02, 2013-23
Terracotta azzurra / Blue terracotta
Altezza / Height 2200 cm
Installazione site-specific / Site-specific installation

Selezione di *Vasi Farfalla* esposti a gruppi su sei tavoli disegnati dall'artista / Selection of *Butterfly Vases* grouped on six tables designed by the artist

Vaso Farfalla #1, 2022
Grès smaltato con cenere di fiori, sabbia di fiume, elementi vegetali / Stoneware glazed with flowers ash, river sand, vegetal elements
29 × 20 × 19 cm (dimensioni variabili / variable dimensions)

Vaso Farfalla #2, 2022
Grès smaltato con cenere di fiori / Stoneware glazed with flowers ash
27 × 15 × 19 cm (dimensioni variabili / variable dimensions)

Vaso Farfalla (Ragno), 2022
Grès smaltato con terra del giardino, elementi vegetali / Stoneware glazed with garden soil, vegetal elements
29 × 25 × 14 cm (dimensioni variabili / variable dimensions)

Vaso Farfalla (Bobolo), 2021
Grès smaltato con cenere di fiori, terra del giardino e sabbia di fiume, elementi vegetali / Stoneware glazed with flowers ash, garden soil and river sand, vegetal elements
36 × 30 × 30 cm (dimensioni variabili / variable dimensions)

Vaso Farfalla (Doppio nudo), 2021
Grès smaltato con cenere di fiori, elementi vegetali / Stoneware glazed with flowers ash, vegetal elements
38 × 18 × 15 cm (dimensioni variabili / variable dimensions)

Vaso Farfalla (Farfalla fiore), 2021
Grès smaltato con cenere di fiori elementi vegetali / Stoneware glazed with flowers, ash, vegetal elements
40 × 22 × 25 cm (dimensioni variabili / variable dimensions)

Vaso Farfalla (Serpente Alato), 2021
Grès smaltato con cenere di fiori e sabbia di fiume, elementi vegetali / Stoneware glazed with flowers ash and river sand, vegetal elements
35 × 20 × 22 cm (dimensioni variabili / variable dimensions)

Vaso Farfalla (Tante manine), 2021
Grès smaltato con cenere di fiori e sabbia di fiume, elementi vegetali / Stoneware glazed with flowers ash and river sand, vegetal elements
35 × 26 × 17 cm (dimensioni variabili / variable dimensions)

Vaso Farfalla #02, 2020
Grès smaltato con cenere di fiori, lustro, elementi vegetali / Stoneware glazed with flowers ash, luster, vegetal elements
34 × 16 × 17 cm (dimensioni variabili / variable dimensions)

Vaso Farfalla #06, 2020
Grès smaltato con cenere di fiori, elementi vegetali / Stoneware glazed with flowers ash, vegetal elements
35 × 14 × 10 cm (dimensioni variabili / variable dimensions)

Vaso Farfalla #09, 2020
Grès smaltato con cenere di fiori, elementi vegetali / Stoneware glazed with flowers ash, vegetal elements
32 × 17 × 15 cm (dimensioni variabili / variable dimensions)

Vaso Farfalla #11, 2020
Grès smaltato con cenere di fiori, elementi vegetale / Stoneware glazed with flowers ash, vegetal elements
36 × 21 × 23 cm (dimensioni variabili / variable dimensions)

Vaso Farfalla #12, 2020
Grès smaltato con cenere di fiori / Stoneware glazed with flowers ash
33 × 18 × 19 cm (dimensioni variabili / variable dimensions)

Vaso Farfalla #17, 2020
Grès smaltato con cenere di fiori, terra dei calanchi, lustro / Stoneware glazed with flowers ash, ravine soil, luster
38 × 19 × 12 cm (dimensioni variabili / variable dimensions)

Vaso Farfalla #20, 2020
Grès smaltato con cenere di fiori, lustro, elementi vegetali / Stoneware glazed with flowers ash, luster, vegetal elements
30 × 11 × 17 cm (dimensioni variabili / variable dimensions)

Vaso Farfalla #21, 2020
Grès smaltato con cenere di fiori, polvere di scisto, lustro, elementi vegetali / Stoneware glazed with flowers ash, schist dust, luster, vegetal elements
32 × 10 × 16 cm (dimensioni variabili / variable dimensions)

Vaso Farfalla #22, 2020
Grès smaltato con cenere di fiori, lustro / Stoneware glazed with flowers ash, luster
32 × 20 × 23 cm (dimensioni variabili / variable dimensions)

Vaso Farfalla #23, 2020
Grès smaltato con cenere di fiori, elementi vegetali / Stoneware glazed with flowers ash, vegetal elements
41 × 13 × 13 cm (dimensioni variabili / variable dimensions)

Vaso Farfalla #25, 2020
Grès smaltato con cenere di fiori, terra del giardino e sabbia di fiume / Stoneware glazed with flowers ash, garden soil and river sand
32 × 12 × 15 cm (dimensioni variabili / variable dimensions)

Chiara Camoni e / and Il Centro di Sperimentazione
Ombra Solida, 2024
Performance sonora / Sound performance (14.02.2024)

Per tutte le opere, se non diversamente specificato / For all works, if not otherwise stated:
Courtesy Chiara Camoni e / and SpazioA, Pistoia

Nota: di alcune opere si riporta sia la dimensione in centimetri sia la dicitura "dimensioni variabili". Questo è dovuto alla presenza di elementi vegetali che sono parte integrante dell'opera, ma sostituibili e mutevoli. L'artista ha deciso di non tradurre in inglese tutti i titoli delle opere /
Note: for some works both the size in centimeters and the specification "variable dimensions" are given. This is due to the presence of vegetal elements that are an essential part of the work, but replaceable and changeable. The artist has decided not to translate in english all the titles of the works

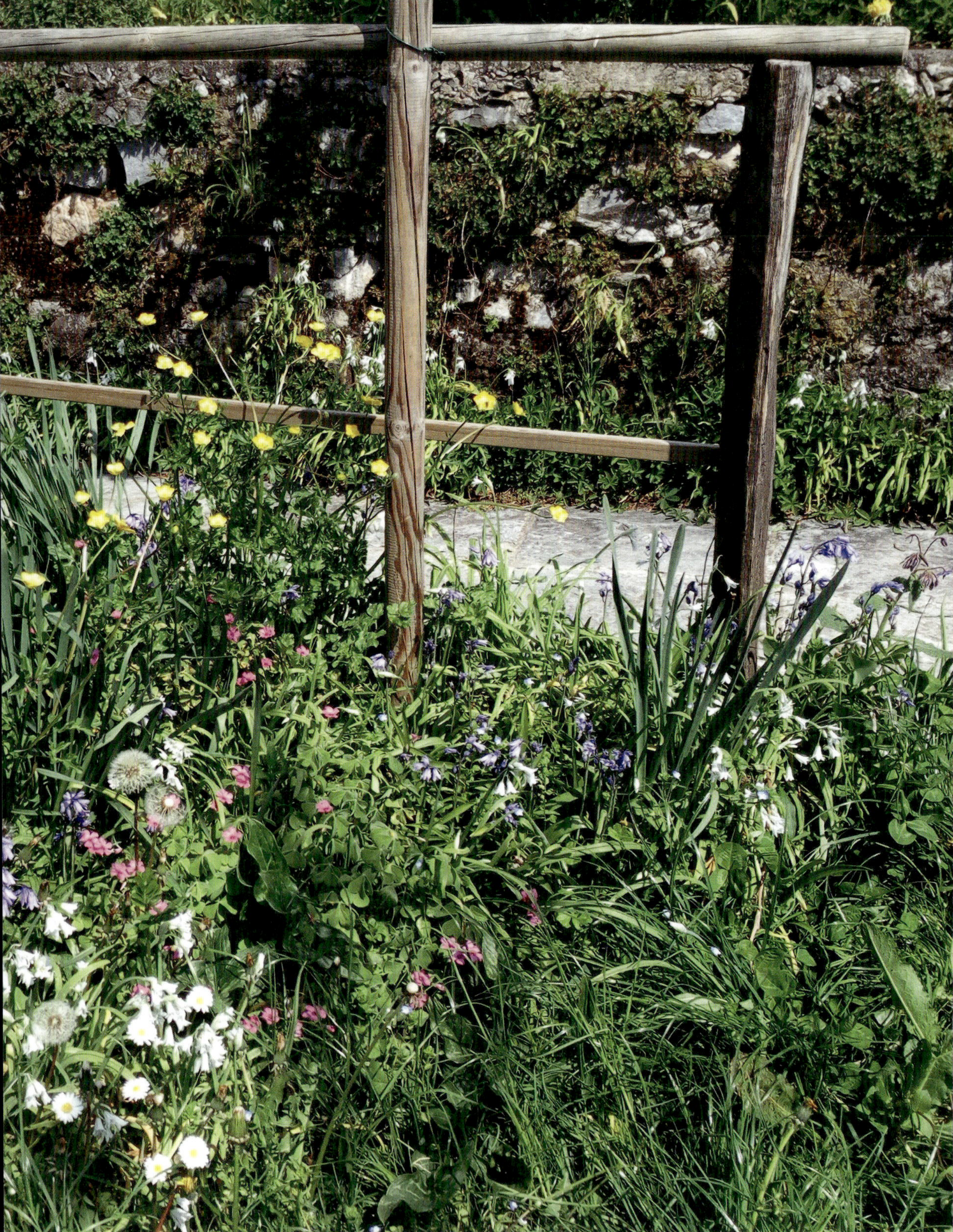

Giardino di / Garden of Fabbiano, 2020

Il giardino come spazio, materia, tempo e sogno. Note su giardinaggio, archeologia, antropologia, e su Chiara Camoni

The Garden as Space, Matter, Time and Dream. Notes on Gardening, Archaeology, Anthropology, and on Chiara Camoni

Andrea Viliani

Chiara Camoni vive e lavora accanto a un giardino, nei pressi del quale, a valle, scorre un fiume.

Il giardino non è un ambiente naturale.

È uno spazio e un contesto in cui l'essere umano si concepisce consapevolmente quale componente dell'ambiente naturale che lo com-prende. E si attiva quindi laboriosamente per porsi in relazione con le altre specie viventi che vi co-abitano. Il giardino è, quindi, una creazione co-umana in cui, a differenza delle produzioni del tutto umane, per esempio quelle che identifichiamo come "arte", nulla permane in quanto tale, poiché ogni sua componente è viva e si trasforma costantemente, co-incidendo sulla trasformazione di tutte le altre.

In un giardino tutto è com-penetrato e cor-responsabile, e vi assume un ruolo co-creativo primario lo scorrere e il mutare del tempo, inteso sia come cronologia (che implica le azioni opposte dell'erosione e della manutenzione del progetto del giardino) sia come clima e *terroir* (e quindi come adattamento alle loro mol-

Chiara Camoni lives and works next to a garden, with a river flowing below it, nearby.

The garden is not a natural environment.

It is a space and setting where human beings consciously think of themselves as part of the natural environment that com-prehends them, and thus make a concerted effort to establish a relationship with the other living species that co-exist there. The garden is therefore a co-human creation where—in contrast to fully human creations, such as those we identify as "art"—nothing remains as it is, because every component is alive and constantly transforming itself, co-influencing the transformation of all the rest.

In a garden, everything is com-penetrated and co-responsible, and a fundamental co-creative role is played by the passage of time and changes in weather: both when seen as a sequence of events (which imply the contrasting effects of the garden's erosion and maintenance) and as a climate and *terroir* (and thus as an adaptation to their many variations).

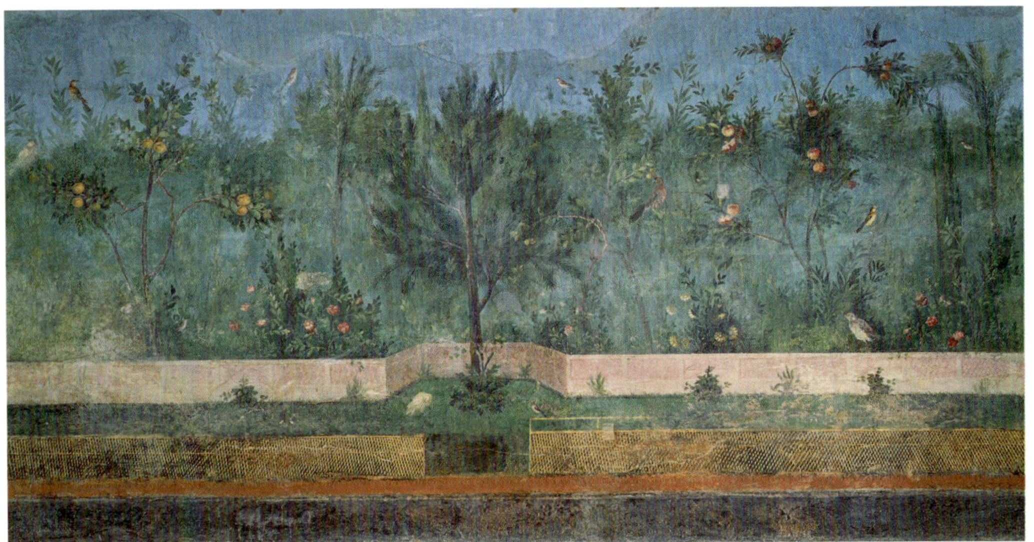

Affreschi provenienti dalla Villa di Livia / Frescoes from the Villa of Livia. Seconda metà del I secolo a.C. / Second half of the 1st century BC. Museo Nazionale Romano di Palazzo Massimo, Roma / Rome

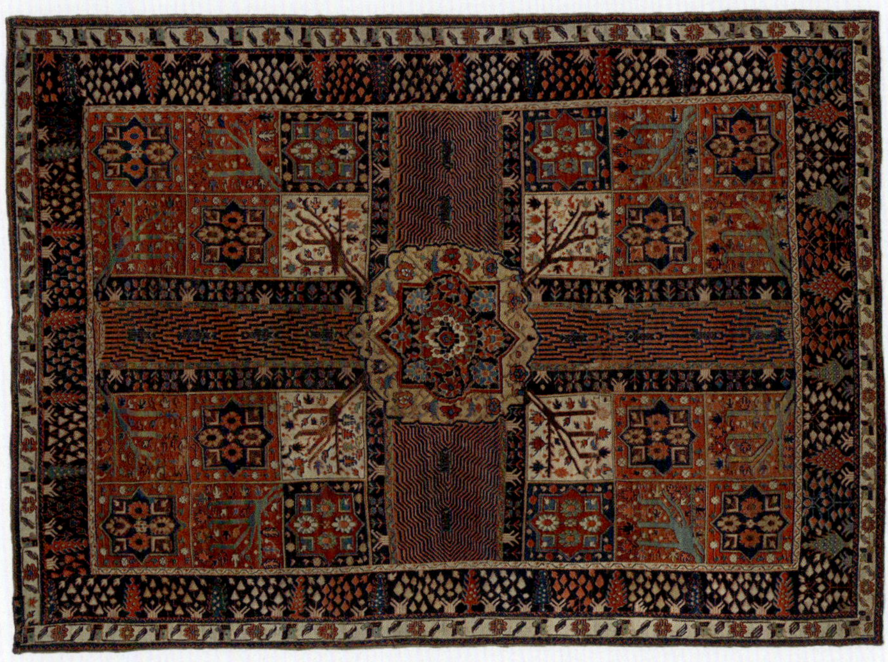

Tappeto motivo a giardino / Garden carpet, Iran, XVII-XVIII secolo / late 17th-18th century. Victoria & Albert Museum, Londra / London

teplici variazioni). Il giardino è la pratica ecologica ancestrale che ne consegue, rimodulata a seconda del contesto, quale azione nel presente che è al contempo memoria del passato ed espressione di fiducia nel futuro, implicando il rimanervi in attesa di qualcos'altro di cui non possiamo essere gli unici responsabili: aspettare che i semi diventino piante, che i fiori sboccino, che i frutti maturino... che quindi il progetto del giardino si realizzi compiutamente, a prescindere dall'input umano che, nel caso, può solo con-tribuirvi.

Anche per questo la pratica di Camoni – comunitaria e demandata allo sviluppo imprevedibile delle materie e delle specie naturali – potrebbe corrispondere a quell'esercizio sia artistico sia arboricolo che conosce bene chi opera, ogni giorno, proprio in un giardino.

La storia occidentale del giardino – quella forse più integrale alla pratica e alla vita di Camoni, anche solo per prossimità personale e, quindi, memoriale – affonda le sue radici nei parchi di caccia reali degli Assiri, nei terrazzamenti pensili babilonesi e nei giardini del paradiso persiani, articolati in quadranti a riprodurre la quadri-partitura del mondo e, per questo, dotati di una regolare scansione simbolica interna e separati con mura dall'esterno (modello ripreso anche nei giardini islamici ed ellenistici). Una storia che prosegue nei giardini-corte egizi – concepiti simmetricamente secondo principi geometrici, nonché fonti di materiali rituali, come i fiori per le corone e le essenze per gli unguenti – o nel giardino dell'Eden ebraico e nei perimetri dei giardini greci, aree percorribili (da cui anche la definizione di "filosofia peripatetica") e deputate, oltre che ai riti funebri, anche alla germinazione in contenitori di fiori e piante per le celebrazioni religiose, dando avvio alla coltivazione in vaso che, a sua volta, fu il possibile modello per la sua trasformazione scultorea nei capitelli dei templi. Fino

The garden is the ancestral eco-practice that results, remodulated to fit the context. It is an action in the present that is both a memory of the past and an expression of belief in the future, since it implies waiting for something that does not depend solely on ourselves: waiting for seeds to become plants, for flowers to bloom, for fruit to ripen... for the concept of the garden be fully realized, regardless of the human input that, in any event, can only con-tribute to it.

For this and other reasons, Camoni's practice—a communal one, entrusted to the unpredictable development of natural species and substances—may be much like the exercise, both artistic and arboricultural, so familiar to anyone who works in a garden every day.

The Western history of the garden—the tradition perhaps most integral to Camoni's practice and life, if only due to personal proximity, and thus, memory—is rooted in the royal game parks of the Assyrians, the hanging, terraced gardens of Babylon, and the paradise gardens of Persia; the latter were divided into quadrants representing the four parts of the world, and thus had a regular, symbolic internal structure, closed off from the outside world by walls (a model also repeated in Islamic and Hellenistic gardens). Further on, we find the garden-courtyards of Egypt—symmetrically designed according to geometric principles, and providing ritual materials such as flowers for garlands and essences for ointments—or the Jewish Garden of Eden and the perimeters of Greek gardens (which gave the "Paripatetic" school of philosophy its name). These areas, which could be walked through, were used for funeral rites, and for growing flowers and plants in pots for religious celebrations; this led to the development of container gardening, which may in turn have been sculpturally transformed into the capitals of Greek columns. The story

agli *horti* delle ville romane – in cui al culto dei *Lares familiares* si associa quello dei *Lares agrestes* posti lungo le siepi perimetrali (da cui l'origine del presepe cristiano, che deriva appunto da *praesepere*, "vicino alla siepe o alla mangiatoia") – e all'*hortus conclusus* dei monasteri medievali, rappresentazione celestiale ancora quadri-partita, ma anche fonte per la decorazione floreale degli altari e palinsesto dell'erboristica e della farmacopea come cura congiunta del corpo e dell'anima.

In questa storia plurimillenaria, ricorre l'impegno a rendere fertile una terra sterile, ornamentale una funzione, allegorico o metaforico un elemento animale, minerale o vegetale,

continues with the *horti* of Roman villas—where the worship of the *Lares familiares* was combined with that of the *Lares agrestes* placed along the perimetral hedges (hence the Italian name for a nativity scene, *presepe*, from *praesepere*, "close to the hedge or the manger")—and with the *hortus conclusus* of medieval monasteries, a representation of heaven once again divided into four quadrants, but also a source of floral decorations for the altars and a palimpsest of herbal and medicinal remedies for both body and soul.

A recurrent theme over these millennia of history is the effort to make barren ground fertile, make function ornamental, make an ani-

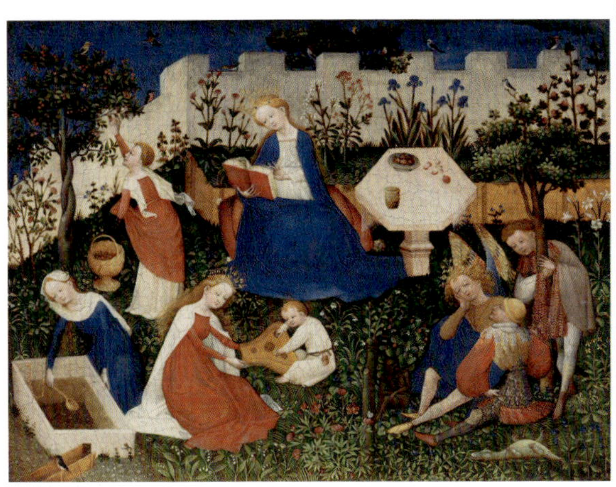

Maestro dell'Alto Reno / Upper Rhenish Master, *Madonna e santi nel giardino del Paradiso / Paradiesgärtlein (Garden of Paradise)*, ca. 1410. Tecnica mista su tavola / Mixed media on oak panel, 25.6 × 32.8 cm. Städelsches Kunstinstitut, Francoforte sul Meno / Frankfurt

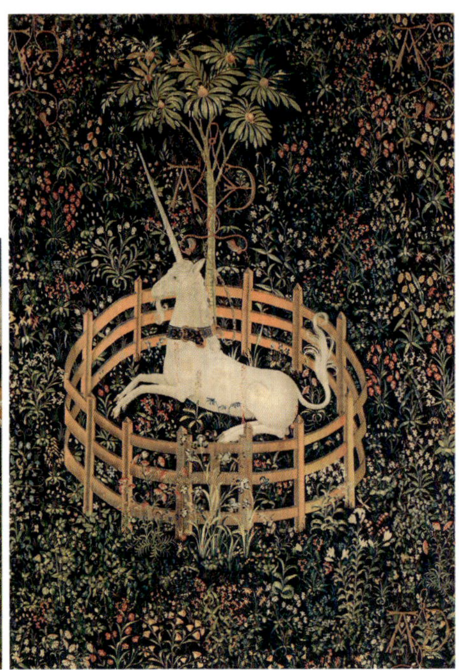

L'Unicorno riposa in un giardino (dagli *Arazzi dell'Unicorno*) / *The Unicorn Rests in a Garden* (from the *Unicorn Tapestries*), 1495-1505. Realizzato a Parigi (cartone) / Made in Paris (cartoon); prodotto nei Paesi Bassi meridionali (tessuto) / made in Southern Netherlands (woven). Ordito di lana con trame di lana, seta, argento e oro / Wool warp with wool, silk, silver and gilt wefts, 368 × 251.5 cm. The Metropolitan Museum of Art, New York

attraverso l'accurata manipolazione delle relazioni acqua/aria/terra, ombra/luce, coltivato/spontaneo, autoctono/allogeno. È così che il giardino diviene l'esercizio paziente di com-partecipazione all'ambiente che ci circonda, il quale a sua volta può così con-formarsi come un "habitat", termine che in biologia indica «l'insieme delle condizioni ambientali in cui vive una determinata specie […], o anche dove si compie un singolo stadio del ciclo biologico di una specie; con sign. più ristretto, in botanica, l'area nella quale una pianta trova le condizioni ambientali favorevoli al suo sviluppo»[1]. L'habitat del giardino è, per estensione, l'ambiente più congeniale alle diverse specie e per la loro co-esistenza: insieme alla sua strutturazione interna, è la ricorrente consapevolezza dell'importanza del limite del giardino stesso – di come esso definisca uno spazio-tempo di senso autonomo – a renderlo un habitat, nel senso di ambiente naturale progettabile in cui la componente umana può essere reciprocamente accolta dalle altre specie.

Inoltre, per tradurre in greco la definizione biblica גן עדן (*Gan 'Eden*, "giardino dell'Eden"), i settantadue saggi ebrei autori della cosiddetta Versione dei Settanta della Bibbia ricorsero alla parola persiana *paraideza* o *pairadaeza* o *pardes*, che significa appunto "recinto", "limite", che lo storico greco Senofonte tradusse a sua volta in παράδεισος, ovvero "paradiso". Ma, proprio in quanto progetto generativo basato sulla possibile com-prensione e com-partecipazione fra le specie, questo paradisiaco "giardino delle delizie" – definizione utilizzata a partire da alcuni giardini protorinascimentali, come quelli estensi – può però divenire anche il suo opposto laddove la progettabilità del giardino si applicasse, invece, come volontà di dominio antropico sulle altre specie. La storia del giardino ha tradotto questo rischioso e fragile equilibrio in due definizioni moderne, apparentemente dissi-

1 https://www.treccani.it/vocabolario/habitat/. Ultimo accesso 29 febbraio 2024.

mal, mineral, or vegetable element allegorical or metaphorical, through careful tweaking of the relationships between water/air/earth, shadow/light, cultivated/wild, native/foreign. And so the garden has become a patient exercise in co-participating in the environment around us, which has in turn taken on the con-formation of a "habitat": a term that in biology indicates "the set of environmental conditions in which a given species lives […] or where a single stage in the life cycle of a species unfolds; more specifically, in botany, the area where a plant finds environmental conditions favorable to its growth."[1] The habitat of a garden is, by extension, the most congenial environment for the species within it and for their co-existence. Along with its internal structure, it is the recurrent awareness of the boundaries of the garden itself—the way it defines an autonomously significant spacetime—that makes it a habitat, in the sense of a planned natural environment where the human component can be reciprocally welcomed by other species.

Moreover, to translate the biblical term גן עדן (*Gan 'Eden*, "Garden of Eden") into Greek, the seventy-two Jewish sages who penned the Septuagint employed the Persian word *paraideza* or *pairadaeza* or *pardes*, meaning "enclosure" or "compound," which the Greek historian Xenophon translated in turn as παράδεισος, or "paradise." But, precisely because it is a generative project based on the possibility of co-participation among species, this paradisical "garden of earthly delights"—a description that began to be applied to some proto-Renaissance gardens, like the *delizie* of the Este family—could turn into its opposite, should the planning of the garden instead become an urge to impose human dominance over other species. In the history of garden design, this risky, fragile balancing act has translated into two modern approaches, at first glance quite different. The first is

1 https://www.treccani.it/vocabolario/habitat/. Accessed February 29, 2024.

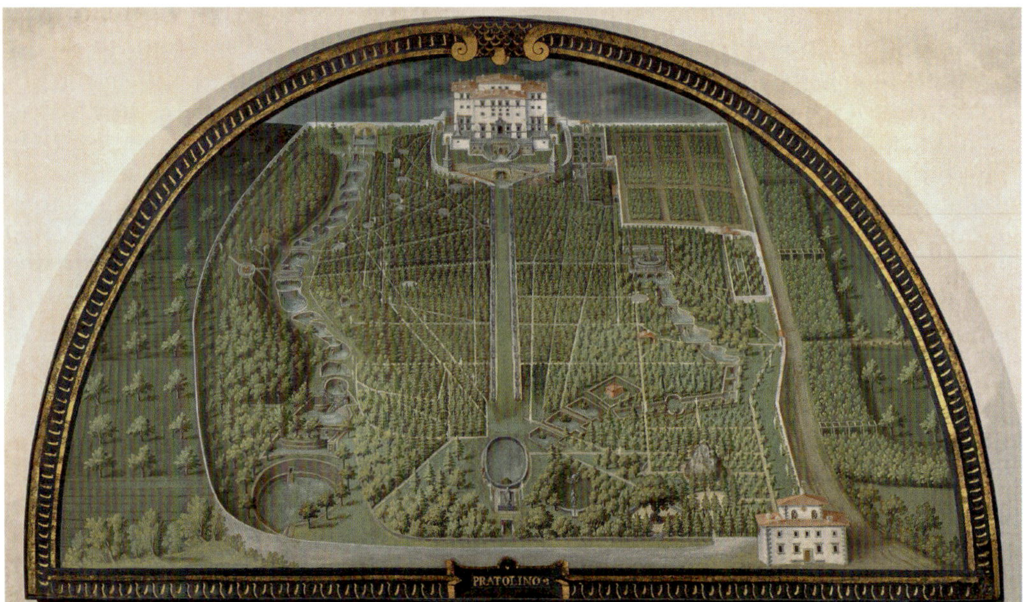

Giusto Utens, Villa medicea di Pratolino / Villa medicea of Pratolino, fine XVI secolo / end of 16th century. Museo "Firenze com'era", Firenze / Florence

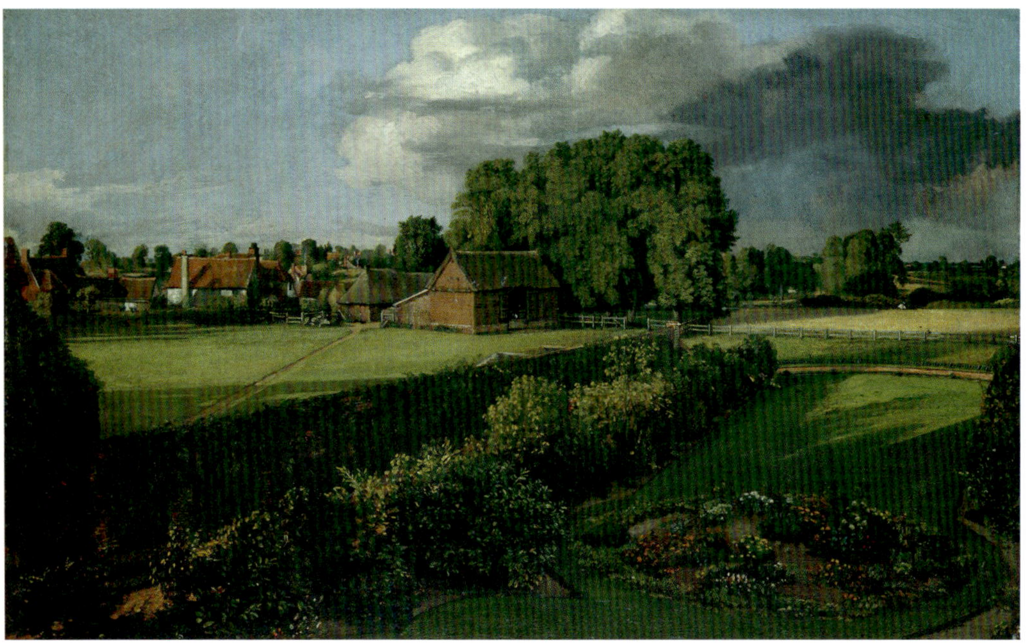

John Constable, *Il giardino dei fiori di Golding Constable / Golding Constable's Flower Garden*, ca. 1815. Mary Evans Picture Library, Londra / London

mili. La prima è quella di giardino "formale", o "all'italiana", corrispondente ai giardini tardorinascimentali e barocchi in cui a prevalere sono la scultura arborea dell'*ars topiaria*, l'unione fra funzionalità e decorazione (aranciaie e limonaie, peschiere e uccelliere) e l'ingegneria idraulica grazie a cui alimentare cascate, fontane e grotte artificiali, come nei giardini medicei o in quelli delle ville Aldobrandini a Frascati, d'Este a Tivoli, Farnese a Caprarola o Lante a Bagnaia, che furono il punto di riferimento per gli ancora più magniloquenti giardini "alla francese", come quelli della reggia di Versailles. La seconda definizione è quella di giardino "informale", o "all'inglese", in cui, al posto delle ordinate prospettive scenografiche intervallate da installazioni arboreo-scultoree-idriche, prevale un apparente disordine, a cui però soggiace un rigoroso controllo del rapporto fra componenti artificiali e naturali al fine di garantire che ciò che sembra selvaggio e selvatico sia, in realtà, paesaggisticamente *picturesque*[2].

Forse a Camoni è estranea l'arte degli anonimi architetti-giardinieri antichi, così come quella di sovrapporre a piante e fiori valori funzionali, simbolici ed estetici praticata dagli architetti e teorici dei giardini europei fra XVI e XIX secolo – siano essi Niccolò Tribolo e Pirro Ligorio, o André Le Nôtre e il rousseauiano René-Louis de Girardin, o Joseph Addison, Anthony Ashley Cooper, William Kent e Alexander Pope. Tuttavia le sue opere incarnano la semiosi problematica del giardino. E quindi il suo essere sostanzialmente un "campo": termine polisemico che indica uno spazio-tempo sia agricolo sia militare,

the "formal" or "Italian" garden, corresponding to the late Renaissance or Baroque gardens mainly characterized by the arboreal sculptures of topiary; by the wedding of function to decoration (orangeries, fishponds, and aviaries); and by hydraulic systems feeding waterfalls, fountains, and artificial grottos, as in the Medici gardens, or those of Villa Aldobrandini in Frascati, Villa d'Este in Tivoli, Villa Farnese in Caprarola, or Villa Lante in Bagnaia, which became models for the even more grandiloquent "French" gardens, like those of Versailles. The second is the "informal" or "English" garden: here, instead of orderly scenic perspectives divided by topiary, sculpture, and water features, disorder seems to prevail. Underlying it, however, is a strictly regulated balance of artificial and natural components, to ensure that what looks wild and random will actually compose a picturesque landscape.[2]

Camoni may not be familiar with the work of the anonymous gardener-architects of ancient times, or the art of assigning functional, symbolic, and aesthetic values to plants and flowers practiced by the European architects and theorists of garden design from the 16th to the 19th century—be they Niccolò Tribolo and Pirro Ligorio, or André Le Nôtre and Rousseau's disciple René-Louis de Girardin, or Joseph Addison, Anthony Ashley Cooper, William Kent, and Alexander Pope. Nevertheless, her works embody the problematic semiosis of the garden. And thus the fact that it is essentially a "field": a polysemic term indicating an agricultural or military spacetime, the area investigated by a discipline, the region in which an effect exists, and

2 Si veda William Gilpin, *Observations on the River Wye, and Several Parts of South Wales, &c. Relative Chiefly to Picturesque Beauty, Made in the Summer of 1770* [1789], Pallas Athene, London 2005. Per un'introduzione alla storia del giardino, si veda Gilles Clément, *Breve storia del giardino* [2011], Quodlibet, Macerata 2012. Sui primi studi archeobotanici sistematici del giardino e dell'orticultura, in questo caso pompeiani, si veda Wilhelmina F. Jashemski, *The Gardens of Pompeii, Herculaneum and the Villas Destroyed by Vesuvius*, 2 voll., Aristide D. Caratzas, New Rochelle-New York 1979; Wilhelmina F. Jashemski, Frederick Gustav Meyer, *The Natural History of Pompeii*, Cambridge University Press, Cambridge 2002.

3 https://www.treccani.it/vocabolario/campo/. Ultimo accesso 29 febbraio 2024.

2 See William Gilpin, *Observations on the River Wye, and Several Parts of South Wales, &c. Relative Chiefly to Picturesque Beauty, Made in the Summer of 1770* [1789] (London: Pallas Athene, 2005). For an introduction to garden history, see Gilles Clément, *Une brève histoire du jardin* (Paris: Éditions du 81, 2011). Regarding the first systematic archeobotanical studies of gardens and horticulture, in this case of Pompeii, see Wilhelmina F. Jashemski, *The Gardens of Pompeii, Herculaneum and the Villas Destroyed by Vesuvius* (New Rochelle-New York: Aristide D. Caratzas, 1979); Wilhelmina F. Jashemski and Frederick Gustav Meyer, *The Natural History of Pompeii* (Cambridge: Cambridge University Press, 2002).

3 https://www.merriam-webster.com/dictionary/field. Accessed February 29, 2024.

l'area di indagine di una disciplina, l'ambito di un discorso e, infine, un'unità di misura[3]. Per esempio il giardino di Camoni potrebbe essere il campo delle contraddizioni di un Antropocene – l'epoca del predominio umano sul pianeta, e quindi anche sull'ambiente naturale – che, proprio per non aver saputo mantenere ideale il proprio habitat, sarebbe ormai giunto alla sua crisi autodistruttiva e alla ineluttabilità del suo avvicendamento[4]. Le opere di Camoni, seppure generate da un essere umano, non sembrano infatti rivolgersi solo alla nostra specie, né richiedere solo la nostra interazione. Lucia Pietroiusti le ha definite incarnazioni pratiche di «idee sia archetipiche sia postumane – il molto antico e il futuro allo stesso tempo»[5]: per cui esse sarebbero senza tempo (nella persistenza atavica e animistica delle loro matrici) e insieme immerse nel tempo (nella trasformabilità delle loro manifestazioni e sostituibilità delle loro componenti). Come se fossero dei giardini-paradiso che rischiano di essere distrutti, l'artista stessa ha definito le proprie opere «mondi perfetti [che] durano un istante, poi si dissolve tutto»[6]. Esse si dispongono e ci dispongono in una prospettiva di malleabilità, disponibili all'adattamento e al cambiamento, le cui materie non sono solo oggetto di interpretazione umana ma anche soggetti autonomi e dinamici, in quanto creature «del fango, non del cielo»[7], ovvero impasto inorganico di tecniche e stili artistici umani (il cielo delle idee e dei concetti) ma anche impasto organi-

lastly, a set of mathematical elements.[3] For instance, Camoni's garden could be the field of contradictions of the Anthropocene—the era of human domination over the planet, and thus over the natural environment—which, having proved incapable of maintaining an ideal habitat, has now reached a self-destructive crisis and an inevitable turning point.[4] Camoni's works, though made by a human being, do not seem addressed only to our own species, or seek only human interaction. Lucia Pietroiusti has called them concrete embodiments of "ideas that are both archetypal and post-human—very ancient and futuristic, at the same time."[5] In this sense, they are timeless (given the atavistic, animistic persistence of their models) and yet immersed in time (given the transformable nature of their manifestations and the replaceable nature of their components). As if they were garden-paradises at risk of being destroyed, the artist has called her works "perfect worlds; they last an instant, then everything melts away."[6] They put themselves and us in a perspective of malleability, open to adaptation and change. The substances that compose it are not just an object of human interpretation, but independent, dynamic subjects, as creatures "of the mud, not of the sky"[7]: an inorganic mixture of human techniques and artistic styles (the sky of ideas and concepts), but also an organic mixture of raw and fired earth, ash, wild plants, iron, flowers (fresh and dried), fire, insects, wood, onyx, brass, paraffin, por-

4 Si veda Will Steffen, Paul J. Crutzen, John R. McNeill, "The Anthropocene: Are Humans Now Overwhelming the Great Forces of Nature?", in "Ambio. A Journal of the Human Environment", XXXVI, n. 8, 2007. Si veda anche Slavoj Žižek, *Vivere alla fine dei tempi* [2010], Ponte alle Grazie, Milano 2011; James Bridle, *Nuova era oscura* [2018], Nero, Roma 2019.

5 Elena Volpato (a cura di), *Chiara Camoni. Serpentesse*, a+mbookstore, Milano 2023, p. 205.

6 Irene Biolchini, "Gli artisti e la ceramica. Intervista a Chiara Camoni", in "Artribune", 10 novembre 2019; https://www.artribune.com/arti-visive/arte-contemporanea/2019/11/intervista-ceramica-chiara-camoni/. Ultimo accesso 29 febbraio 2024.

7 Donna Haraway, *When Species Meet*, University of Minnesota Press, Minneapolis-London 2008, p. 4.

4 See Will Steffen, Paul J. Crutzen and, John R. McNeill, "The Anthropocene: Are Humans Now Overwhelming the Great Forces of Nature?," *Ambio: A Journal of the Human Environment* 36, no. 8 (2007). See also Slavoj Žižek, *Living in the End Times* (London: Verso, 2011); James Bridle, *New Dark Age: Technology and the End of the Future* (London: Verso, 2018).

5 Elena Volpato, ed., *Chiara Camoni. Serpentesse* (Milan: a+mbookstore, 2023), 205.

6 Irene Biolchini, "Gli artisti e la ceramica: Intervista a Chiara Camoni," *Artribune*, November 10, 2019; https://www.artribune.com/arti-visive/arte-contemporanea/2019/11/intervista-ceramica-chiara-camoni/. Accessed February 29, 2024.

7 Donna Haraway, *When Species Meet* (Minneapolis–London: University of Minnesota Press, 2008), 4.

co di terra cruda e cotta, ceneri, erbe selvatiche, ferro, fiori (freschi e secchi), fuoco, insetti, legno, onice, ottone, paraffina, porcellana, plastica, sabbia di fiume, semi, tessuti, verderame. Il loro compost rivela che non c'è nulla di più pittoresco, e quindi di più artificiale, della distinzione – tutta e solo umana, infatti – fra cultura e natura, dato che queste opere appartengono di diritto non più all'Antropocene, ma a quell'epoca che la filosofa Donna Haraway ha definito – quale superamento in effetti dell'Antropocene – con il neologismo "Chthulucene", uno spazio-tempo di convivenza con il rischio e popolato da specie interconnesse e terrene che convivono nel mondo[8].

Il campo in cui queste opere agiscono è quello in cui le specie selvagge e indigene non sono estirpate, per far posto alle logiche del giardino umano, ma vi restano radicate, libere di proliferare. La sua logica potrebbe essere, invece, quella della "permacultura" – termine coniato quale contrazione di *permanent agricolture* da Bill Mollison e David Holmgren condensando un articolato pensiero ecoagricolo precedente[9] – per cui il campo non produce solo ciò che serve all'essere umano, per esempio gli alimenti di cui nutrirsi, ma permette anche a ciò che non è funzionale o non è progettato dall'essere umano di esprimersi e contribuire alla coltivazione del campo. Coltivare questo campo significa quindi reagire anche alla logica umana basata su uno sfruttamento estensivo e intensivo delle risorse naturali e sulla sistemica ricerca di una resa produttiva della loro biodiversità, per immergersi

celain, plastic, river sand, seeds, fabric, verdigris. This compost reveals that there is nothing more picturesque, and thus artificial, than the distinction—a solely human one, after all—between culture and nature; rightfully, these works no longer belong to the Anthropocene, but to the era that the philosopher Donna Haraway has called—as a step beyond the idea of the Anthropocene—the "Chthulucene," a spacetime of coexistence with risk, inhabited by a terran muddle of species that coexist in this world.[8]

The field in which these works operate is one where the wild, indigenous species have not been weeded out to make room for the logic of a human garden, but rather are left rooted and free to proliferate. The logic here might instead be that of "permaculture"—the contraction of "permanent agriculture" coined by Bill Mollison and David Holmgren to sum up a complex pre-existing ecoagricultural system of thought.[9] In this approach, the field does not produce only what serves human needs, such as food to eat, but also allows things not geared toward or planned by humans to express themselves and contribute to the cultivation of the field. Cultivating this field therefore means reacting against a human mindset based on extensive, intensive exploitation of natural resources, and on a systemic quest to turn their biodiversity into a higher yield; it means moving instead into a realm of a permanent environmental, biological, cultural, economic, and social synergy.

8 Si veda Donna Haraway, *Manifesto cyborg. Donne, tecnologie e biopolitiche del corpo* [1991], Feltrinelli, Milano 2023; Ead., *Chthulucene. Sopravvivere su un pianeta infetto* [2016], Nero, Roma 2019. Si rimanda inoltre a Karen Barad, "Agential Realism: Feminist Interventions in Understanding Scientific Practices" [1998], in Mario Biagioli (a cura di), *The Science Studies Reader*, Routledge, New York 1999; Ead., "Posthumanist Performativity: Toward an Understanding of How Matter Comes to Life", in "Signs: Journal of Women in Culture and Society", XXVIII, n. 3, 2003; Jane Bennett, *Materia vibrante. Un'ecologia politica delle cose* [2010], Timeo, Milano 2023.

9 Bill Mollison, David Holmgren, *Permaculture One: A Perennial Agricultural System for Human Settlements*, Transworld Publishers, Melbourne 1978.

8 See Donna Haraway, "A Cyborg Manifesto: Science, Technology, and Socialist-Feminism in the Late Twentieth Century," in *Simians, Cyborgs and Women: The Reinvention of Nature* (New York: Routledge, 1991); Donna Haraway, *Staying with the Trouble: Making Kin in the Chthulucene* (Durham–London: Duke University Press, 2016). In addition, one should cite Karen Barad, "Agential Realism: Feminist Interventions in Understanding Scientific Practices," in Mario Biagioli, ed., *The Science Studies Reader* (New York: Routledge, 1999); Karen Barad, "Posthumanist Performativity: Toward an Understanding of How Matter Comes to Life," *Signs: Journal of Women in Culture and Society* 28, no. 3 (2003); Jane Bennett, *Vibrant Matter: A Political Ecology of Things* (Durham–London: Duke University Press, 2010).

9 Bill Mollison and David Holmgren, *Permaculture One: A Perennial Agricultural System for Human Settlements* (Melbourne: Transworld Publishers, 1978).

invece in una permanente sinergia ambientale, biologica, culturale, economica e sociale.

Quella di Camoni è quindi un'intelligenza materiale del campo-giardino – spettro di una concretezza generativa che problematizza la potenzialità generativa dell'AI – i cui prodotti andrebbero non più rinchiusi in un museo ma radicati e germinanti all'aperto, in un bosco o in un campo, magari lungo un fiume. E se devono restare nel museo, forse questo dovrebbe essere una serra, che è poi il museo delle piante e dei fiori. Oppure esso non dovrebbe più essere un museo d'arte contemporanea, ma un museo archeologico o antropologico. Di cui peraltro farebbero saltare le logiche disciplinari e istituzionali, rivelandone la costitutiva contraddizione e l'intrinseca insensatezza storica, il fatale errore per cui questi stessi musei sono stati fondati. Se ci pensiamo bene i musei archeologici o antropologici sono infatti costrutti moderni e occidentali che dalla fine del XIX secolo sono stati anche utilizzati come gli armamenti intellettuali di quelle stesse politiche nazionalistiche e coloniali che hanno condotto alla crisi dell'Antropocene. Essi infatti hanno espropriato dei soggetti, non degli oggetti, ognuno dei quali (richiuso in vetrine come un trofeo) è un portatore di valori e di sistemi di fede e di pensiero, un portale con gli antenati, uno strumento di comunicazione con le altre specie, un'evocazione del bisogno antropologico del divino, o quantomeno del suo racconto. E nessuno dei miliardi di questi oggetti fu infatti concepito per essere mostrato in una vetrina, ma per essere usato in un tempio, in una casa, o all'aria aperta.

Camoni indica quindi con le sue opere – ecologiche e al contempo archeologico-antropologiche – non solo una prospettiva femminista e multispecie, ma anche la possibilità di una critica antimodernista e di una *forma mentis* non (più e solo) occidentale: un Occi-

Camoni therefore practices the material intelligence of the garden-field—a spectrum of generative concreteness that problematizes the generative potential of AI. The products of this should no longer be shut up in museums, but allowed to take root and germinate outside, in a forest or field, perhaps along a river. Or if they must stay in a museum, perhaps it ought to be a conservatory, which, after, all is a museum of plants and flowers. Or else it should no longer be a museum of contemporary art, but of archaeology or anthropology. Which, moreover, would shake the foundations of these disciplines and institutions, revealing their basic contradictions and intrinsic historical irrationality, the fatal error that led to the creation of such museums in the first place. If we think about it, archaeology or anthropology museums are modern, Western constructs; in the late 19th century, they also became intellectual weapons of the nationalistic, colonialist policies that led to the Anthropocene crisis. They expropriated subjects, not objects, each of which (shut away in showcases like trophies) is a repository of values and systems of belief and thought, a portal to the ancestors, a tool of communication with other species, an evocation of the anthropological need for the divine, or at least for the story of it. And none of these billions of objects were conceived to be displayed behind glass, but rather to be used in a temple, a home, or outdoors.

Camoni's works—which are ecological, and at the same time, archaeological/anthropological—therefore suggest not just a feminist, multispecies perspective, but the possibility of an anti-modernist critique and an outlook that is no longer solely Western: the artist belongs to, yet reacts against the Western tradition, grappling not just with its utopian foundations but its dystopian consequences. Camoni belongs, in this sense, to

dente a cui l'artista appartiene ma a cui reagisce, abbrancandone non solo le premesse utopiche ma anche le conseguenze distopiche. Camoni appartiene in questo senso a una generazione di artisti per cui questo scenario è diventato evidente. Lavorando con Adrián Villar Rojas nel 2012, in occasione di dOCUMENTA(13), ho imparato che un muro afgano non è tanto quello che vediamo di fronte a noi, ma il ricordo di come ricostruirlo quando crolla, e quindi il saperlo riedificare, stagione dopo stagione, ogni volta che l'erosione delle piogge se lo porta via (come i muretti a secco delle campagne italiane dove sono cresciuto, del resto). Così come ho imparato da Khadim Ali che il poema epico dello *Shāh-Nāmeh* non si dovrebbe mai registrare con l'intento di preservarlo, perché così lo ridurremmo a quell'unica versione, mentre esso deve poter liberamente variare di villaggio in villaggio, di bocca in bocca e da orecchio a orecchio, a seconda di chi lo racconta e di chi lo ascolta (lo stesso accadeva con l'*Iliade* e l'*Odissea* quando venivano cantate dagli aedi). Lavorando con Karrabing Film & Art Collective al Museo delle Civiltà di Roma, sto imparando anche che non tutte le storie possono essere raccontate a tutti, e che io non potrò mai conoscere tutte le loro storie, mentre scorrono fra le *salt waters* e *sweet waters* di quello che io (ma non loro) chiamo il Northern Territory dell'Australia. Osservando le opere di Camoni, mi è chiaro adesso che anche per lei le tradizioni non sono mai una cosa oggettiva, ma la memoria performativa di una conoscenza che quelle tradizioni tramandano, affidandola ad altri. Che ciò che è tradizionale non è unilaterale e definito una volta e per sempre, ma è qualcosa di eccentrico e poliforme, mai identico a se stesso, al contempo oggettivamente di tutti e soggettivamente di ognuno. Come un giardino, che non sarà mai identico in estate e in inverno,

a generation of artists to whom this scenario has become clear. Working with Adrián Villar Rojas in 2012, for dOCUMENTA (13), I learned that an Afghan wall is not the wall we see in front of us, so much as the memory of how to reconstruct it when it falls, the skills to build it again and again, season after season, every time that the rains carry it away (just like the dry stone walls of the Italian countryside where I grew up, for that matter). In much the same way, Khadim Ali taught me that the epic of *Shāh-Nāmeh* should never be recorded in order to preserve it, because that would reduce it to a single version, whereas it must remain free to vary from village to village, mouth to mouth, and ear to ear, depending on who is telling it and who is listening (just like the *Iliad* and the *Odyssey* back when they were sung by *aoidoi*). In my work with the Karrabing Film & Art Collective at the Museo delle Civiltà in Rome, I'm also learning that not all stories can be told to everyone, and that I can never know all of the stories that flow among the salt waters and sweet waters of what I (but not they) call Australia's Northern Territory. Looking at Camoni's works, it has become clear to me for her, too, traditions are never an objective thing, but rather the performative memory of knowledge that those traditions pass down, entrusting it to others. That what is traditional is not unilateral or defined once and for all, but rather eccentric and polymorphous, never the same thing twice, objectively belonging to everyone and subjectively belonging to each. Like a garden, which will never be the same in the summer or winter, which is different from yesterday's or last year's, tomorrow's or next year's.

Indeed, what Camoni does as an artist is much like what an anthropologist normally does when studying traditions. Or perhaps even more like what an archaeologist normally

o a quello di ieri, o dell'anno scorso, o a quello di domani, o del prossimo anno.

In effetti quello che fa Camoni come artista è piuttosto simile a quello che fa un antropologo quando lavora sulle tradizioni. O, forse ancora di più, a un archeologo quando lavora fra le rovine. C'è qualcosa di più garantito dal passato (da ciò che è già avvenuto) di quello di cui si occupa l'archeologo? Verrebbe da dire di no. Invece quello che l'archeologo ha a disposizione sono solo frammenti da cui deve ricostruire un'unità definitivamente perduta, e per questo solo indiziaria, richiedendo l'uso congiunto della prova scientifica ma anche dell'interpretazione, dell'immaginazione, della fantasia. Che peraltro varia a seconda degli individui e delle epoche. Per questo l'archeologia, come ha spiegato l'archeologo Salvatore Settis, non è tanto un racconto oggettivo del passato, ma la resilienza di quel *Pathosformel* warburghiano che corrisponde al riproporsi contemporaneo di forme e concetti del passato, sollecitato dal nostro bisogno di essi nel presente e proiettato alla sua ulteriore trasmissione nel futuro[10]. Pensiamo ora, nello specifico, all'archeologo preistorico, e a come opera rispetto allo storico che, a differenza del primo, si occupa di epoche contrassegnate dall'utilizzo della scrittura e quindi ha la possibilità di ricorrere alle testimonianze documentali d'archivio. Il paleontologo Giorgio Manzi si è posto in questo senso una domanda semplice, se è più oggettivo il resoconto (magari in contraddizione con un altro) raccolto dallo storico o il metodo del carbonio-14 con cui un paleontologo data le ossa che studia[11]. Un paleontologo non può ricorrere a fonti scritte – e nel caso non riuscirebbe a decifrarle perché non conoscerebbe la lingua con cui esse sarebbero state scritte – ma sa che il passato è, verosi-

does, working amid the ruins. Is there any greater certainty about the past (about what has already happened) than what the archaeologist deals with? One is tempted to say no. But actually, what archaeologists have at their disposal are just fragments, with which they must try to reconstruct a whole that is long gone, merely suggested; this means that they must use scientific evidence, but also interpretation, imagination, invention. Which, moreover, will vary according to the individual and the era. For this reason, archaeology—as the archaeologist Salvatore Settis has explained—is not really an objective description of the past, but a resilient example of Warburg's *Pathosformel*: a contemporary recurrence of forms and concepts from the past, fueled by our need for them in the present and propelling their continued transmission in the future.[10] Specifically, let's think about prehistoric archaeology and how it operates differently from historical archaeology, which deals instead with eras characterized by the use of writing, and can thus rely on recorded accounts. The paleontologist Giorgio Manzi posed a simple question in this regard: which is more objective, the account collected by a historian (which may contradict another one), or the carbon-14 method that a paleontologist uses to date bones?[11] Paleontologists cannot rely on written sources—and in any case, would not be able to decipher them, since they would be written in an unfamiliar language—but they know that the past is, arguably, more to be found in matter itself than in our interpretation of it. And perhaps this same archaeological approach is the one closest to Camoni's practice. Not only because her sculptures tend to reprise elements of Paleolithic mother goddesses or Neolithic bird/snake goddesses, the canopic jars that

10 Si veda Salvatore Settis, *Futuro del "classico"*, Einaudi, Torino 2004; "L'esposizione come *Pathosformel*. Salvatore Settis in conversazione con Chiara Costa", in "Committments", n. 22, 10 giugno 2021; https://pompeiicommitment.org/commitment/salvatore-settis/. Ultimo accesso 29 febbraio 2024.

11 Dichiarazione di Giorgio Manzi in occasione di una conversazione pubblica nel contesto del programma *Movimento Parallelo – Dialoghi tra storia e contemporaneità*, Museo delle Civiltà, Roma, 23 marzo 2023.

10 See Salvatore Settis, *Futuro del "classico"* (Turin: Einaudi, 2004); "L'esposizione come *Pathosformel*: Salvatore Settis in conversazione con Chiara Costa," *Committments*, no. 22 (June 10, 2021); https://pompeiicommitment.org/commitment/salvatore-settis/. Accessed February 29, 2024.

11 Giorgio Manzi said this during a public event held as part of the program *Movimento Parallelo – Dialoghi tra storia e contemporaneità*, Museo delle Civiltà, Rome, March 23, 2023.

milmente, più quello contenuto nella materia stessa che nella nostra interpretazione di essa. E forse questo stesso approccio archeologico potrebbe allora essere quello più rispondente alla ricerca di Camoni. Non solo perché nelle sue sculture tendono a riproporsi le Dee Madri paleolitiche o le Dee Uccello/Serpente neolitiche, i vasi-canopi che custodivano gli organi sacri dei faraoni egizi, o le trame e gli orditi dell'*opus sectile* con cui i romani costruivano le loro domus e le loro strade. Ma soprattutto per questo connubio fra scientifico e immaginifico, da cui promana un'energia primigenia: se studiassimo la chimica concettuale delle sue opere, forse risaliremmo a quell'ecosistema che, dall'accezione più antica di Γῆ o Γαῖα, potremmo definire "Ge" (o "Gea") o "Gaia", nomi con cui nella mitologia greca era indicata la divinità primordiale della Madre Terra. Nomi che ha utilizzato nel 1979 anche lo scienziato e scrittore James Lovelock per indicare l'intrinseca armonia di un organismo vivente in continua trasformazione e capace di autoregolarsi, ovvero il pianeta in cui viviamo, di cui lo stesso autore ha poi prospettato l'ulteriore, ennesima conformazione coniando il termine di "Novacene"[12]. Un'epoca che corrisponderebbe alla fase estrema dell'Antropocene, caratterizzata dall'evoluzione del rapporto fra gli esseri umani e le macchine intelligenti da loro progettate, che non sarebbe nient'altro che l'ultimo stadio evolutivo, o la fase contemporanea, di quella che ancora chiamiamo "archeologia", rivolgendoci solo all'indietro invece che alle sue evoluzioni "novaceniche" presenti e future[13].

Se fosse ancora possibile riferirsi alle teorie dell'evoluzione – che, se nella loro matrice

held the sacred organs of Egyptian pharaohs, or the patterns of the *opus sectile* with which the Romans decorated their floors and streets. But above all, due to its union of the scientific and the imaginative, which radiates a primal energy; examining the conceptual chemistry of her works, we might trace them back to the ecosystem that, based on the earliest meaning of Γῆ or Γαῖα, we could call "Ge" (or "Gea") or "Gaia," names that Greek mythology used for the primordial deity of Mother Earth. These names were also used by scientist and writer James Lovelock in 1979 to describe the intrinsic harmony of a living organism that is in constant transformation and capable of regulating itself—the planet we live on, for which the author envisioned yet another conformation, coining the term "Novacene."[12] An era that corresponds to the ultimate phase of the Anthropocene, characterized by an evolution in the relationship between humans and the intelligent machines they design: it would simply be the final evolution, or contemporary stage, of what we still call "archaeology," looking only backward, rather than toward its "Novacene" evolution in the present and future.[13]

It is now difficult to invoke theories of evolution—which, with their positivist approach, expressed visions that were mostly correct from a scientific standpoint, but, from a historic one, engendered racialized ideologies that threatened the very survival of the Anthropocene. Still, we could say that these theories tried to demonstrate that humanity evolved from thinking "with" and "through" matter to thinking "onto" it, progressively developing the tools of the meta-reflective thought

12 Si veda James Lovelock, *Gaia. Nuove idee sull'ecologia* [1979], Bollati Boringhieri, Torino 2021; Id., *Novacene. L'età dell'iperintelligenza* [2019], Bollati Boringhieri, Torino 2020. Si veda anche Bruno Latour, *Politiche della natura. Per una democrazia delle scienze* [1999], Raffaello Cortina, Milano 2000; Timothy Morton, *Humankind. Solidarietà ai non umani* [2017], Nero, Roma 2022.

13 Carolyn Christov-Bakargiev mi ha provocatoriamente invitato a pensare di predisporre un nuovo dipartimento nel museo archeologico e antropologico che dirigo, il Museo delle Civiltà, e dedicarlo alla "digitalogia", ovvero all'archeologia dell'epoca digitale.

12 See James Lovelock, *Gaia: A New Look at Life on Earth* (Oxford: Oxford University Press, 1979); James Lovelock, *Novacene: The Coming Age of Hyperintelligence*, London: Penguin, 2019. See also Bruno Latour, *Politics of Nature: How to Bring the Sciences into Democracy* [1999] (Cambridge, Mass.: Harvard University Press, 2004); Timothy Morton, *Humankind: Solidarity with Non-Human People* (London: Verso, 2017).

13 Carolyn Christov-Bakargiev challenged me to create a new department in the archaeology and anthropology museum that I direct, the Museo delle Civiltà, and dedicate it to "digitalogy," the archaeology of the digital age.

positivista hanno espresso visioni scientificamente per lo più corrette, ma sono state anche storicamente prodromiche a ideologia razzializzate che scardinano la sopravvivenza stessa dell'Antropocene – potremmo dire che queste teorie hanno provato a dimostrare come l'essere umano si sia evoluto passando dal pensare "con" e "attraverso" le materie al pensare "su" di esse, sviluppando progressivamente gli strumenti di quel pensiero metariflessivo (il pensare di poter pensare) che ci caratterizza come forma estrema dell'*Homo Sapiens*. In questo senso, però, l'evoluzione umana non è stata solo un progresso, in quanto ci ha anche allontanato da stadi iniziali che erano espressione di un più paritetico rapporto con la materia, anch'essa senziente, sebbene a suo e non a nostro modo. Tornare a pensare "con" e "attraverso" le materie non significa regredire, soprattutto di fronte all'emergere, nella linearità contorta e rizomatica della nostra evoluzione, di quella cosiddetta AI generativa che potrebbe determinare la nostra estinzione. Piuttosto, significa intrecciare questa linea evolutiva con percorsi ed epistemologie alternative, in cui guardare indietro permetterebbe di provare a reagire all'impoverimento, autoindotto, del giardino in cui come esseri umani co-abitiamo da millenni.

Le due *Leonesse* in pietra leccese con cui Camoni apre il percorso (quadri-partito) della sua mostra-giardino a Pirelli HangarBicocca sono riproposizioni delle creature protettrici di tanti edifici dei nostri antenati umani. Ma, rivelando nella loro composizione anche tracce fossili di altre specie esistenti o ormai estinte, esse fungono anche da vettore per attraversare gli intrecci fra umano, preumano, postumano e non umano. Come un multiverso pietrificato, esse sono *memento* antichissimi ma anche testimonianze contemporanee e potenzialità futuribili di un giardino multispe-

(thinking that one can think) that characterizes us as a radical form of *Homo sapiens*. In this sense, however, human evolution has not simply taken us forward. It has also taken us away from earlier phases that expressed a more equal relationship with matter, which is itself sentient, though in its own way, not ours. Going back to thinking "with" and "through" matter is not a regression, especially given the emergence, in the twisted, rhizomatic path of our evolution, of the "generative" AI that could lead to our extinction. Rather, it means intertwining this path of evolution with alternative directions and epistemologies, in which looking backward might help us respond to the self-induced impoverishment of the garden we have co-inhabited as human beings for thousands of years.

The two *Lionesses* made of Lecce stone with which Camoni opens her (four-part) exhibition-garden at Pirelli HangarBicocca are reiterations of the creatures that guard many of our human ancestors' buildings. And yet, revealing fossil traces of other extant or extinct species in their composition, they also serve as a vector for navigating the intersections between the human, pre-human, post-human, and non-human. Like a petrified multiverse, they are age-old mementos, but also contemporary witnesses and future possibilities of a multispecies garden. The same could be said for the cut flowers in Camoni's *Butterfly Vases*, in which the unstable natural substance of the protruding plants completes the work—the vase itself—which is also composed of other organic and inorganic materials (glazed stoneware mixed with earth from the garden, ash of flowers, dust from local stone, and river sand). The flower also has the vase to catalyze all of its temporalities, past, present, and future, as well as all its possible states and occurrences. Though it contains millennia of history—the story of gardens, of their flowers, of how they are cut

cie. Lo stesso potremmo affermare per i fiori recisi dei *Vasi Farfalla*, in cui la materia naturale instabile dell'escrescenza vegetale completa l'opera, ovvero il vaso, composto anch'esso da altre materie organiche oltre che inorganiche (grès invetriato fondendo terra del giardino, cenere di fiori, polvere di pietra locale o sabbia del fiume). Il fiore dispone inoltre il vaso a catalizzare tutte le sue temporalità, passate, presenti e future, così come tutti i suoi possibili stati e accadimenti. Pur contenendo millenni di storia – quella dei giardini, dei loro fiori, di come questi vennero recisi in un certo giorno e posti in determinati vasi, per quel giorno – l'opera è nondimeno ancora viva: per questo non avrà bisogno di essere rivista domani per verificare se è cambiata, dato che l'ha già fatto un'istante fa, quando il suo fiore è, anche se di poco, mutato.

Se l'opera che Camoni ci offre è, quindi, una pluralità di spazi, materie e tempi interconnessi e terreni – come un seme che spaccandosi nel terreno darà origine a una pianta –, mi faccio a questo punto un'ultima domanda: se noi umani abbiamo inventato la fantascienza per immaginare nel presente il nostro futuro e raccontare, prevenendole, le opportunità o i disastri che esso ci riserva, perché allora non proviamo a inventare (e forse lo stanno già facendo proprio artisti come Chiara Camoni) un fantagiardinaggio? Ovvero un modo per andare non in avanti o indietro nel tempo e nello spazio, ma nelle loro profondità, raccogliendoci e riavvolgendoci alle nostre radici. *Radicale*, per un'artista come Camoni, potrebbe voler significare, semplicemente, far mettere radici alle sue opere e farle crescere e mutare liberamente insieme a lei, a noi, alle materie di cui sia loro che noi siamo composti. Nel campo di questo ipotetico fantagiardinaggio capiremmo che, come non si archivia una favola – se non vogliamo perderne le infinite varianti –, non dobbiamo più pensa-

on a given day and placed in certain vases, for that day—the work is nonetheless still alive; one therefore does not need to see it again the next day to know that it will be different, since it is already different from a moment before, its flower having changed ever so slightly.

If Camoni's work presents a terran muddle of spaces, materials, and times—like a seed that splits open in the ground, yielding a plant—I pose myself, at this point, one last question: if we humans invented science fiction in order to imagine our future in the present and describe, as a forewarning, the opportunities or disasters it holds in store, then why don't we try to invent (or perhaps this is already being done, by artists like Chiara Camoni) a garden-fiction? That is, a way to travel, not backward or forward in time and space, but into their depths, gathering and winding ourselves back to our roots. Being *radical*, for an artist like Camoni, could mean, simply, letting her works take root (*radicare*), leaving them free to grow and change along with her, with us, with the substances that both they and we are composed of. Exploring the field of fantasy gardening would teach us that, just as a fairy tale cannot be pinned down—not unless we want to lose its infinite variations—a work of art should not be thought of as something different from its viewers, because like us, it is *in evolution*. Not as something unreal, like a purely fictional story, but as something imagined that is actually taking place. In a garden as concrete as it is fanciful, brimming with meaning and buzzing with adventure, which expands around us, com-prehending us, and which I would no longer call either an artwork or an exhibition.

When Camoni says that "the act of telling, as we know, always comes later, when the night is over,"[14] she's reminding us that as we look at her works, it's as if we were also dreaming about them. And dreams are not merely

14 Chiara Camoni, *La storia viene sempre dopo*; http://www.artext.it/Artext/magazine/Chiara-Camoni.html. Accessed February 29, 2024.

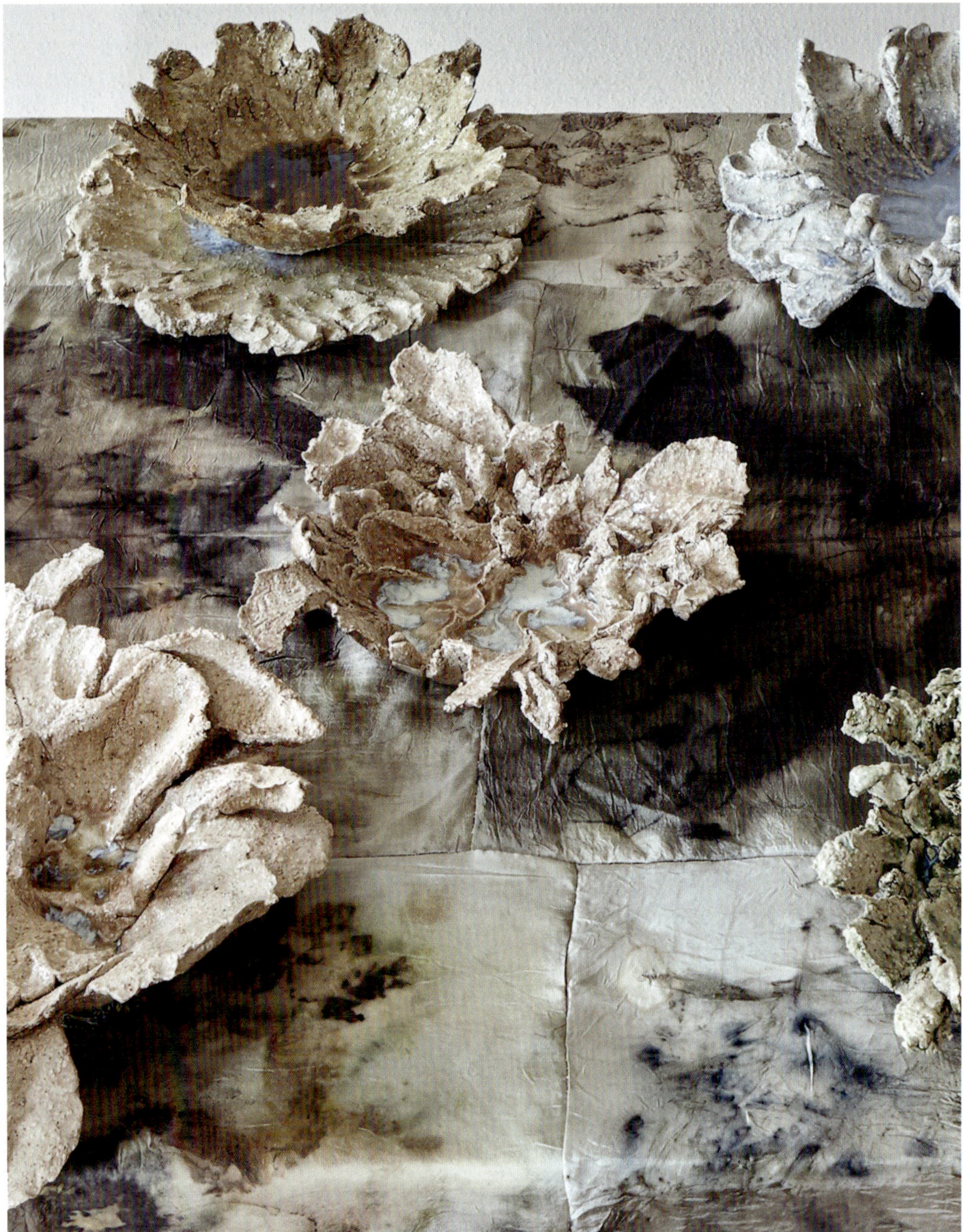

Piatti / *Dishes*, 2021 (particolare / detail). Grès smaltato con cenere vegetale e sabbia / Stoneware glazed with vegetal ash and sand, dimensioni variabili / variable dimensions

re che un'opera d'arte sia qualcosa di diverso da noi che la stiamo osservando, perché come noi essa è *in divenire*. Non però come qualcosa di irreale, quale sarebbe un racconto di pura fantasia, ma come qualcosa di immaginario ma che sta accadendo realmente. In quel giardino tanto concreto quanto fantastico, pregno e fervido di peripezie avventurose, che si espande intorno, com-prendendoci, e che non chiamerei più né opera né mostra.

Quando Camoni afferma che «la narrazione si sa, avviene sempre dopo, quando la notte se n'è andata»[14], ci ricorda che mentre osserviamo le sue opere è come se le stessimo anche sognando. E i sogni non sono solo qualcosa di irreale, sono anche biologia e chimica, in cui la mente e il corpo collaborano per creare mondi possibili calandoli nell'unica realtà che li possa accogliere, quella dell'immaginazione. Il giardino che ho descritto è la materia di cui sono fatti questi sogni reali, fatti di carne e ossa (noi che partecipiamo all'opera) e multistrati di molte, molte, molte altre materie. Per raccontare loro storie – popolate da creature che ci assomigliano – ci sarà tempo, lo faremo quando ci sveglieremo, scoprendo forse di non essere mai stati i soli a sognarle. Ma, per ora, vi propongo di continuare a sognare di viverle insieme, andando alla scoperta della loro consistenza immaginaria. Forse la stessa di quel meraviglioso, seppur precario, giardino in cui esse stanno accadendo proprio qui, e ora, noi con e in loro[15]. E, forse, provando a capirle quando ci sceglieremo, scopriremo che lo strano giardino dove sono cresciute assomiglia in fondo a un giardino che conosciamo bene. Potrebbe essere persino… anche il giardino di casa nostra?

something unreal, they are also a biological and chemical process where mind and body collaborate to create possible worlds, inserting them into the only reality that can house them, the imagination. The garden I've described is the stuff that these real dreams are made of, combining flesh and blood (ours, as viewers of the work) with multiple layers of many, many, many other substances. There will be time to tell the stories of these dreams, full of creatures who resemble us; we'll do it when we wake up, discovering perhaps that we were never the only ones to dream them. But for now, I suggest we stay in our dream of experiencing them together, of discovering their imaginary substance. Perhaps it is the same substance as the marvelous, albeit precarious, garden in which they are taking place—here and now, as we are with and in them.[15] And, perhaps, as we puzzle them over at our leisure, we will discover that the strange garden where they grew bears a resemblance, in the end, to a garden we knew well. Could it even be… our own back yard?

14 Chiara Camoni, *La storia viene sempre dopo*; http://www.artext.it/Artext/magazine/Chiara-Camoni.html. Ultimo accesso 29 febbraio 2024.

15 Ringrazio Emanuele Coccia e Chus Martínez, la cui compagnia e i cui scritti hanno ispirato queste note, lungo il corso degli anni. E ringrazio soprattutto Chiara Camoni per avermi invitato a scriverle, e il suo giardino per aver dato loro il terreno in cui radicarle e farle crescere.

15 Many thanks to Emanuele Coccia and Chus Martínez, whose company and writing inspired these notes, over the years. And above all, thanks to Chiara Camoni for having invited me to write them, and to her garden for giving them soil in which to take root and grow.

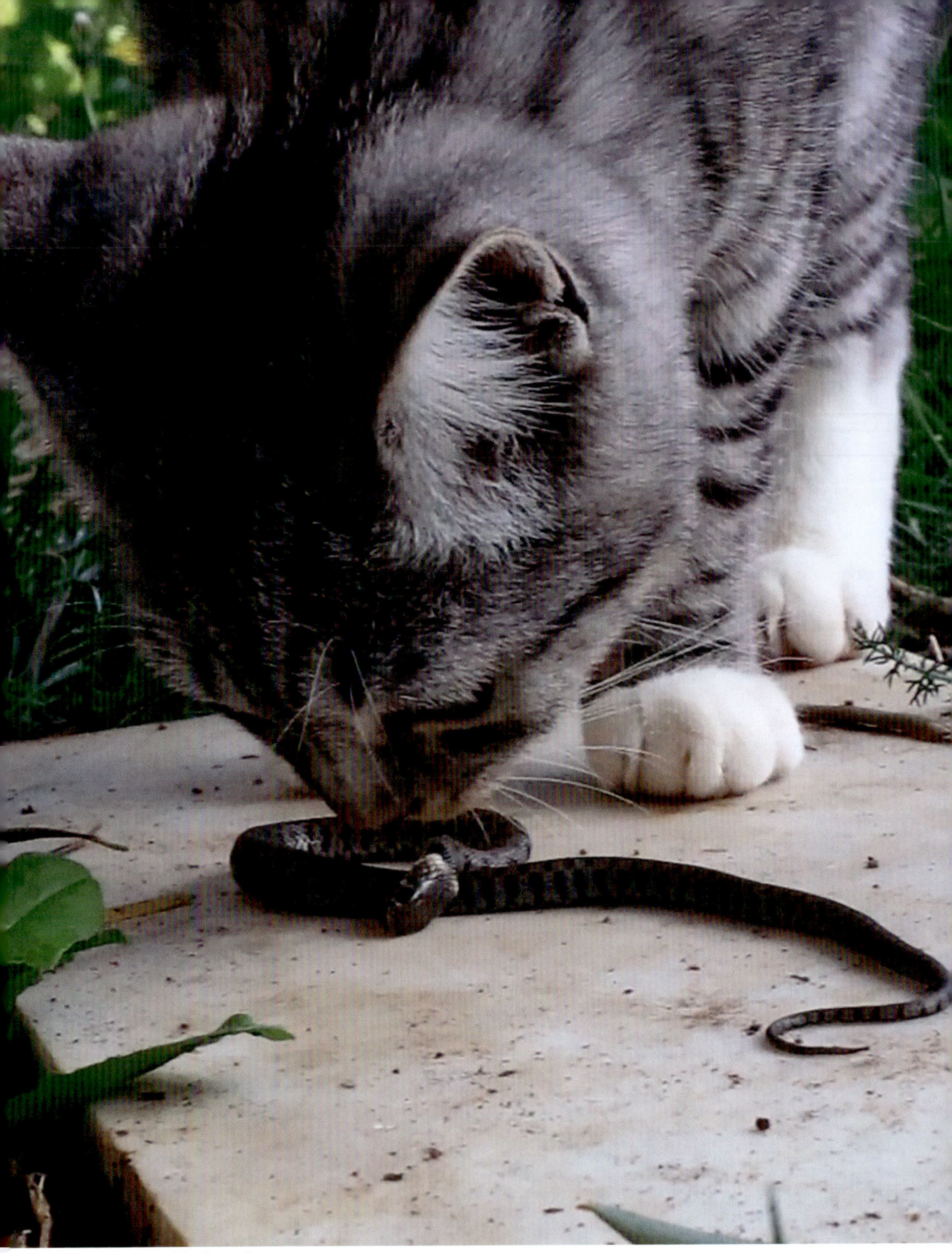

Serpente e gatto / Snake and cat

Chus Martínez

La filosofa belga Vinciane Despret ha detto: «Per contrastare il declino della specie, abbiamo bisogno di passioni gioiose»[1]. Non potrebbero esserci parole più adatte per descrivere una pratica artistica quotidianamente orientata ad accomunare gli ambienti in cui viviamo e noi stessi come esseri umani attraverso gli spazi, e la gioia. Ci rimproveriamo sempre di non saper vivere in base alle leggi, o alla logica, della natura. Pensiamo questo mentre conduciamo la nostra vita metropolitana, sempre soggetta alle regole della città e all'incredibile sequela di compiti, miserie e critiche tipiche del lavoro all'inizio del XXI secolo. In realtà, chi dispone di uno spazio mentale per interrogarsi sul destino della natura è già un privilegiato. Le persone per lo più sono prese dai disagi e dalle angustie di tutti i giorni e sono così sotto pressione da non riuscire quasi a respirare. Gli abitanti delle città a volte ricordano con nostalgia la natura, le piccole comunità dei paesi in cui trascorrevano il tempo da bambini o andavano in gita

The Belgian philosopher Vinciane Despret said once: "To combat species decline, we need passions of joy."[1] No truer words could be applied to a practice that is oriented daily to finding spaces in common, and common joy, between the environments we live in and ourselves as humans. We constantly blame ourselves for not being able to live according to the laws, or the logic, of nature. We do so while living urban lives, constantly exposed to urban norms and the incredible cascades of tasks, miseries, and blame that define labor at the beginning of the 21st century. Actually, those who have the mental space to wonder about the fate of nature are privileged. The majority is mostly worried about the daily constraints and worries that stress their minds so much that they can barely breathe. Some urban dwellers have nostalgic memories of nature, of a smaller community in a village in which they spent time as children, or went for trips when younger. Others are born into urban environments, even if their communities are small and surrounded by fields.

IT 1 Vinciane Despret, intervistata da Agnès Bardon, "To combat species decline, we need passions of joy", in "The UNESCO Courier", n. 38, gennaio-marzo 2023; https://unesdoc.unesco.org/ark:/48223/pf0000384093_eng. Ultimo accesso 29 febbraio 2024.

EN 1 Vinciane Despret, interview by Agnès Bardon, "To combat species decline, we need passions of joy," *The UNESCO Courier*, no. 38 (January–March 2023); https://unesdoc.unesco.org/ark:/48223/pf0000384093_eng. Accessed February 29, 2024.

da ragazzi. Altri sono nati in ambienti urbani anche se vivono in comunità piccole e circondate dalla campagna.

Una volta, mentre visitavo un paesino nel Nord della Castiglia ad appena un'ora da Madrid, incontrai un'anziana donna che mi disse: «Nessuno si veste più come la gente di campagna; portiamo tutti gli stessi vestiti. Come se stessimo tutti per prendere la metro a Madrid. Tutte le mattine, prima di andare a fare la spesa, prendo un caffettino nel bar del paese. Anche se è molto presto, c'è sempre la TV accesa e la gente che appare sullo schermo è uguale a me, ma le nostre vite sono molto diverse». Erano parole sagge. Ho improvvisamente capito dinamiche e gesti che osservavo da molto tempo, ma da tutt'altra prospettiva. Visitando il Giappone, per esempio, avevo notato che un certo numero di ragazzi giovani, forse studenti al primo anno di università, e gli artisti di alcune comunità vestivano con uno stile che ho battezzato "neorurale". Come se avessero sentito le parole della mia amica spagnola, i tessuti che avevano scelto (cotone organico, lino, fibre naturali), l'assenza di colori artificiali e il taglio degli abiti riflettevano una precisa volontà di evitare capi di produzione industriale. In realtà, queste comunità esistono da sempre. Ricordo che quando studiavo filosofia in Germania negli anni novanta mi facevano un po' paura. Che cosa c'era di diverso? Avevo solo un'altra età e un altro modo di guardare a questi gesti, oppure c'era qualcos'altro? È cambiata la nostra capacità di vedere non soltanto la continuazione di pulsioni post-hippy di tutti i tipi, ma anche il modo in cui queste pulsioni si sono fuse e confuse con un nuovo slancio critico verso lo stile di vita capitalistico e postcapitalistico, espresso con materiali e abitudini che investono il rituale quotidiano del vestire, del maneggiare utensili e del vivere in una certa maniera. Lentamente, questo ha risvegliato due pulsioni

Once, while visiting a very small village north of Castilla, no more than one hour from the capital, Madrid, an elderly woman said to me: "No one dresses as a country person any more; we all have the same clothes. As if we were all about to take the subway in Madrid. Every morning, I have a small coffee in the village bar before I do my grocery shopping. The television is always on, even if it is very early, and the people who appear on screen and myself look the same, even if we live so differently." Those words were wise. I suddenly understood processes and gestures I had observed for a long time from a different perspective. While visiting Japan, for example, I noticed a fairly large amount of younger people—probably all students at the start of college—and some artist communities dressed in what I called "neo-rural style." As if they had listened to the words of my Spanish friend, their choice of materials—organic cotton, linens, different types of natural fibers—and their lack of artificial colors, their cut, responded to a will not to wear industrially produced garments. Actually, these communities have long existed. I can recall my fear of them when I was a philosophy student in Germany in the 1990s. What had changed, then? Only my age and my way of looking at these gestures. Or was there something else? What changed is our capacity to see not only the continuation of all kinds of post-hippy impulses, but also how they have been merging and morphing with newly formulated interests in expressing a critique of capitalistic and post-capitalistic ways of life, in materials and practices that involve the daily rituals of dressing, using utensils, and living in a certain manner. Slowly, this awaked two impulses in contemporary practices: the need to return to ancient ways of touching and transforming fabrics, and a memory of all the artists who did so throughout the modern era, from Annie Albers to the less known

nelle pratiche artistiche contemporanee: da un lato l'esigenza di tornare a un modo antico di maneggiare e trasformare i tessuti e dall'altro un richiamo a tutti gli artisti che l'hanno fatto in tempi moderni, da Annie Albers alla meno nota Aurèlia Muñoz, per fare solo due nomi. Non a caso, quasi sempre donne. Con discrezione, ma sempre di più, negli ultimi due decenni si è formato un fiume alimentato dalla riscoperta di figure del passato, dai numerosi affluenti che sono le artiste e gli artisti nativi e da ogni sorta di ricerca sulle pratiche rurali nel mondo. In passato, nella storia dell'arte, questo fenomeno era chiamato "formazione di un movimento". La parola "movimento" è molto calzante poiché, per dare il senso dei rapporti mancati che molti esseri umani non sono in grado di instaurare né di vivere, sono stati messi in moto molti corpi e mani e piante e terreni e alberi e acque e pietre e minerali. Un fiume di pratiche che compone

Aurèlia Muñoz, to name just two. Artists who, not by chance, were almost all women. In a quite modest but constantly growing way, the last two decades have formed a river whose waters are nourished by rediscoveries of older artists and the many affluents coming from indigenous artists and all forms of research on rural practices all over the world. This is what was called, earlier in the discipline of art history, the formation of a "movement." The word "movement" indeed applies, since many hands and bodies and plants and soils and trees and waters and stones and minerals have been activated to create a sense of the missing relationships many humans are unable to experience or establish. A river of practices that forms a reflection on the relevance of introducing an expansion of our interspecies consciousness. If the expression "production of knowledge" mimicked for decades the way humans interiorized the industry of ideas and

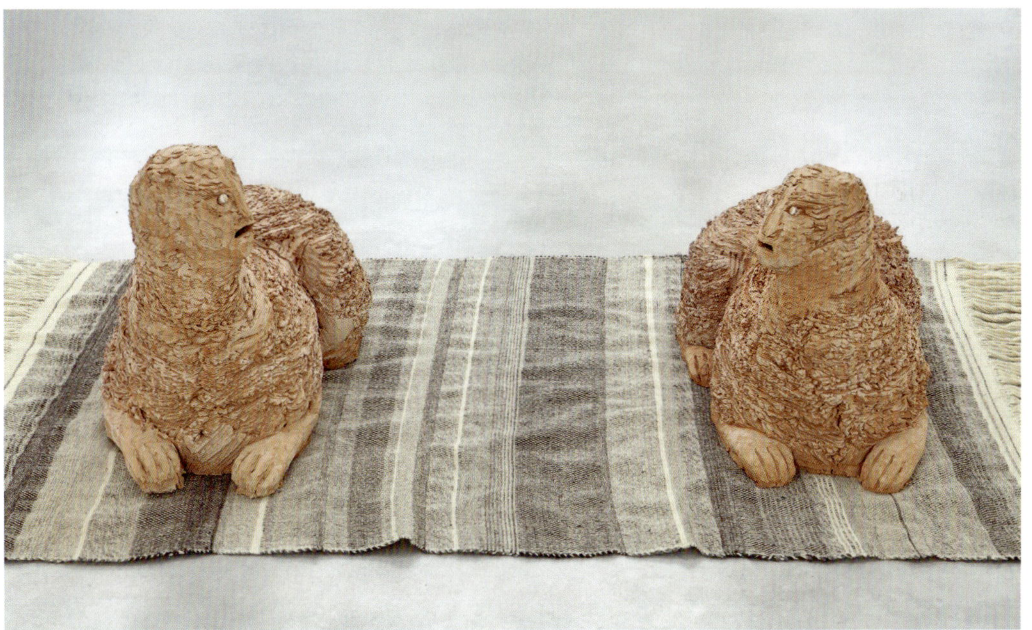

Senza Titolo (le Leonesse) / Untitled (the Lionesses), 2019. Terracotta, lana naturale di pecora / Terracotta, natural sheep's wool, 61 × 297 × 146 cm

una riflessione sull'importanza di espandere la nostra coscienza interspecie. Se per decenni con l'espressione "produzione di conoscenza" si è cercato di descrivere il modo in cui gli esseri umani interiorizzano l'industria delle idee e la loro diffusione nel mondo attraverso i canali dei media capitalistici e dell'istruzione, oggi l'espansione di pratiche e gesti è per noi un modo per segnalare l'importanza di abbandonare la metafora del lavoro come produzione quando parliamo di forme del fare orientate a rapporti semplici e significativi. Popolare il mondo dell'arte e della cultura di pratiche significa rivolgere la nostra attenzione a gesti non argomentativi, non verbali, che potrebbero avere qualcosa di importante da offrire: riflessioni, il senso ritrovato di un legame con gli altri e della solidarietà, e la spinta alla ricostruzione del corpo sociale.

L'aneddoto della tigre

L'opera di Chiara Camoni è il delta con cui questo fiume sfocia nell'oceano. Camoni vive e lavora a Fabbiano, in provincia di Lucca. La sede prescelta da un artista dice sempre molto sulla forma e la logica del suo lavoro, ma per Camoni è un dato addirittura fondamentale. Le sue opere – che impiegano scultura, tessuti, video, ceramica, installazioni – illuminano una possibilità: che cosa sarebbe il mondo adottando una pratica come questa? Noi, il pubblico, in genere ci accostiamo agli oggetti fatti con i materiali naturali e i metodi che Camoni usa per instaurare pratiche relazionali con l'altro (persone, piante, suolo, clima) come a realtà che esistono "al di fuori" delle norme del mondo dell'arte e della cultura, fuori dalle città, fuori dal lavoro, fuori dall'obbligo di immutabilità, fuori dai criteri di mercato, tanto per citare alcuni limiti. Invece, per entrare nel suo mondo, serve compiere un esercizio più complesso, quello di vedere e concepire il nostro mondo in base al suo.

its dissemination across the globe through the channels of capitalistic media and education, we now refer to the expansion of practices and gestures as a way to signal the importance of moving away from referencing labor when addressing forms of doing oriented towards simple and meaningful interrelations. Populating the art and cultural worlds with practices means turning our attention towards non-argumentative, non-verbal actions that may have something important to offer: reflection, regaining a sense of bonding with others and solidarity, and pushing us towards the reconstruction of the social body.

The tiger tale

Chiara Camoni's work is the delta at this river mouth where it enters the ocean. Camoni lives and works in Fabbiano, Italy. Where an artist is based is always relevant to understanding the form and the logic of their work, but it is fundamental in Camoni's practice. Her works—using sculpture, textiles, video, ceramics, installation—illuminate a possibility: what would the world be according to a practice like this? We—the audience—normally approach pieces made with the natural materials and the methods she uses to create relational practices with others—humans, plants, soil, climate—as a reality that exists "outside" the norms of the art and cultural worlds, outside cities, outside labor, outside durability, outside the criteria of the market, to name just few. However, what is required in experiencing her work is to engage in the more complex exercise of seeing and conceiving our world according to hers. In honor of the truth, the inside-outside logic that I am introducing here is just a literary license to make us realize the many distances that exist inside a single system. The rural areas of Italy and its cities do not belong to two different economic and cultural spheres, and yet

A onor del vero, la dicotomia interno/esterno che introduco qui non è che una licenza poetica per far capire quante distanze esistono all'interno di un unico sistema. Le aree rurali e le città italiane non appartengono a due sfere economiche e culturali diverse, eppure le differenze che ci sono bastano a giustificare la sensazione che sia così. Anche se le aree rurali dipendono da un disegno generale che incide sullo sviluppo e sullo sfruttamento di una regione quanto sul suo senso di abbandono, luoghi come Fabbiano possono essere percepiti come remoti ed "esterni" dagli abitanti di Milano e viceversa. Fare arte a Fabbiano significa creare arte in mezzo a una comunità, ma anche nelle condizioni naturali e sociali che caratterizzano la vita in un posto di quel tipo. Significa risvegliare tradizioni e modi di agire che non necessariamente erano presenti nella vita dei suoi abitanti. Permette di inventare per la comunità un linguaggio artistico e sociale che crea un nuovo senso del luogo e una solidarietà che forse prima non esistevano in quella declinazione.

Soprattutto però Camoni crea un modello di azione che non vale solo per quel luogo, ma si stacca dal suo contesto rurale per essere visto e fruito da tutti gli abitanti del mondo urbano. Legge la sua intera opera come un paradigma o forse come una forte presa di posizione, al fine di considerare altri modi di rapportarsi alla povertà.

So che per molti la parola "povertà" potrebbe avere connotazioni negative. Nel mondo occidentale capitalista e nelle sue propaggini, veniamo educati a considerare la ricchezza come una cosa positiva e la povertà come un problema. È un dualismo difficile da superare. Ci viene insegnato che è un dovere lavorare per superare la povertà. Forse per questo motivo non abbiamo gli strumenti per stare vicino alla povertà e a quanti vivono nell'indigenza. Questa continua spinta a superare la povertà e

there are enough differences between them to justify the feeling that they do. Even if rural areas are dependent on the big-picture decision-making that affects the development and exploitation of a region as well as their feeling of being neglected, places like Fabbiano may feel remote and "outside" to the inhabitants of Milan and vice versa. Creating art in Fabbiano means to create art with a community there, but also with the natural and social conditions that determine life in such a place. It implies the awakening of traditions and ways of doing that were not necessarily so present in the lives of its inhabitants. It allows for the invention of an artistic and social community language that creates a novel sense of place and a solidarity that probably didn't exist before in the same manner.

But most of all, Camoni is creating a model of acting that is not necessarily for that place alone, but which emerges from her rural surroundings to be seen and perceived by all the inhabitants of the urban world. It reads the entirety of her work as a model, or perhaps a strong proposition, to reconsider other ways of addressing poverty.

I am aware that for many readers the word "poverty" may have negative connotations. In the extended capitalist Western world, we are trained to see wealth as something positive and poverty as a problem. This binary is a hard one. We are trained to believe that we should work towards overcoming poverty. Probably because of this, we are ill-adapted to stand by poverty and those living in scarcity. This permanent orientation towards going beyond poverty and scarcity, in human and non-human communities, is a call to stay there only in exceptional conditions—to provide aid, to assist with medical care. Endemic poverty—even radical poverty—suppresses many possibilities, but not all. People living in poverty dream and enjoy leisure, make art or music.

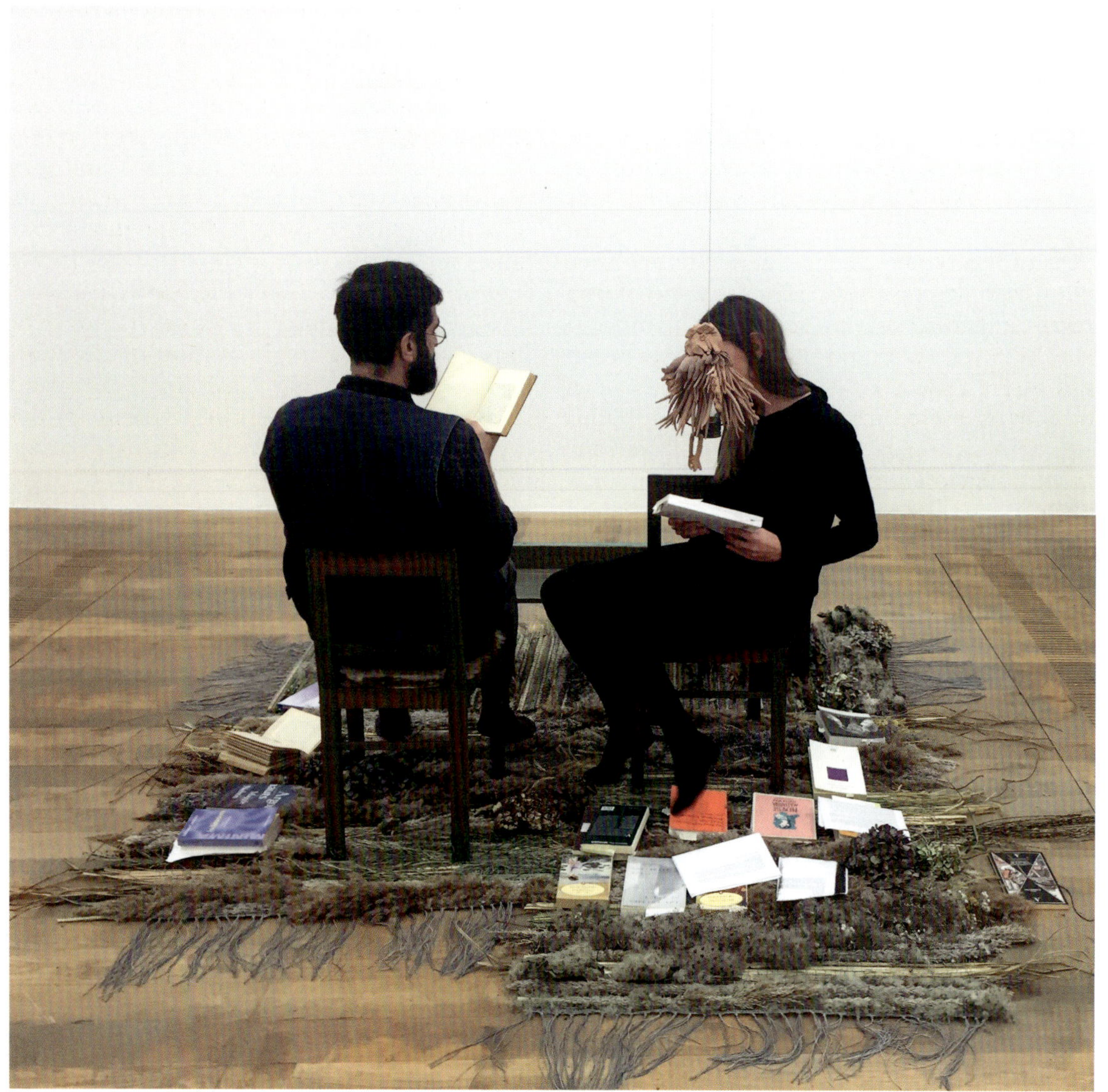

Performance *Living Room*, con / with Cecilia Canziani e / and Francesco Ventrella, Mostyn Museum, Llandudno (Galles / Wales), 2019

l'indigenza, nelle comunità umane e non umane, è un invito a stare in tali condizioni solo eccezionalmente, per aiutare, per curare. La povertà endemica, persino la povertà radicale, toglie molte possibilità, ma non tutte. Chi vive in povertà sogna, si gode un momento di svago, si dedica all'arte o alla musica. Ci mancano solo una lingua e un metodo per coinvolgere una persona che ha poco o niente, ma è comunque curiosa e potrebbe considerare l'arte una forma radicale di speranza. L'arte e le strutture e le istituzioni culturali che abbiamo creato nei nostri contesti urbani parlano di un mondo che è uscito dalla povertà e ora vive nell'abbondanza. Un'abbondanza che si riflette nella varietà dei materiali usati nelle pratiche artistiche contemporanee e nell'incredibile livello di sperimentazione tecnologica. Un'abbondanza che è anche presente in architetture ambiziose, nelle proporzioni delle sedi in cui le opere sono esposte, nella profusione di immagini e parole dispensate per presentare questi edifici alla popolazione. In altri termini, la missione del museo e delle istituzioni culturali è incarnare la ricchezza dell'arte e della cultura. Le istituzioni artistiche hanno il compito di conservare il patrimonio e la memoria, ma si sono anche avvicinate alla cultura della ricchezza e ai valori di rappresentazione economica e di classe, senza che ci rendessimo conto che anche i musei fanno parte del problema che affligge il mondo: la polarizzazione tra le diverse comunità che compongono il tessuto sociale.

Forse Camoni non è consapevolmente interessata alla povertà come oggetto di ricerca, eppure, secondo me, la sua opera ha tutto il potenziale per creare le condizioni, con un'incredibile raffinatezza nell'uso di materiali e forme, per parlare del diritto di gioire nella povertà. Un lavoro che trovo molto eloquente in questo senso è per esempio *Living Room* (2019-24), realizzato con fiori, foglie, piante

We just lack a language and the methods to engage with those who do not have much, or almost nothing, but still are curious and may consider art a radical form of hope. The art and cultural structures and institutions we have created in our urban contexts speak of a world that emerged from scarcity and is now living in affluence. An affluence that is reflected in the diversity of materials used in contemporary practices and the incredible level of experimentation in its use of technologies. An affluence that is also present in the ambition of the architectures in place, the scales of the volumes in which the works are exhibited, in the abundance of images and words distributed to show those buildings to the populations. In other words, the mission of the museum and of cultural institutions is to embody the richness of art and culture. Art institutions are there to preserve heritage and memory, but they have also been growing closer to cultures of wealth and values of economic and class representation, without us noticing that museums are also part of the problem that affects the world: the polarization of the different communities that compose the social.

Camoni may not be consciously interested in or inquiring into poverty, and yet her work for me embodies the full potential of creating conditions with incredible sophistication in their use of materials and forms to address the right to joy in scarcity. Take for example a work that is very eloquent for me in this respect: *Living Room* (2019–24), with flowers, leaves, wild herbs, cotton and hemp, and ceramics glazed with vegetal ash. It is a form displayed on the floor that can be interpreted as an animal or a totemic image similar to the scarecrows that you place in corn fields. Seeing this, the mind has no difficulties in situating itself in those fields and seeing the piece on a mowed field, while a flock

selvatiche, cotone e canapa accostati a ceramiche smaltate con cenere vegetale. È una forma allestita sul pavimento, che si può interpretare come un animale o un'immagine totemica, simile a uno spaventapasseri in un campo di grano. Osservandola, la mente non ha difficoltà a raggiungere la campagna e a immaginarla nel mezzo di un campo appena falciato, con uno stormo di uccelli che segnala la fine di una stagione e il cambio del clima. All'improvviso, si intuisce che forse l'opera non chiede solo di essere esposta, ma di riflettere sui materiali che la natura offre da sempre e sull'impossibilità di custodirli come l'arte contemporanea dovrebbe essere custodita. Forse l'opera sta anche chiedendo che l'architettura e il pubblico intorno a lei si sintonizzino con i materiali di questo "salotto". In altre parole, il salotto e le altre stanze negli spazi che abitiamo sono strettamente legati, fatti di

of birds marks the end of a season and the change in the weather. All of a sudden, one begins to feel that perhaps the work is not only demanding to be exhibited while reflecting on the perennial materials nature provides and their inability to be preserved as contemporary art is expected to be. Perhaps the work is also demanding that the architecture and the audience surrounding the piece be in synchronicity with the materials of this "living room." In other words, the living room and the rest of the rooms of the spaces we inhabit are entangled, are made of the same substance. Could the house, the museum, the roof, the people around this work be made of the same substance as this piece? Can Camoni demand that concordance?

I recently attended a talk by Sanha Kim, a Korean primatologist and president of the Biodiversity Foundation in Seoul. He conducted a

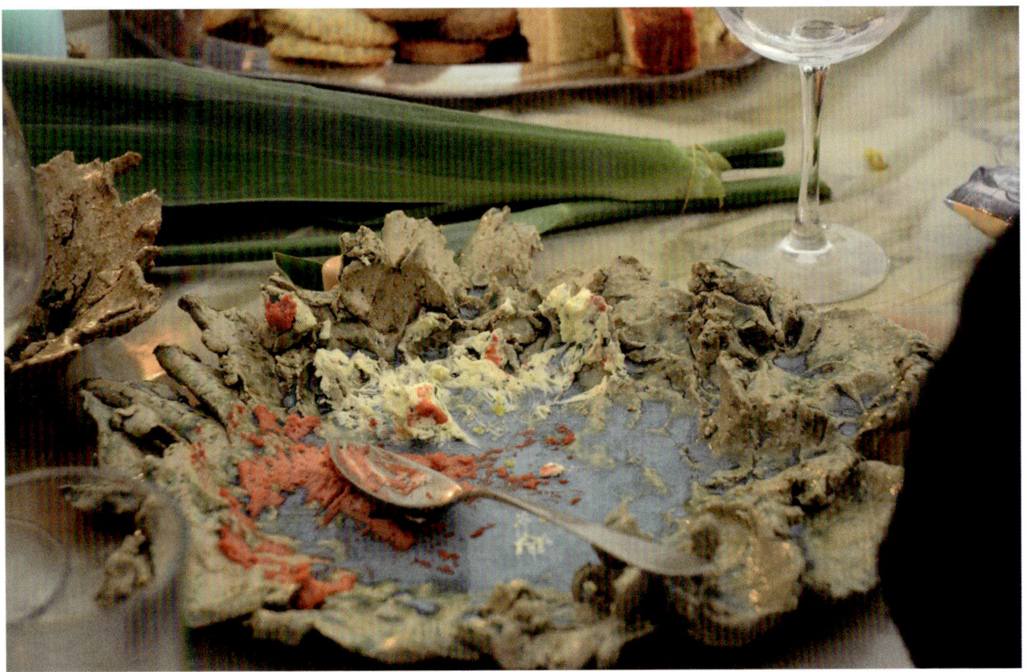

Chiara Camoni e commensali, cena per la mostra / Chiara Camoni and diners, dinner for the show "What's your Poison", ALMANAC, Torino / Turin, 2022

una stessa sostanza. La casa, il museo, il tetto, le persone intorno potrebbero essere fatti della stessa sostanza di quest'opera? Camoni può esigere questa sintonia?

Recentemente ho assistito a una conferenza di Sanha Kim, primatologo coreano e presidente della Biodiversity Foundation a Seoul, durante la quale ha fatto un sondaggio tra il pubblico chiedendo con quale animale si identificassero di più i coreani. La risposta è stata la tigre. Poi ha domandato quale fosse il più coreano tra tutti gli animali. Anche in questo caso tutti hanno risposto la tigre. A quel punto Kim ha sorriso e ha abbassato le luci nella stanza per mostrare alcuni straordinari filmati di una tigre nel quartiere di una città indiana. La tigre, grande e apparentemente sana e felice, stava sdraiata su una piazzola di cemento al lato della strada, forse l'ingresso di un parcheggio o un'area di deposito, e non preoccupava per nulla i passanti. Kim ha spiegato che la presenza di animali selvatici, le tigri in particolare, era comune in quella zona dell'India. Poi ha mostrato una bella immagine dello stesso animale che passeggiava a Seoul, nel quartiere di Itaewon, proprio sulla strada dove si stava svolgendo la conferenza. Dal pubblico si è levato un urlo di sorpresa. Sanha Kim si è messo a ridere e ha detto: «Ma la tigre non è l'animale a cui siamo più affezionati?». Aveva ricreato un'illusione digitale per evidenziare un semplice fatto: nessuno di noi si è mai trovato a tu per tu con una tigre.

La vicinanza con la natura che di norma si ostenta in certe cerchie progressiste, nei discorsi sull'arte e il design e nelle istanze dei media mainstream è più un'immagine mentale che un vero mutamento occorso nella società. Le tigri della nostra mente potrebbero essere spazi per transitare verso comportamenti che ancora non ci sono, ancora in potenza. Ma possono anche essere solo immagini mentali. La tigre, un animale selvatico,

poll, asking what is the animal most Koreans identify with. The answer was the tiger. Then he conducted another poll, asking what is the most Korean of all animals. Again the unanimous answer was the tiger. He smiled and proceeded to lower the lights in the room and showed some amazing footage of a tiger in a neighborhood of a city in India. The very large, and seemingly healthy and happy tiger, seated in a concrete yard on the side of a street, perhaps the entrance to a parking lot or a storage area, produced no disruption in passersby. Kim explained to us that the presence of wild animals, in particular tigers, was common in that part of India. He then showed a beautiful image of the same animal walking outside the very street in Itaewon, in Seoul, where the conference was taking place. A big scream of surprise emerged from the audience. Sanha Kim started to laugh and said to us: "But isn't the tiger the animal we all are mostly attached to?" He recreated that tiger digitally to point to a simple fact: none of us ever was in the presence of one.

The closeness to nature that is normally exercised in certain progressive circles, in the discourse of art and design and in the demands of mainstream media, corresponds more to a mental image than to real changes that are being experienced in society. The mental tigers may be spaces of transitioning towards behaviors that are not there yet, but still to come. But they can also be just this: mental images. The tiger, a wild animal, embodies the total otherness that is very different from the pragmatics of the life we are living. It is beautiful and desirable, but we won't take any steps towards it. On the other hand, Camoni's *Living Room*—and by extension, her work—is that other tiger, the one placidly lying on a side yard in a city in India. This animal is wild, but its wilderness has been modified by centuries of coexistence with humans. Like the plants, the soil, the water, the stones, the minerals, the

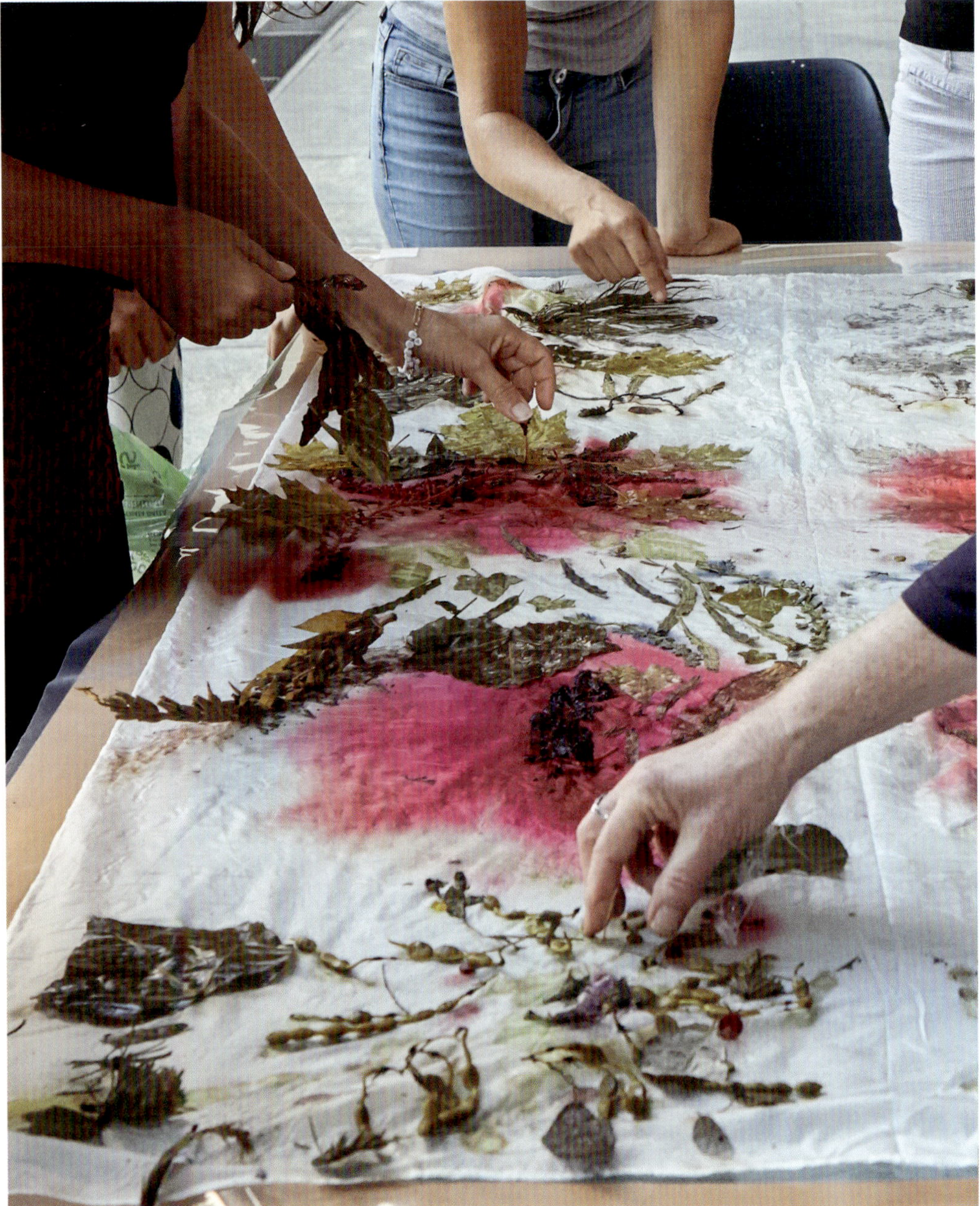

Laboratorio di stampa vegetale per "La Giusta Misura" a cura di Chiara Camoni e Cecilia Canziani, in occasione di "Ripetizioni" con Gian Antonio Gilli / Workshop for vegetal prints for "La Giusta Misura" curated by Chiara Camoni and Cecilia Canziani, in occasion of "Ripetizioni" with Gian Antonio Gilli, GAM – Galleria Civica d'Arte Moderna e Contemporanea, Torino / Turin, 2020

incarna l'alterità assoluta che è molto diversa dalla concretezza della vita che viviamo. È bella e desiderabile, ma non intendiamo muovere un solo passo verso di lei. D'altro canto, *Living Room* di Camoni e, per estensione, tutto il suo lavoro rappresentano l'altra tigre, quella che siede placida nella piazzola di una città indiana. È un animale selvatico, ma la sua indole si è modificata in secoli di coabitazione con gli esseri umani. Come le piante, la terra, l'acqua, i sassi, i minerali, l'argilla e i pigmenti con cui Camoni diventa cocreatrice delle sue opere, il loro trovarsi insieme è un fatto che chiede di essere riconosciuto.

Potremmo interpretare le opere di Camoni come la richiesta di introdurre una "tigre" nelle nostre vite; in altri termini, la richiesta di rielaborare attentamente le condizioni dell'incontro tra diversi esseri viventi e condizioni di vita. Potrebbe darsi che, affinché diversi gruppi di umani e non umani possano coabitare, dovremo inventare istituzioni, spazi di ritrovo, sfere pubbliche, dove possiamo percepire e riconoscere le condizioni radicali in cui le nostre vite si svolgono. Ci vuole coraggio per imparare a non aver paura delle differenze radicali. Lo stesso coraggio che serve per costruire una pratica artistica con la fragilità di umili materiali naturali. Il lavoro di Camoni non è solo una critica delle impetuose correnti capitaliste che dominano oggi i discorsi artistici e il mercato dell'arte. È un esperimento che mette insieme le persone nella speranza di ricostruire una dimensione sociale.

clay, the pigments with which Camoni co-creates her work, their being together is a fact that demands acknowledgement.

We could interpret the works of Camoni as the demand to introduce a "tiger" in our lives; in other words, the demand to carefully rethink the conditions of the encounter between different living beings and living conditions. It may well be that in order for very different groups of humans and non-humans to be together we may invent institutions—congregational spaces, public spheres—where we can perceive and acknowledge the radical conditions under which our lives take place. Learning to not be afraid of radical differences demands courage. The same courage that constructing a practice upon the vulnerability of humble natural materials demands. Her work is not only a critique of the forceful capitalistic streams that dominate artistic discourses and investments today. Camoni's work is an experiment in bringing people together in the hope that we will learn how to become social again.

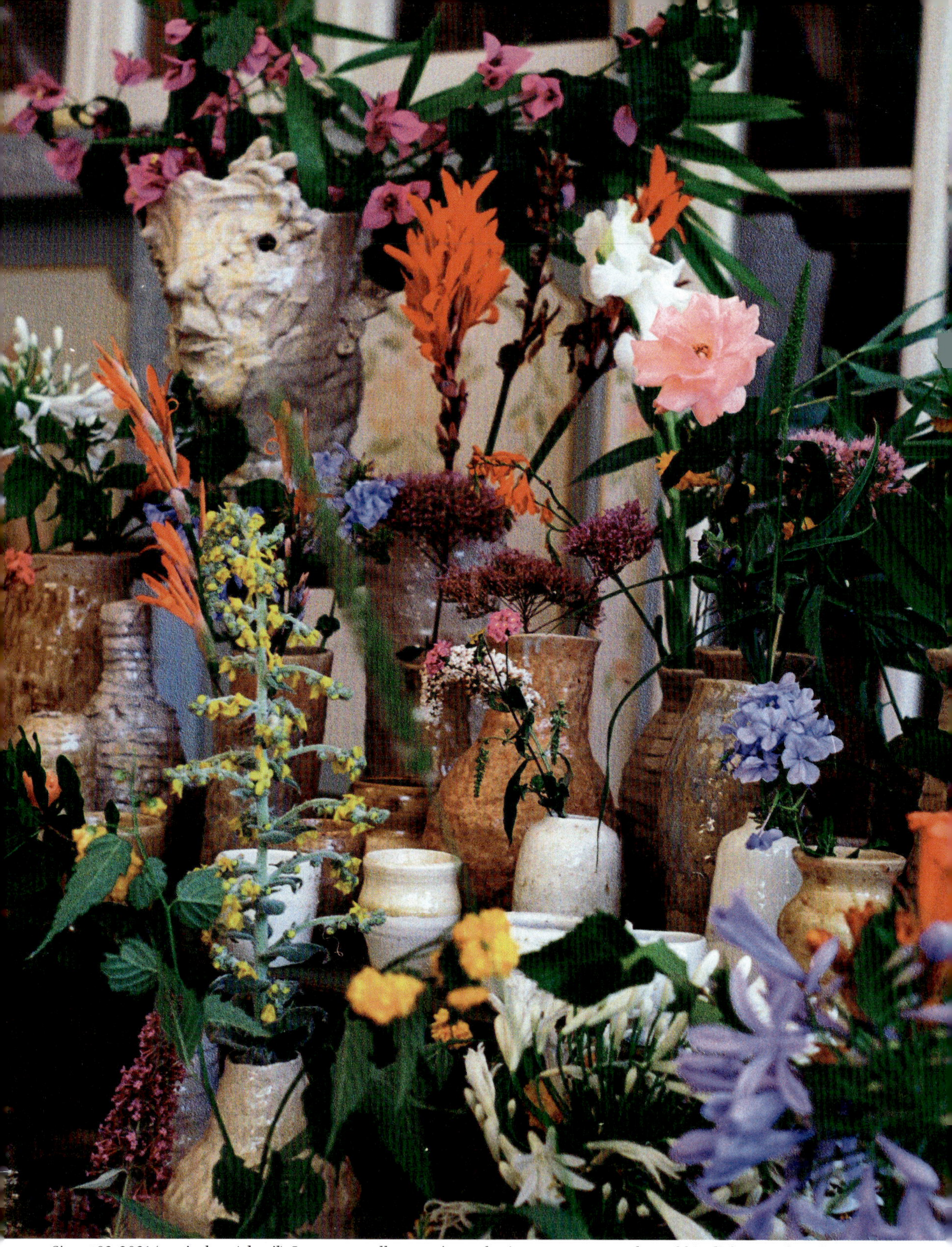

Sister #02, 2021 (particolare / detail). Legno, porcellana e grès smaltati con cenere vegetale e sabbia di fiume, erbe e fiori, piuma di ghiandaia / Wood, porcelain and stoneware glazed with vegetal ash and river sand, grasses and flowers, jay feather, 64 × 150 × 64 cm (dimensioni variabili / variable dimensions)

Chiamare a raduno.
Sorelle. Falene e fiammelle.
Ossa di leonesse,
pietre e serpentesse

Call and Gather.
Sisters. Moths and Flame Twisters.
Lioness Bones,
Snakes and Stones

Chiara Camoni
in conversazione con / in conversation with
Lucia Aspesi, Fiammetta Griccioli

LA Nei tuoi esordi, attraverso il disegno, hai lavorato su un rapporto intimo e familiare, la relazione con la figura di tua nonna. Questo dialogo si è poi espanso negli anni verso un'idea di collettività, spesso legata alla sfera femminile. Infatti, nella tua opera ti accosti al concetto di sorellanza, di una vicinanza profonda con le donne, come un conferimento d'identità tra generazioni, e sullo stare insieme senza emergere. Da dove nasce questa esigenza?

CC Mi piace pensare all'autorialità come qualcosa che si possa aprire ad altre persone o ad altri processi, come l'azione degli agenti atmosferici o la stratificazione geologica.
Credo che la capacità di stare nell'incertezza, nel divenire delle cose, nelle zone non perfettamente delineate sia un'attitudine femminile. Amo l'opera nella sua autonomia e compiutezza, ma amo anche tutto ciò che le ruota intorno, cioè i passaggi intermedi della creazione e le trasformazioni che avvengono in seguito. Li definisco *punti transitori* di

LA In your early work, through drawing, you explored a close personal relationship, your connection to your grandmother. This dialogue then expanded over the years, moving towards an idea of community often linked to the female sphere. Your practice deals with the concept of sisterhood, a deep rapport with women, as an identity passed on over generations, a way of being together without trying to stand out. Where does this impulse come from?

CC I like to think of authorship as something that can include other people or other processes, like the effect of the weather or of the geological stratification.
I think women have a particular aptitude for living with uncertainty, in evolving situations, areas that are not well defined. I love an artwork as something complete and independent, but I also love everything that revolves around it: the intermediate stages of creation and the transformations that come later.

Bellezza e Verità. Saper cogliere questa particolare pregnanza, instabile ed effimera, mi sembra che costituisca una specifica storia femminile, a volte, per ragioni storiche o per sua intrinseca natura, testimoniata con difficoltà. È sufficiente essere in due ad assistere a queste piccole grandi epifanie per far sì che esistano davvero.

FG Il femminile si declina nelle tue opere sia a livello processuale sia a livello simbolico, attraverso la materializzazione di forme che raffigurano animali come leonesse,

I think of them as *transition points* of Beauty and Truth. It seems to me that knowing how to grasp this unstable, ephemeral kind of significance is a specifically female story, which at times, for historical or intrinsic reasons, has been difficult to tell. All you need is two people bearing witness to these tiny yet huge epiphanies to make them really exist.

FG Femininity is explored in your works both in the process and at the symbolic level, through forms portraying animals such as lionesses, snakes, and moths.

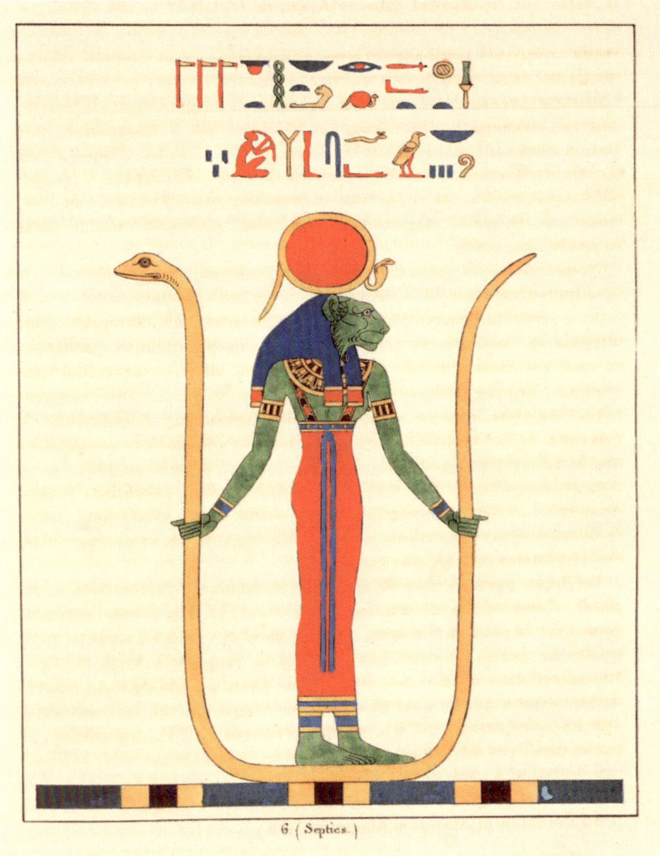

Jean-Francois Champollion, *La dea Sekhmet / The goddess Sekhmet*, illustrazione da / illustration from *Panthéon égyptien, collection des personnages mythologiques de l'Ancienne Égypte*, pubblicato nel / published in 1823-25

serpentesse e falene. Queste presenze nelle tue sculture assumono connotati fantastici, che oscillano tra la dimensione allegorica e mostruosa. Per articolare la tua pratica fai spesso riferimento a culture antiche come quella minoica. Ci sembra però di intravedere delle altre fonti nel tuo lavoro, puoi parlarci di quali sono gli altri bacini da cui attingi per dare forma al femminile?

CC Le falene sono bellissime, ma anche mostruose: troppi occhi, troppe trasformazioni… Il femminile delle *Leonesse* o delle serpentesse è molto ambiguo, ingloba in sé anche altro, potremmo dire che è omnicomprensivo. Vuole *tutto*. Le Grandi Madri delle culture antiche erano bellissime e terribili, presiedevano la vita ma anche la morte.
Le mie falene sono molteplici e variegate: potrei mettere insieme le Veneri cretesi con Carla Lonzi, la dea Sekhmet e Clarice Lispector, in una lunga genealogia di sorellanza che raccoglie, come le perle sparpagliate di una collana, tantissime donne artiste, scrittrici e poetesse, fino ad arrivare a Elisa, Paola e Camilla che lavorano quotidianamente con me.

LA Ciò che ci affascina del tuo approccio è la continua messa in atto di uno svelamento, attraverso la capacità di provare stupore, e come accade nelle fiabe nelle tue opere si assiste a un momento di meraviglia. La tua ricerca ci evoca le parole di Chandra Candiani:
Nel bosco vieni chiamata e perdi il nome
sei molto spoglia in ogni stagione
eppure balli e fischi sei un po' uccello
e libellula
ma anche foglia e scorrere d'acqua.
Esci fuori
nuova nuova ma non se ne accorge nessuno
tranne un sorriso invivibile[1].
Puoi parlarci di questo aspetto intangibile?

These presences in your sculptures take on fanciful connotations, hovering between the allegorical and monstrous. To talk about your practice, you often refer to ancient cultures such as the Minoan civilization. We feel like we can glimpse other sources in your work, however. Could you tell us what else you draw on to give shape to the feminine principle?

CC Moths are beautiful, but also monstrous: too many eyes, too many transformations… The femininity of the *Lionesses* or the snakes is very ambiguous, it also incorporates other things, you could say it's all-encompassing. It wants *everything*. The mother goddesses of ancient cultures were beautiful and terrifying; they presided over life, but also over death.
My moths are many and varied: I could list the goddesses of Crete alongside Carla Lonzi, the goddess Sekhmet, and Clarice Lispector, in a long genealogy of sisterhood that gathers together—like the scattered pearls of a necklace—a multitude of women artists, writers, and poets, all the way to Elisa, Paola and Camilla, who work with me every day.

LA What fascinates us about your approach is the way it continually unveils something hidden, through a capacity for awe; as with fairy tales, in your works we experience a moment of wonder. Your investigation reminds of a poem by Chandra Candiani:
In the woods you are called and lose your
name
you are very bare in every season
yet you dance and whistle you're something of
a bird and dragonfly
but also a leaf and the flow of water.
You come out
brand new but no one notices
except for an unbearable smile.[1]
Could you tell us more about this intangible element?

1 Chandra Candiani, *Pane del bosco*, Einaudi, Torino 2023, p. 9.

1 Chandra Candiani, *Pane del bosco* (Turin: Einaudi, 2023), 9.

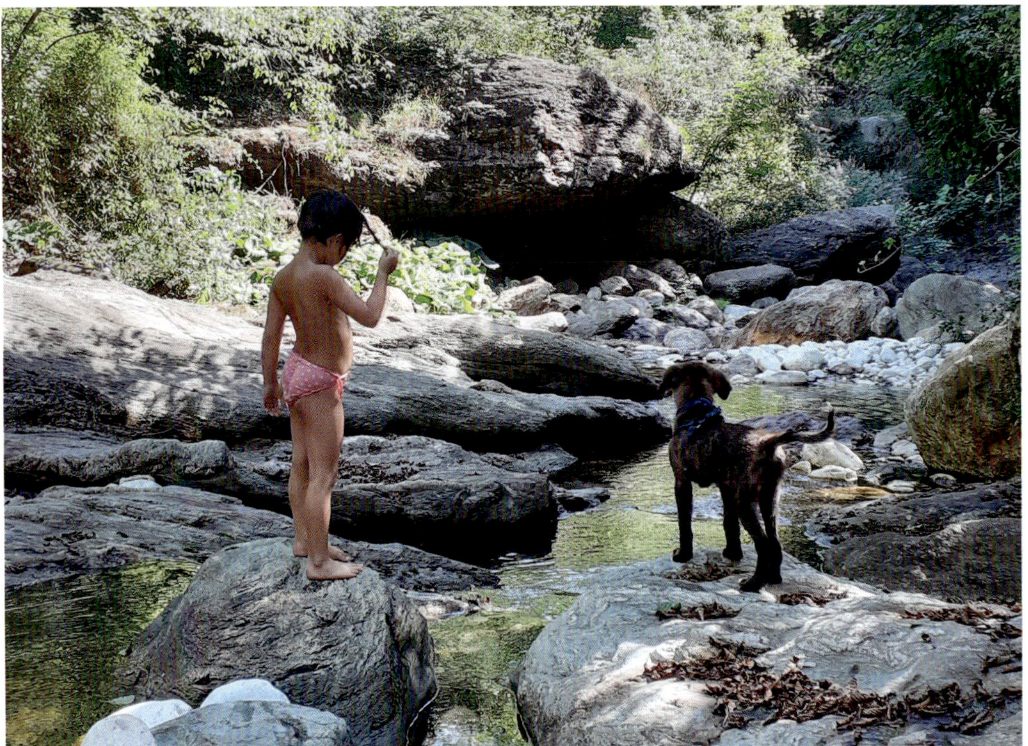

Anna e / and Bruno, 2021

CC A questo proposito riporto questi miei appunti del 2021.

«[...] sono con Alessandra Spranzi e con mia figlia Anna Ines. Al fiume, in estate. Non c'è nessuno, l'acqua è ghiacciata e toglie il respiro. La vegetazione è rigogliosissima, a tratti sembra tropicale, ci sono felci enormi e fichi che pendono giù dalle rocce. A volte nelle pozze nuotano serpentelli. Camminiamo sulle pietre, ci spostiamo, facciamo il bagno in vari punti. Poi ci fermiamo. Mentre riposiamo, Anna raccoglie dei fiori, ne fa degli strani involtini, avvolgendoli con delle foglie, legandoli con dei lunghi fili d'erba. Poi arriva da noi e, come se fosse una cosa qualunque, ce li regala, uno a me e uno ad Alessandra. Noi li apriamo, meravigliate. Anche colpite, forse commosse da un simile gesto. Anna prosegue

CC In that respect, here are some notes I made in 2021.

"[...] I'm with Alessandra Spranzi and my daughter Anna Ines. At the river, in summer. There's no one else around, the water is ice cold and takes your breath away. The vegetation is very lush, in places it looks tropical, there are huge ferns and fig trees hanging down from the rocks. Sometimes there are little snakes swimming in the pools of water. We walk from stone to stone, from place to place, going for dips here and there. Then we sit down. As we're resting, Anna picks some flowers and makes strange bundles, wrapping them in leaves, tying them with long stems of grass. Then she comes back and as if it were an ordinary thing, presents them to us, one to me and one to Alessandra. We open them up, amazed.

nel gioco, anima i fiori, succedono varie cose mentre lei canticchia – a un certo punto, se non ricordo male, bisogna anche curarli. Poi le foglie diventano barchette, ci mette su i fiori e quelli se ne vanno portati via dalla corrente. Ecco, niente di che. Chi ha figli assiste a cose simili. Ma in quel momento io e Alessandra avevamo assistito a qualcos'altro. Eravamo tre donne, di età diverse. E c'erano fiori. E acqua, e tanto selvatico. Ci abbiamo messo un anno per dircelo, per metterlo a fuoco. In quell'istante io ho capito – anzi sentito – che tra donne passa qualcosa di unico e di indicibile. Difficile da raccontare e raffigurare. Come un fiore che sboccia improvvisamente, veloce, un tuffo al cuore, un'emozione. Una certa bellezza. Forse è proprio in questo secondo binario, che non passa attraverso la storia ufficiale e attraverso l'opera compiuta, che spesso le donne si muovono. È lì che si sono sempre mosse. Ma non è immediato rendersene conto. Come si fa allora a dirselo, a comunicarselo, come si fa a fare letteratura di questo? O a farne arte? Siamo nel processo, nel prima della trasformazione. Possiamo muoverci in prossimità della soglia, un attimo prima della forma, ma non così tanto lontani da non poterne più parlare? Forse non si può. Forse, come dice Sandra, "deve" essere trasformato, altrimenti è troppo. Oppure lo si sciupa. Forse quella cosa, come dice Cecilia, la si rintraccia a posteriori. Riemerge sotto altre spoglie.»

FG Il termine "processo" è spesso evocato nel tuo fare quotidiano e in qualche modo abbiamo cercato di raccontarlo visivamente anche in questo libro sotto forma di tasche "intonse", nelle quali scorrono in sequenza le immagini fuggenti della creazione di un'opera che si comportano come detriti trascinati sotto la cresta di un ruscello. In modo sconcertante l'immagine è limpida, ma implacabile: il letto

Startled, too, even touched by this gift. Anna goes on with her game, brings her flowers to life, and various things happen as she sings to herself—at one point, I seem to remember she had to take care of them. Then the leaves became little boats, she put flowers on them to be carried off by the current. That's all, nothing special. Anyone with kids witnesses this kind of thing. But in that moment, Alessandra and I were witnessing something else. We were three women, of different ages. And there were flowers. And water, and so much that was wild. It took us a year to say this, put it into focus. In that moment I realized—or rather, I sensed—that something unique and unsayable happens among women. Something hard to describe and portray. Like a flower that blooms out of nowhere, suddenly, a leap in your heart, an emotion. A kind of beauty. Maybe this parallel track, which does not pass through official history and through the finished work, is the one women often move along. It's the one they've always traveled. But you don't realize that right away. So how can you say it, convey it, how do you make it into literature? Or make it into art? We're in the process, in the before stage of the transformation. Can we move along close to the threshold, a moment before the form, but not so far away that we can't talk about it anymore? Maybe that's not possible. Maybe, as Sandra says, it 'must' be transformed, otherwise it's too much. Or else it gets ruined. Maybe that thing, as Cecilia says, has to be retraced afterwards. It re-emerges in a different guise."

FG "Process" is a term often evoked by your everyday practice, and we have tried to capture it visually in this book as well, in the form of "uncut" pages where fleeting images of the creation of a work run in sequence, like debris dragged along beneath the surface of a stream. In a disconcerting way, the image is crystal-clear,

del fiume è brillante e increspato di riflessi, una corrente tumultuosa che apre un varco nella radura. Puoi parlarci di come il processo sia portatore di un sentimento di bellezza, e non sia unicamente riconducibile a una sfera produttiva?

CC Come accennavo prima, ho la certezza che le opere catalizzino una serie di eventi – che chiamo epifanie – le quali possono avvenire nel tempo e nello spazio del prima e del dopo, nel processo della creazione e in quello della fruizione, dell'attivazione.
Il processo per me non è una procedura finalizzata alla produzione, ma è già l'inizio di quel tempo e di quello spazio di meraviglia a cui io stessa partecipo e di cui beneficio. Le immagini nelle tasche di questo catalogo cercano di raccontare proprio questo.
La realizzazione delle opere non è mai delegata a terzi, non potrei mai rinunciare a questa bellezza. In quest'ottica, è invece condivisa, aperta alla partecipazione di altre persone. Da alcuni anni, con una certa ironia, chiamo questi gruppi informali Centri di Sperimentazione, a sottolineare il grado di imprevedibilità del processo stesso.

LA Il tuo lavoro, improntato anche sulla collezione di oggetti e sull'essenza della ripetitività di un'azione, si avvicina a quello di altre figure di artiste italiane come per esempio Laura Grisi, che partendo dalla sfera naturale ha indagato la dimensione del tempo, senza sfondare nella periodicità geologica, ma focalizzandosi sul paesaggio. Ciò è visibile nella reiterazione del gesto nel video *From One to Four Pebbles* (1972), in cui l'artista crea infinite combinazioni di accostamenti muovendo i sassi sulla sabbia. Anche nella creazione delle tue opere parti sempre da un elemento, per duplicarlo, modellarlo, plasmarlo, scartarlo, ingrandirlo, assemblarlo o fonderlo

yet implacable: the riverbed is glittering and rippled by reflections, a tumultuous current that cuts its way through the clearing. Could you talk about how the process brings a sense of beauty, something that can't be linked only to the sphere of production?

CC As I mentioned before, I'm convinced that the works trigger a series of events, which I call epiphanies. They can take place in the space-time of before and after, in the process of creation, and in the process of viewing, of activation. To me the process is not a procedure aimed at producing something, but is already the beginning of that time and space of wonder that I myself partake of and benefit from. The images in the uncut pages of this catalogue try to tell this story.
The creation of my works is never delegated to third parties, I could never give up that beauty. And so it is instead shared, opened up to the other people's participation.
For several years now, in a rather tongue-in-cheek way, I've called these informal groups Centri di Sperimentazione [Experimentation Centers], to highlight the unpredictable aspect of the process.

LA Your work, which is also characterized by the collection of objects and by the essence of a repeated action, bears an affinity to that of other female Italian artists: Laura Grisi, for instance, who used the sphere of nature to explore the dimension of time—not stretching into geological time, but focusing on the landscape. This can be seen in her reiterated movement in the video *From One to Four Pebbles* (1972), where she moves pebbles around on the sand to create endless combinations. In your works as well, you always start with an element and then duplicate it, shape it, mold it, discard it, enlarge it, fit it or meld

in qualcos'altro. Puoi raccontarci da dove nasce questa metodologia?

CC È la materia che mi suggerisce l'opera, non è quasi mai un'idea. E la materia può essere una pietra, ma anche un paesaggio o una situazione con altre persone.

Sento una necessità impellente di creazione, che mi fa sentire viva, che mi permette di dare senso al tempo della mia esistenza. Come quando si legge una poesia e si avverte che in quelle parole è racchiuso l'indicibile: in maniera simile – muovendo sassi, plasmando terra, avviando processi – ho la sensazione di toccare quelle zone di intangibile.

Recentemente mi hanno chiesto come scelgo le opere da realizzare. Non lo so, perché non nascono dalla testa ma da una parte più bassa

it together with something else. Could you tell us where this approach came from?

CC It's the material that suggests the work to me, it's almost never an idea. And the material could be a stone, but also a landscape or a situation involving other people.

I feel an impelling need to create something, which makes me feel alive, which helps me give meaning to my time here. It's like when you read a poem and sense that those words contain something unsayable: in a similar way—by moving stones, shaping the earth, setting processes in motion—I have the sense of touching those areas of intangibility.

Someone recently asked me how I choose what works to create. I don't know, because they don't come out of my head, but from some

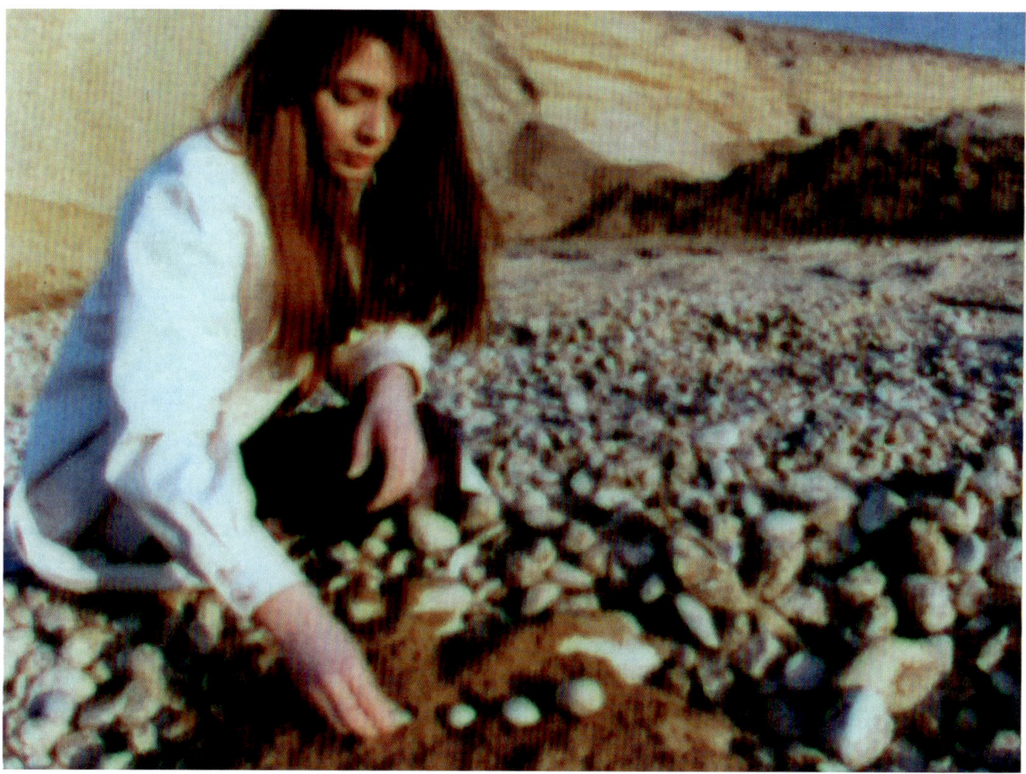

Laura Grisi, *From One to Four Pebbles*, 1972 (still da video / video still). Video digitale da film a colori in 16mm / Digital video from color film in 16mm, 4'30"

e ombrosa, inconscia. Di molte opere non ricordo nemmeno la genesi. Da un certo punto in avanti, esistono e basta.

FG Il percorso, il camminare nel bosco o nella radura, ci sembra una forma di ricerca connessa alla tua opera, da dove nasce la tua attrazione verso la natura e il paesaggio?

CC Potrei dire che sono nata in campagna! E in più, a un certo punto della mia vita, mi sono ritrovata per caso in mezzo a delle montagne. Doveva essere una sistemazione transitoria e invece è diventato il Luogo. La mia casa è l'ultima del paesino in cui vivo, da lì parte il sentiero che si apre sulla valle e che prosegue nel bosco.
Non lavoro in uno spazio neutro, spesso le opere nascono sul tavolo della cucina o in giardino, in una situazione conviviale, con altre persone. Se ho bisogno di alcuni materiali, esco e li raccolgo facendo una passeggiata. Le migliaia di piccole sculture che compongono le *Sisters* hanno intrappolato dentro di loro il cielo sotto cui lavoriamo, i rumori della giornata, le parole dette, il gioco dei cani, i loro occhi.
Quando il paesaggio non è più neutro ma diventa conosciuto e famigliare, piano piano si svela: ci consegna dei piccoli segreti, ci permette visioni inedite.

LA Accanto a questo, c'è anche un aspetto legato alla comunità e allo scambio, che si manifesta attraverso la trasmissione di racconti orali. Pensiamo per esempio alle cene informali in cui raduni un gruppo di persone attorno a un tavolo adorno di oggetti e sculture con l'intento di condividere un'esperienza, che diventa un incontro tra le tue creature in argilla che ricordano delle stoviglie, i sapori delle pietanze e le voci dei commensali. Questa pratica rimanda nuovamente alla sfera femminile indagata da Judy Chicago in *The Dinner Party* (1974-79) e Túlia Saldanha in *Banquet*

deeper, shadowy, unconscious part of myself. With many works I don't even remember how they came about. From some point on, they're just there.

FG It seems to us that the idea of the path, the act of walking through the woods or a clearing, is a form of investigation connected to your work. Where did you develop this attraction to nature and landscape?

CC I was born in the country! And what's more, at a certain point in my life, I found myself living in the mountains, by chance. It was supposed to be a temporary situation but instead it became the Place. I live in the last house in my village, by the head of a trail that gives onto the valley and continues into the woods.
I don't work in a neutral space; my works are often born on the kitchen table or in the garden, in a convivial situation, with other people. If I need certain materials, I go out for a walk and collect them. Captured inside the thousands of little sculptures that make up the *Sisters* are the sky we work under, the sounds of the day, the words that are said, the frolicking of the dogs, their eyes.
When the landscape is no longer neutral but becomes familiar and homey, it gradually reveals itself: it offers us little secrets, visions never seen before.

LA Alongside this, there's also an element connected to community and dialogue, manifested through oral storytelling. We're thinking for instance of the informal dinners where you bring a group of people together around a table decorated with objects and sculptures, for the purpose of sharing an experience; it involves your clay creatures reminiscent of dishes, the flavors of the food, the voices of other people at the table. This practice once again evokes the female universe explored by

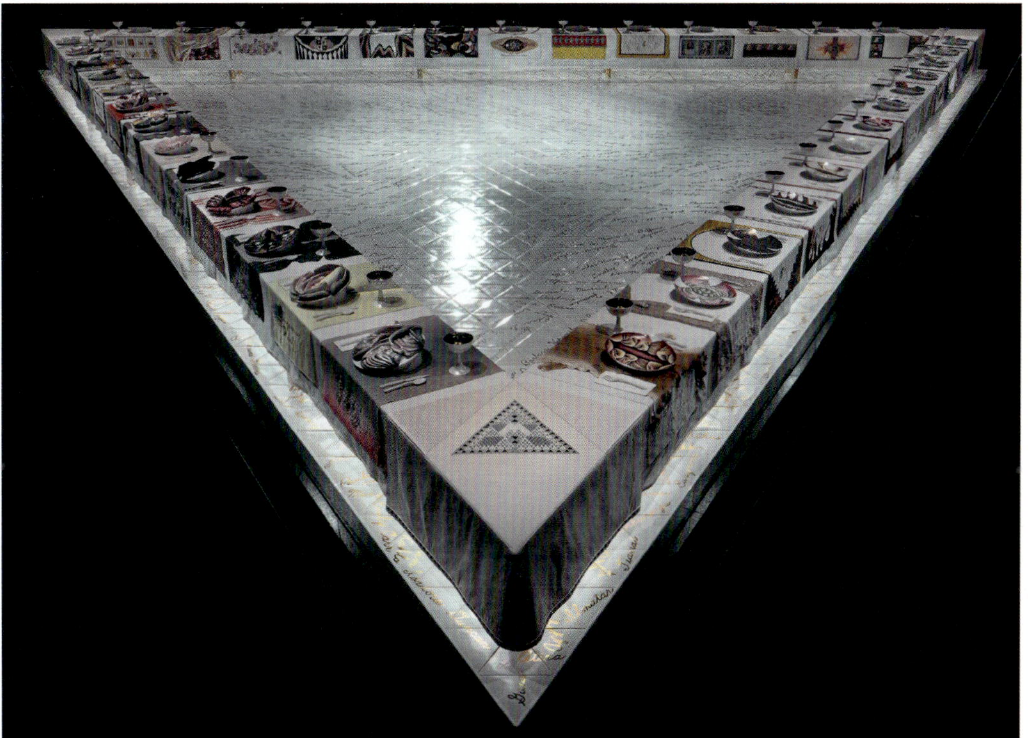

Judy Chicago, *The Dinner Party*, 1974-79. Ceramica, porcellana, tessuto / Ceramic, porcelain, textile, 1463 × 1463 cm. Veduta dell'installazione / Installation view, Brooklyn Museum, New York

(1976), dove la tavola diventa un luogo specifico di trasformazione, che pur richiamando la dimensione domestica mantiene uno sguardo collettivo. Puoi raccontarci questo approccio?

CC Tante cose per me avvengono intorno a un tavolo e sopra un tavolo. Tante mie opere nascono su quel piano, e quella è l'altezza a cui bisogna collocarle quando vanno esposte. Per anni, con i miei figli ancora piccoli, ho lavorato esclusivamente sul tavolo della cucina. Il tavolo accoglie più persone e catalizza discussioni, racconti e confidenze. Il tavolo è un luogo magico, lì arriva tutto e da lì tutto sparisce. E poi ci sono gli oggetti della quotidianità, quelli che probabilmente tocchiamo il maggior numero di volte in tutta la nostra vita: le stoviglie.

Judy Chicago in *The Dinner Party* (1974–79) and by Túlia Saldanha in *Banquet* (1976), where the table becomes a specific place of transformation that alludes to the domestic sphere, yet conveys a collective vision. Could you tell us about this approach?

CC Many things happen for me on or around a table. Many of my works begin at that level, and that's the height at which they should be exhibited. For years, when my kids were still little, I worked only at the kitchen table. A table can accommodate more than one person and prompts conversations, stories, and private revelations. The table is a magical place; everything turns up on it and everything disappears from it. And it holds the objects of everyday life, the things we probably touch

Mi piace pensare che la ciotola sia stata il primo oggetto scultoreo nella storia dell'umanità. Mi piace pensare che le terrecotte etrusche accompagnassero davvero il defunto nel viaggio verso l'aldilà. Mi piace modellare piatti e vasi, perché ogni volta – e ne avrò fatti centinaia e centinaia – ho la sensazione di ricostruire il mondo. Mi piace pensare che i miei *Piatti* in ceramica possano essere usati veramente durante una cena e che poi, docilmente, ritornino sculture in una mostra!

FG Forme di collettività che richiamano uno spazio: abbiamo parlato della tavola, del bosco, dello studio come luoghi di creazione, e ora vorremmo riflettere sulla mostra in cui si fondono tutti questi aspetti, per generare nuovi incontri. Per l'esposizione in Pirelli HangarBicocca hai immaginato un giardino, un luogo delle meraviglie, ma anche uno spazio che nasconde delle insidie. È un ambiente che racchiude altri spazi, come l'anfiteatro e lo scavo archeologico. Attraverso queste immagini sei riuscita a mettere in luce il momento in cui vita e forma si sovrappongono. Puoi raccontarci com'è nata questa intuizione e come ha avuto origine l'architettura della mostra?

CC Quando sono entrata nello spazio dello Shed ho avuto il bisogno di cercare in quella vastità il centro, e lì poi mi sono collocata. Ho iniziato a guardare intorno, cercando di misurarmi con la sua dimensione effettiva, non volevo ricorrere al buio per ridurlo visivamente.
Il mio approccio alla monumentalità non è mai nei termini delle dimensioni, del gigantismo. Trovo monumentalità invece nella reiterazione dei gesti, nella condensazione del tempo, nella densità. Le *Sisters*, sebbene siano in scala umana, per me sono opere monumentali. Migliaia di pezzettini modellati a mano che si dispongono in fili aggrovigliati

most often over the course of our existence: tableware.
I like to think that the first sculptural object in the history of our species was a bowl. I like to think that Etruscan pottery really did accompany the dead on their journey to the afterlife. I like to make dishes and pots, because every time—and I've made hundreds and hundreds—it feels like I'm rebuilding the world. I like to think that my ceramic *Dishes* can really be used for a dinner, then meekly turn back into sculptures in an exhibition!

FG Forms of community that evoke a space: we've talked about the table, the woods, the studio as a place of creation, so now we would like to discuss the exhibition where all these elements come together to spark new encounters. For the show at Pirelli HangarBicocca, you've imagined a garden, a place of wonder, but also a realm of hidden danger. It's a space that contains other spaces, like an amphitheater or an archaeological dig. Through these images, you've managed to highlight the point where life and form overlap. Could you tell us how this insight arose, and how the structure of the exhibition took shape?

CC When I came into the Shed, I felt the need to look for the center of that vast space, and that's where I went to stand. I started looking around, trying to grapple with its actual scale, I didn't want to rely on darkness to reduce it visually.
My approach to monumentality is never in terms of sheer size, of magnitude. I instead find monumentality in the repetition of actions, in the condensation of time, in density. To me the *Sisters*, even though they're on a human scale, are monumental works. Thousands of hand-shaped little pieces arranged in tangled strands. The *Sisters* are loaded with themselves. And they change, every time they take a different shape. They come from far

su loro stessi. Le *Sisters* sono ricolme di loro stesse. E cambiano, ogni volta si presentano diverse. Vengono da lontano e vanno lontano. Ho deciso quindi di chiamarle *a raduno,* mi servivano tante di loro per affrontare quel grande spazio vuoto. E poi mi servivano delle stanze e dei viali che lo suddividessero ulteriormente, e allora sono arrivati i *Serpenti e Serpentesse*. E qualche altro animale, che marcasse l'entrata e l'uscita.

Molte mie opere sono ambigue: benevole e terribili allo stesso tempo. In termini psicanalitici un po' semplificati, potremmo dire che l'artista trasforma i propri traumi invece di soccombere sotto di essi! Ecco, io ho la "fortuna" di poter attingere a un buon ingarbuglio iniziale, che produce meraviglia e terrore. E quindi, fortunatamente per me, opere!

LA C'è un'immagine di cui non abbiamo ancora parlato che scorre parallela al tuo lavoro, quella della soglia. Ed è legata a una tua frase che conserviamo stretta: «Vorrei scolpire la pietra così come i passi consumano una soglia»[2]. Questo pensiero ci sembra espliciti in modo esemplare la tua relazione con la scultura e la declinazione che ne dai come elemento funzionale e architettonico, rintracciabile in mostra nella serie *Serpenti e Serpentesse*. Vuoi parlarci di come nasce questo corpus di opere?

CC Amo la scultura quando è *simulacro*, ovvero quando non rappresenta qualcosa, ma è lei stessa "qualcosa" di autosufficiente, indipendente da altri modelli.

Amo la scultura quando è *forma unica*: così definisco quelle opere in cui sento che l'autore non ha compiuto delle scelte, ma è andato verso quell'unica formalizzazione che aveva a disposizione. In questo senso amo la "soglia", perché si consuma e assume una forma senza che nessuno l'abbia deciso, ma per l'ineluttabilità del processo.

away and they're headed far away. So I decided to *call and gather* them together; I needed lots of them to tackle that great empty space. And then I needed rooms and streets to divide it up further, so the *Serpenti e Serpentesse* came along. And a few other animals, to mark the entrance and exit.

Many of my works are ambiguous: benevolent and fearsome at the same time. In somewhat simplified psychoanalytic terms, one could say that an artist transforms her traumas instead of succumbing to them! I've been "lucky" enough to have a good initial tangle to draw on, one that generates wonder and terror. And so, luckily for me, works of art!

LA There's an image we haven't talked about yet that runs parallel to your work, the idea of a threshold. And it's connected to a phrase of yours that we cherish: "I'd like to sculpt stone the way that footsteps wear away a threshold."[2] We think that perfectly sums up your relationship to sculpture and the way you treat it as a functional, architectural element, which in this exhibition can be seen in your series *Serpenti e Serpentesse*. Could you tell us how this body of work came about?

CC I love sculpture when it is a *simulacrum*, that is, when it doesn't portray anything, but is itself a self-sufficient "something," independently of other models.

I love sculpture when it is a *sole form*: that's what I call works where I feel the artist did not make choices, but rather moved towards the only form available. In that sense, I love the "threshold" because it is worn away and takes on a form without any decision-making involved, as the outcome of an inevitable process.

I love sculpture because it constantly strays into other realms: it can be dressed up like a doll and carried in a procession, it can turn into a bowl or a piece of architecture.

2 Da *Chiara Camoni. Certain Things*, a cura di Cecilia Canziani, Nero, Milano 2017.

2 From *Chiara Camoni: Certain Things*, ed. Cecilia Canziani (Milan: Nero, 2017).

Amo la scultura perché sconfina continuamente: può essere vestita come una bambola e portata in processione, può diventare una ciotola oppure architettura.
I *Serpenti e Serpentesse* in mostra sono tante cose: sono le scaglie di onice trovate in un vecchio deposito, sono un bassorilievo a pavimento, sono un'architettura, sono il caos e l'ordine del caos, sono pietre incastonate in altre pietre, sono un sogno, sono il serpente che costeggia la mia casa, sono l'orbettino argentato che mia figlia ha preso in mano pensando che fosse un gioiello...

FG Nel tuo lavoro c'è una dualità evidente tra giorno e notte, unità e collettività, pensiero e pratica, che poi si esprime nella ricerca di una forma. Questa è però indagata in una relazione di apertura all'imminenza, come quando ci racconti che c'è una parte del giardino dove lavorate in estate perché c'è ombra, mentre in inverno andate a cercare il sole. In mostra presenti *Burning Sister* (2023), il video di una *Sister* che brucia sulla battigia di una spiaggia. È una *Sister* di luce e fuoco che si consuma portando il buio, sconfinando dal "regime di luminosità"[3] in cui si trovano le altre opere della stessa serie. Puoi parlarci di questa relazione?

CC Tutte le *Sisters* vivono nel cambiamento. Si smembrano, spariscono, per poi ricomparire in un aspetto un po' diverso.
La *Burning Sister* non si sacrifica nel fuoco, ma al contrario trova la sua massima realizzazione nel fuoco stesso. Nell'attimo della distruzione, raggiunge la sua forma. In questa co-esistenza di opposti, di contraddizioni, spesso si collocano le mie opere. Le trovo belle e terribili allo stesso tempo.

LA La mostra ha offerto poi l'occasione di lavorare con un altro strumento con cui non avevi ancora sperimentato: il canto. La parola – sotto forma di testo, lettura,

The *Serpenti e Serpentesse* in the exhibition are many things: they're shards of onyx found in an old storage unit, they're a bas-relief on the floor, they're a piece of architecture, they're chaos and the order within chaos, they're stones set in other stones, they're a dream, they're what snakes along the side of my house, they're the silver slow-worm that my daughter picked up in her hands thinking it was a piece of jewelry...

FG In your work there's a clear duality between night and day, unit and community, thought and practice, expressed through the search for a form. This is explored, however, with an attitude of openness to imminence: for instance, you've said there's a part of the garden where you work in the summer because it's shady, whereas in the winter you go out in search of sunshine. The exhibition includes *Burning Sister* (2023), a video of a *Sister* burning on the beach. It's a *Sister* of light and fire, which burns away and brings darkness, straying out of the "realm of light"[3] where the other works in this series dwell. Could you tell us more about this relationship?

CC All of the *Sisters* live within change. They come apart, disappear, then reappear in slightly a different guise.
The *Burning Sister* is not sacrificed in the fire, but on the contrary, finds true fulfillment in it. In the moment of destruction, the *Sister* achieves her form. It is in this co-existence of opposites, contradictions, that my works often lie. I find them beautiful and fearsome at the same time.

LA The exhibition has also been an opportunity to work with another tool you hadn't experimented with till now: song. Words—in the form of text, reading, the voice—have often been an area of investigation accompanying your practice. Could you tell us

3 Da una conversazione tra Chiara Camoni e Alessandro Rabottini, in Vincenzo de Bellis e Alessandro Rabottini (a cura di), *Strata. Arte italiana dal 2000. Le parole degli artisti*, Lenz Press-Les Presses du réel, Milano-Dijon 2023, p. 150.

3 From a conversation between Chiara Camoni and Alessandro Rabottini, in Vincenzo de Bellis and Alessandro Rabottini, eds., *Strata: Italian Art since 2000: The Words of the Artists* (Milan–Dijon: Lenz Press–Les Presses du réel, 2023), 150.

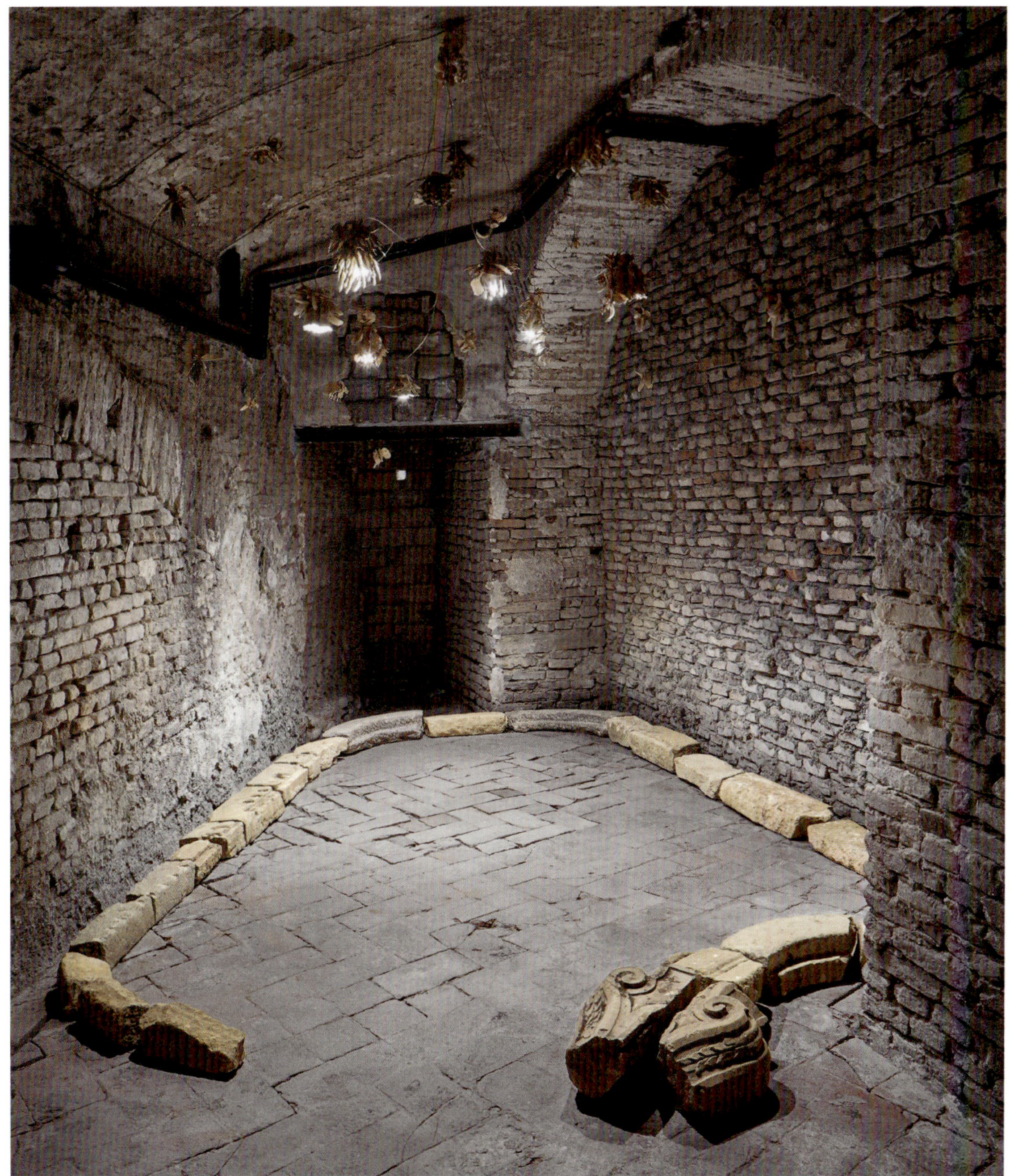

Serpentessa, 2021. Materiale lapideo / Stone material. Parte di *Ipogea*, opera site-specific permanente / Part of *Ipogea*, permanent site-specific work. Veduta dell'installazione / Installation view, Palazzo Bentivoglio, Bologna, 2021

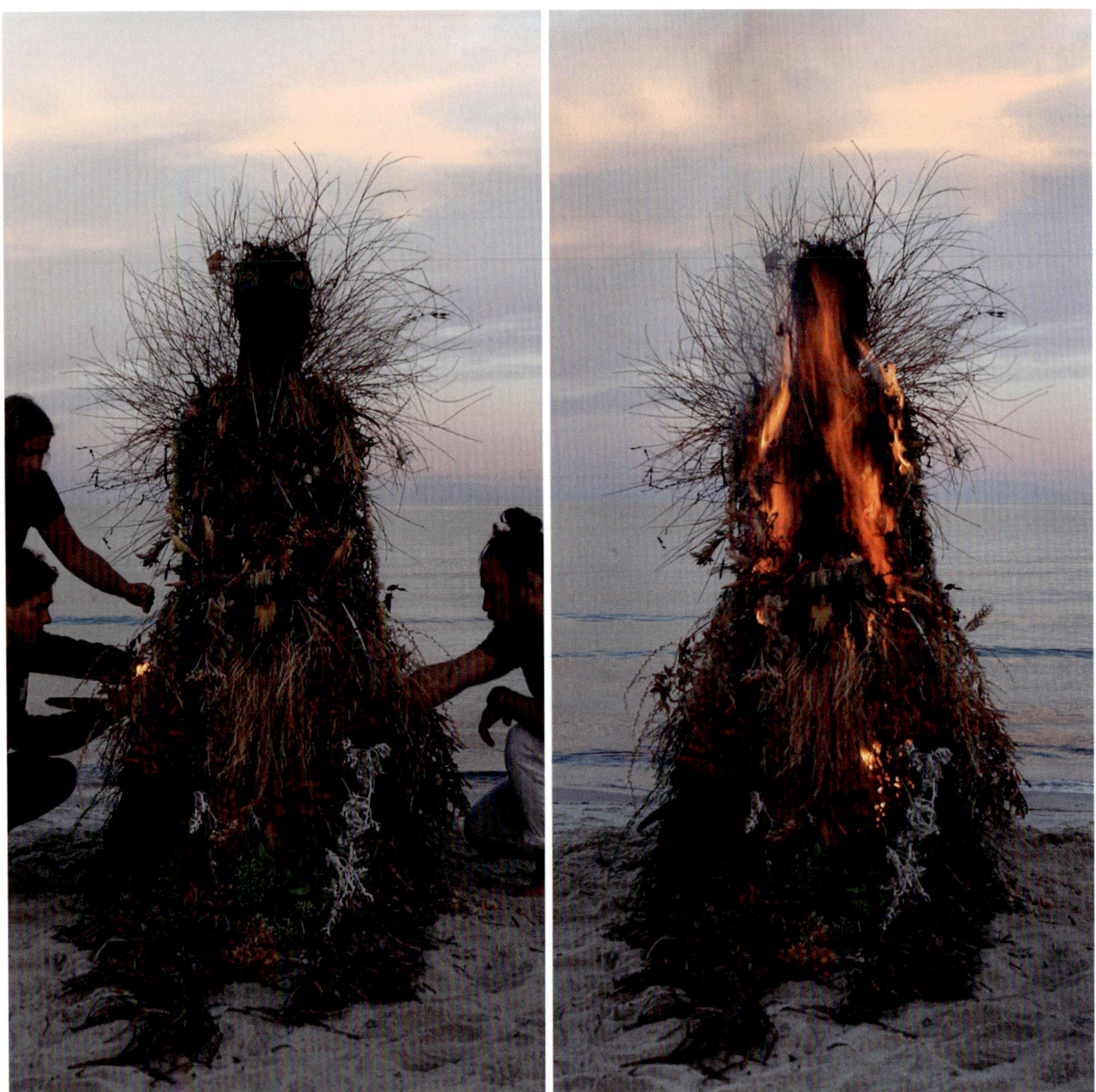

Burning Sister, 2023 (still da video / video stills). Video monocanale, colore, suono / Single-channel video, color, sound, 23'30"

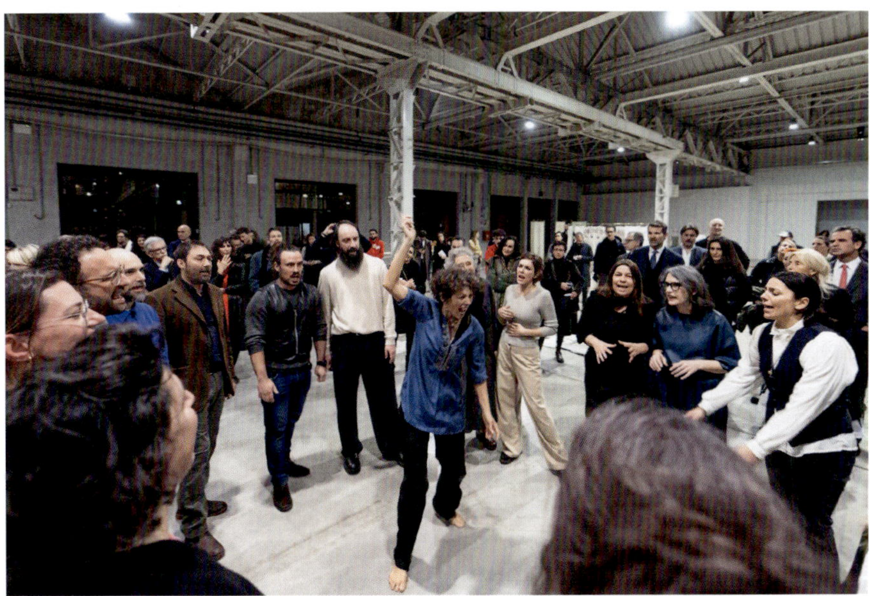
Performance *Ombra Solida*, Pirelli HangarBicocca, Milano / Milan, 2024

voce – è stata spesso sede di riflessioni che accompagnano la tua ricerca. Ci racconti cosa succederà nello spazio espositivo con la performance *Ombra Solida*?

CC In questi ultimi tre anni mi sono accorta che spesso, in situazioni informali, insieme ad amici del mondo dell'arte ma non solo, abbiamo sentito il bisogno di cantare o ballare. Ho pensato che non fosse una casualità, ma piuttosto il modo per rispondere a un tempo storico che ci stava togliendo le parole, e anche i corpi. Come se a un certo punto, non sapendo più come affrontare razionalmente una situazione, si reagisse in maniera scomposta, goffa e, forse proprio per questo, più efficace.
Nessuno di noi sa cantare professionalmente. In particolare per me il canto rappresenta la massima vulnerabilità! Abbiamo lavorato insieme durante due seminari intensivi, per la stesura del testo, per trovare le melodie e imparare a cantare.
La performance *Ombra Solida* occuperà quello spazio "di vuoto" che è al centro della mostra.

what will happen in the exhibition space during the performance *Ombra Solida*?

CC Over the last three years I've realized that very often, in informal situations with friends from the art world or elsewhere, we've felt the need to sing or dance. It struck me that this was not a coincidence, but rather our response to an era that was leaving us without words, and even without bodies. As if at some point, no longer knowing how to rationally confront a situation, we were reacting in a different, clumsy, and—perhaps for that very reason—more effective way.
None of us can sing in a professional way. For me in particular, singing feels like the height of vulnerability! We worked together during two intensive seminars, to write the words, come up with the melodies, and learn to sing.
The performance *Ombra Solida* will occupy the "empty space" that is at the center of the exhibition.

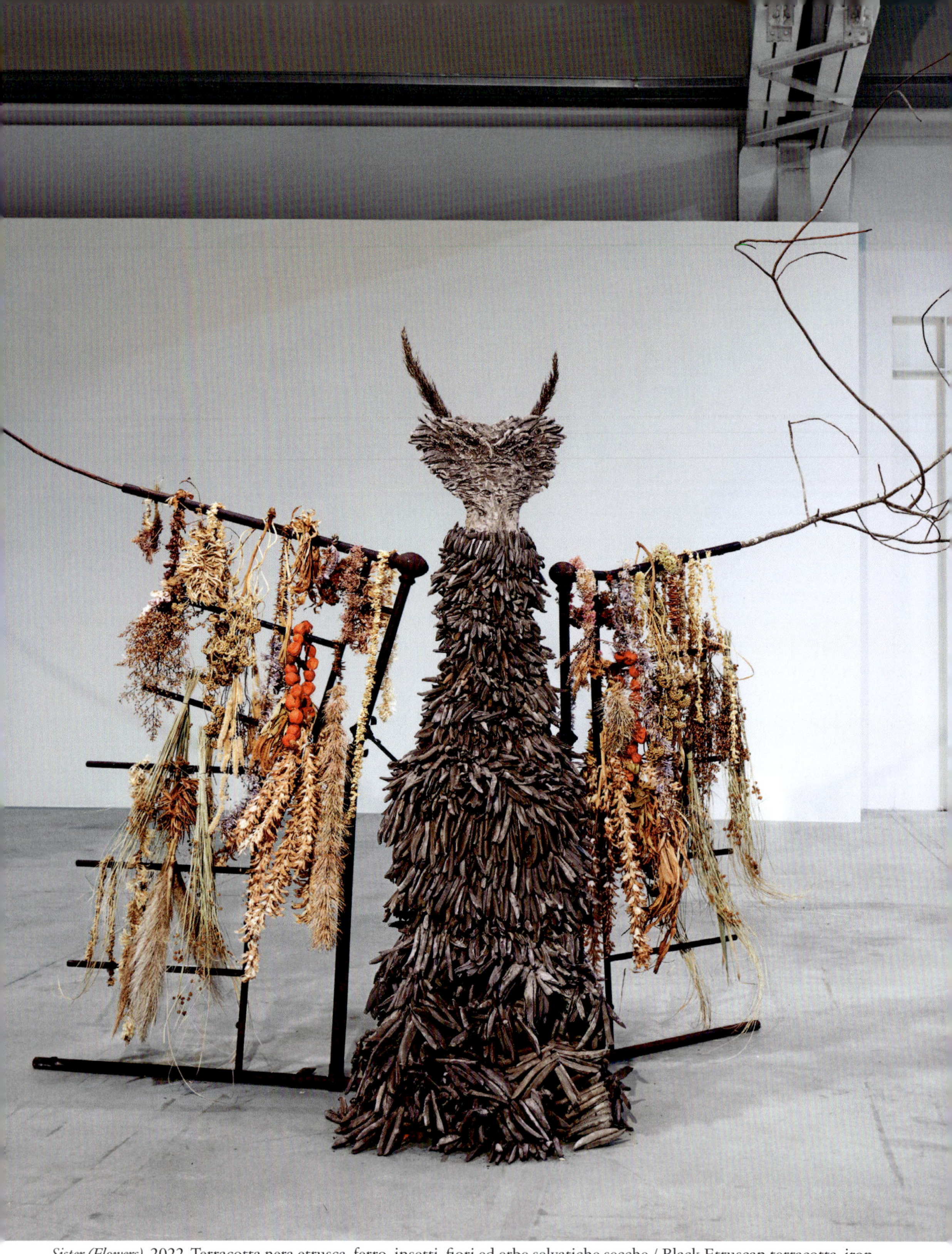

Sister (Flowers), 2022. Terracotta nera etrusca, ferro, insetti, fiori ed erbe selvatiche secche / Black Etruscan terracotta, iron, insects, dried flowers and wild herbs, 170 × 280 × 100 cm (dimensioni variabili / variable dimensions). Veduta dell'installazione / Installation view, Pirelli HangarBicocca, Milano / Milan, 2024

Alice Motard

Già alla GAM di Torino[1] le avevo trovate stupefacenti e incredibilmente potenti: sono donne-uccello, draghi e persino capanne, minacciose e protettive insieme, predatrici e rifugi. Dal 2017 Chiara Camoni sviluppa una serie di opere scultoree antropomorfe realizzate con frammenti di ceramica e di vegetali, talvolta ornate da collane e candele, che ha chiamato *Sisters*.

Dal cumulo alla figura

Le *Sisters* di Chiara prendono forma, o meglio corpo, per impulso dell'artista, le cui mani, a volte "assistite"[2], nel senso più nobile del termine – il suo lavoro è essenzialmente collaborativo –, hanno il potere di trasformare mucchi o sfilze di pezzettini di terracotta in "figure". Sulla sommità di questi cumuli organizzati, di dimensioni umane, a volte considerevoli, spiccano i volti grezzi di personaggi, insetti o animali, dalla strana aura.

Il potenziale formale e semantico di queste sculture è immenso e complesso, come spesso riconosce l'artista, che confessa di non sapere

At GAM in Turin,[1] I had already found them stunning and incredibly powerful, these bird-women, dragons, and even huts, both threatening and protective, predator and sanctuary. Since 2017, Chiara Camoni has developed a series of anthropomorphic sculptural works made of ceramic shards and plants, sometimes adorned with necklaces and candles, whom she calls *Sisters*.

From heap to figure

Chiara gives shape—or body, I should say—to her *Sisters*, her hands sometimes "assisted,"[2] in the noblest sense of the word, her work being in essence collaborative. She transforms piles or beads of terracotta into "figures." The raw faces of characters, insects, or animals, with a strange aura, peer out from atop these organized heaps, some human-sized, some much larger.

The formal and semantic potential of these sculptures is immense and complex, a fact readily acknowledged by the artist, who confesses

1 *Hic Sunt Dragones. Chiara Camoni – Atelier dell'Errore*, GAM – Galleria Civica d'Arte Moderna e Contemporanea, Torino, 3 novembre 2022-12 marzo 2023.

2 Assistere alla nascita delle *Sisters* è un'esperienza affascinante, attraverso la quale l'artista dà vita alle sue sculture con una coreografia di gesti che rientra nel campo della performance.

1 *Hic Sunt Dragones. Chiara Camoni – Atelier dell'Errore*, GAM – Galleria Civica d'Arte Moderna e Contemporanea, Turin, November 3, 2022–March 12, 2023.

2 Witnessing the birth of a *Sister* is a fascinating experience, in which the artist brings the sculpture to life in a choreography of gestures that is akin to performance art.

bene neanche lei da dove provengano («Anche per me sono un mistero»[3]). Queste opere sono il sedimento di una serie di esperienze: dal vissuto caotico dei loro elementi minerali – la terracotta, come ci ricorda lo storico dell'artigianato e del design Glenn Adamson, è «un'argilla secondaria non omogenea, che si è degradata nel corso dei secoli a partire da varie rocce e pietre, per poi percorrere una certa distanza [...] raccogliendo impurità lungo il percorso»[4] – fino allo spirito del luogo da cui provengono, espresso dagli elementi vegetali che mescolano ciò che è vivo (fiori di stagione appena colti) e ciò che è morto (ramoscelli, rami, fiori secchi ecc.). La loro postura, un misto di attesa e devozione, è ambivalente, mentre la corporatura impone rispetto e induce il raccoglimento. Benché ognuna sia unica, sono tutte energeticamente ed emotivamente cariche.

Sorellanza ed ecofemminismo

La connotazione religiosa è espressa fin dal titolo della serie e rafforzata peraltro dalle numerose incarnazioni delle *Sisters* che includono alcune candele la cui cera colorata, che cola e si accumula con il passare del tempo, rende materialmente tangibile il trascorrere delle ore, conferendo alle sculture un carattere devozionale.

Il termine rimanda anche alla nozione di sorellanza, che la poetessa americana Robin Morgan utilizza per la prima volta nel 1970[5], o che bell hooks, altra icona femminista, rende popolare ed estende a una «comunità di interessi, credenze e obiettivi attorno ai quali unirsi»[6] anziché riferirlo a un'oppressione comune. Diversamente dalla nozione di ecofemminismo, che cerca invece di collegare lo

that she herself doesn't really know where they come from ("Even to me they are a mystery").[3] They sediment a sum of experiences: the chaotic lived experience of their mineral elements, since terracotta, as craft and design historian Glenn Adamson reminds us, is "a secondary clay, meaning that it has degraded over many centuries from various rocks and stones, then traveled some distance as silt, picking up impurities along the way";[4] and the spirit of the place from which they emerge, reflected in their plant elements, which combine the living (freshly picked seasonal flowers) and the dead (twigs, branches, dried flowers, etc.). Their postures, between expectation and devotion, are ambivalent, while their statures command respect and contemplation. While each is singular, all are energetically and emotionally charged.

Sisterhood and ecofeminism

The series' religious connotations are acknowledged in its title and reinforced by the numerous incarnations of the *Sisters* that incorporate candles, whose colored wax, which drips and collects over time, makes the passing hours tangible and gives the sculptures a pious character.

The expression also refers to the notion of sisterhood, first used by the American poet Robin Morgan in 1970,[5] and later popularized by bell hooks, another feminist icon, as a "community of interests, shared beliefs and goals around which to unite"[6] rather than a common oppression. This is not the case, however, with the notion of ecofeminism, which aims to link the exploitation of the earth or nature with that of women, and to achieve a synthesis

3 Da una conversazione tra Chiara Camoni e l'autrice, novembre 2023.
4 Glenn Adamson, "Terra cotta", in "Material Intelligence", numero tematico sulla terracotta della rivista digitale della Chipstone Foundation, 2023, pp. 3-4; https://www.materialintelligencemag.org/terracotta-8/. Ultimo accesso 29 febbraio 2024.
5 Robin Morgan, *Sisterhood Is Powerful. An Anthology of Writings from the Women's Liberation*, Random House, New York 1970.
6 bell hooks, *Feminist Theory. From Margin to Center*, South End Press, Boston 1984, p. 67.

3 From a conversation between Chiara Camoni and the author, November 2023.
4 Glenn Adamson, "Terra cotta," *Material Intelligence,* issue on terracotta of the Chipstone Foundation's digital magazine (2023), 3–4; https://www.materialintelligencemag.org/terracotta-8/. Accessed February 29, 2024.
5 Robin Morgan, *Sisterhood Is Powerful: An Anthology of Writings from the Women's Liberation* (New York: Random House, 1970).
6 bell hooks, *Feminist Theory: From Margin to Center* (Boston: South End Press, 1984), 67.

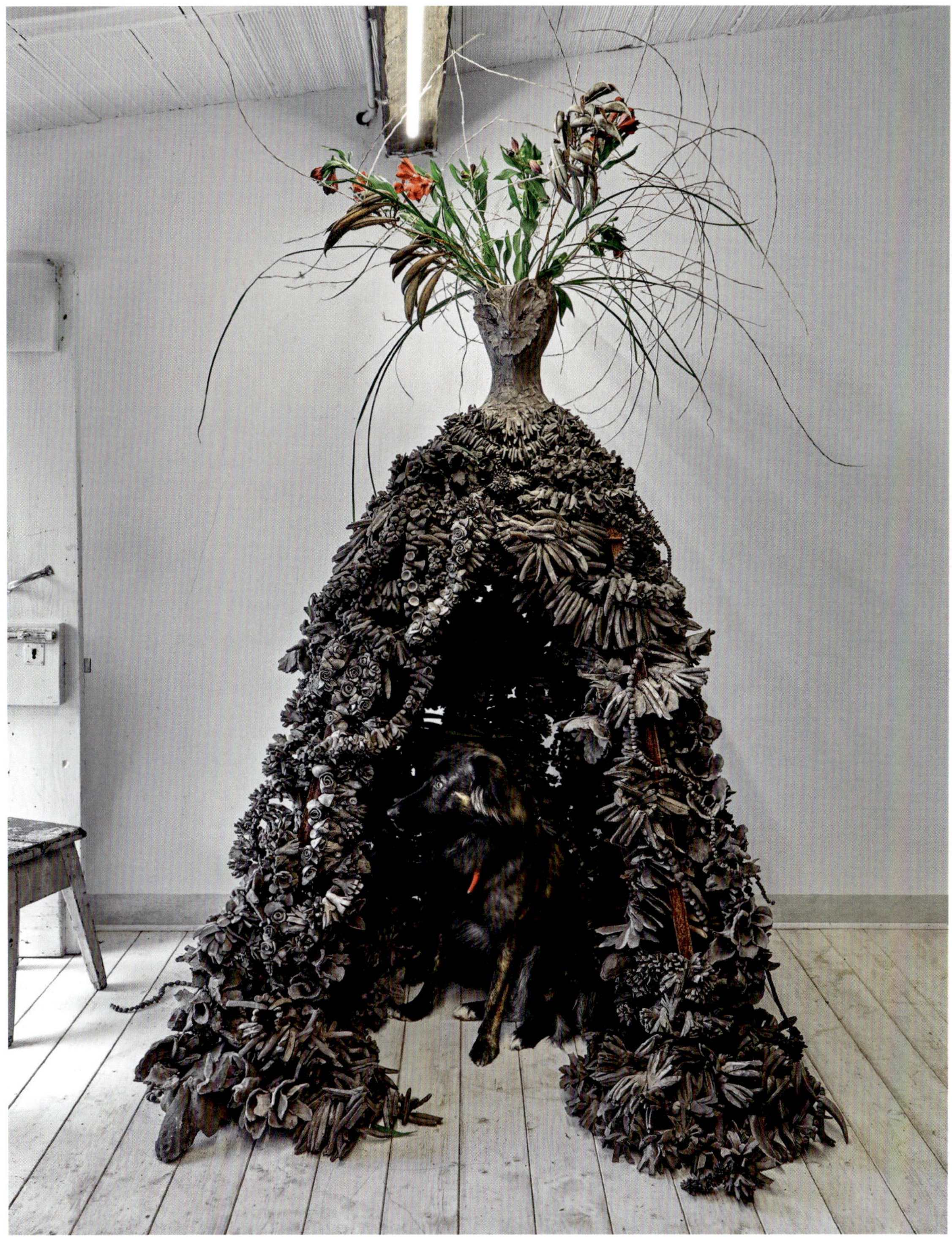

Sister (Capanna) / Sister (Hut), 2022 (foto di studio / studio shot). Terracotta nera, ferro, fiori freschi e secchi / Black terracotta, iron, fresh and dried flowers, 220 × 140 × 150 cm (dimensioni variabili / variable dimensions)

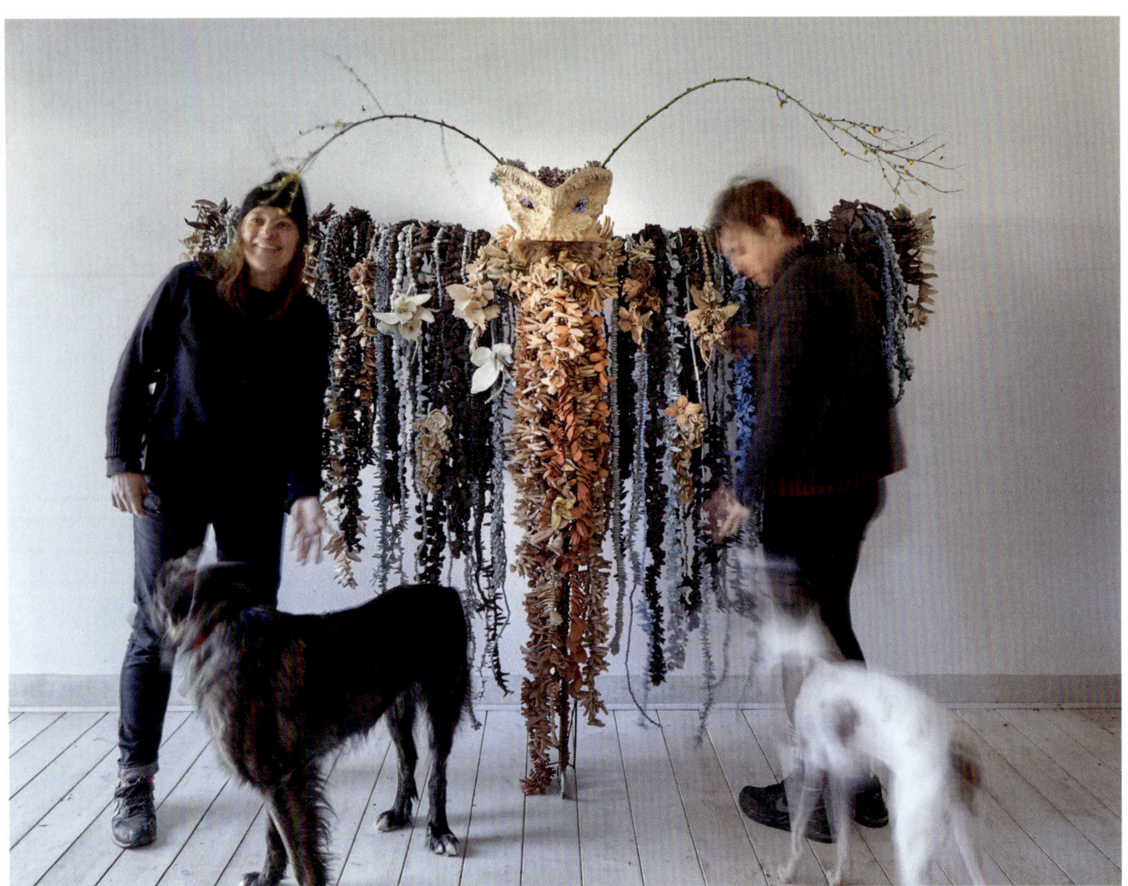

Sister (Farfalla) / Sister (Butterfly), 2023 (foto di studio / studio shot). Terracotta policroma, grès smaltato con cenere vegetale, ferro, fiori, terra del giardino, sabbia di fiume / Polychrome terracotta, stoneware glazed with vegetal ash, iron, flowers, garden soil, river sand, 180 × 235 × 80 cm (dimensioni variabili / variable dimensions)

sfruttamento della terra o della natura con quello della donna, operando una sintesi tra le due forme di oppressione. In ogni caso, è in questi termini che la scrittrice femminista, anticolonialista, ecologista e sostenitrice della decrescita Françoise d'Eaubonne la definisce per la prima volta nel 1974 nel suo *Le Féminisme ou la mort*. Le sue convinzioni trovano una certa eco nell'opera di Chiara Camoni, che attinge anche molto al pensiero postumano di Rosi Braidotti, la quale pone su un piano di uguaglianza le diverse specie. In effetti, si potrebbe addirittura postulare che il lavoro dell'artista è una versione plastica delle tesi di Braidotti.

Non bisogna tuttavia fraintendere la pratica di Chiara, equivocando sulla sua natura: così come l'ecofemminismo è stato accusato di essenzialismo, il lavoro di Camoni è stato a volte percepito come un'ode alla natura o al vivere o al fare insieme, mentre in realtà è tutt'altro che melenso e indulgente. Creature di luce, le *Sisters* hanno anche un lato nascosto, oscuro. Ed è a Monique Wittig che viene inevitabilmente da pensare.

Violenza e scontro

Intitolando la sua prima opera monografica *Serpentesse*, con un artificio linguistico che utilizza il femminile plurale per designare l'insieme dei serpenti, Camoni agisce in modo simile a quello di Wittig, che in *Les Guérillères* del 1969 impiega il pronome "elles" [esse]. Il titolo combina infatti i termini "guerrière" [guerriera] e "guerriglia", e il libro racconta la storia di una lotta contro l'oppressione maschile combattuta da donne che si ispirano alle Amazzoni.

Sostituendo il pronome maschile plurale con quello femminile, Wittig universalizza la posizione delle donne permettendo loro di accedere alla neutralità del generico, non per trasformare al femminile il genere, ma per abolirne la traccia nel linguaggio. Wittig mette

between the two forms of oppression. It was in these terms that feminist, anti-colonialist, and ecologist writer Françoise d'Eaubonne first defined ecofeminism in 1974 in her book *Le Féminisme ou la mort*. Her convictions are echoed in Camoni's work, which also borrows heavily from Rosi Braidotti's post-human thought, which places different species on an equal footing. In fact, we could even suggest that Camoni's work offers a sculptural version of Braidotti's theses.

Camoni's work should not, however, be misunderstood or misrepresented: in the same way that ecofeminism has been labelled essentialist, it has been perceived as an ode to nature, to the living, or to collaboration, when in fact it is anything but mawkish and self-indulgent. Creatures of light, the *Sisters* also have a hidden, dark side. Monique Wittig inevitably comes to mind.

Violence and combat

By titling her first monographic work *Serpentesse*, a neologism that uses the feminine plural to designate all of the snakes, Camoni took a similar approach to Wittig in *Les Guérillères* (1969) with her feminine pronoun "elles." This book, whose title combines the terms "guerrière" [warrior] and "guerrilla," tells the story of women's struggle against male oppression, inspired by the Amazons.

By using the feminine plural pronoun "elles," rather than the masculine "ils," to designate a group, Wittig universalizes the position of women, giving them access to the neutrality of the generic, not in order to feminize gender, but to abolish the mark of gender in language. She performs a reversal and gives the novel's true subject, "elles," a sovereign but also inclusive character, since at the end of the narrative, we realize that "elles" includes not only the community of women, but society as a whole, which may have come about through violence,

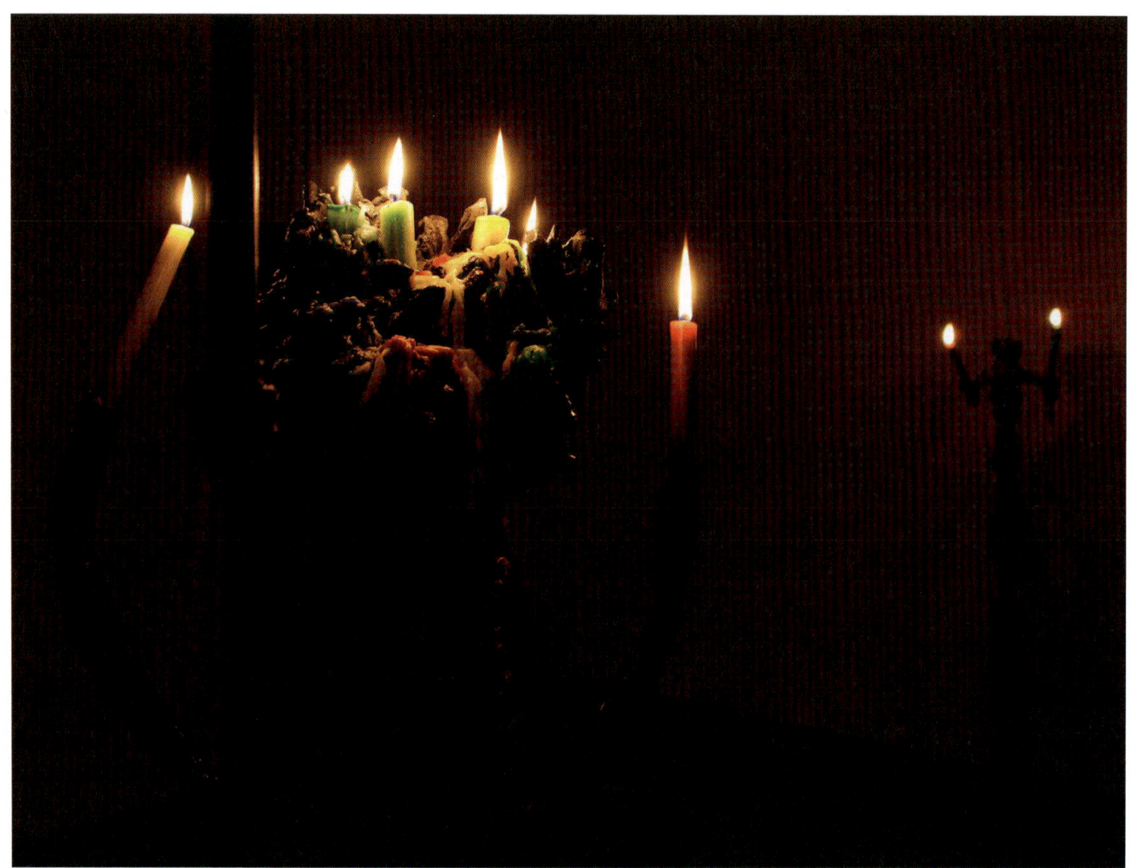

Sister 1, Sister 2, Sister 3, Sister 4, 2017. Glazed terracotta, iron, candles, fire / Terracotta smaltata, ferro, candele, fuoco, dimensioni variabili / variable dimensions. Veduta dell'installazione / Installation view, Arcade, Londra / London, 2017

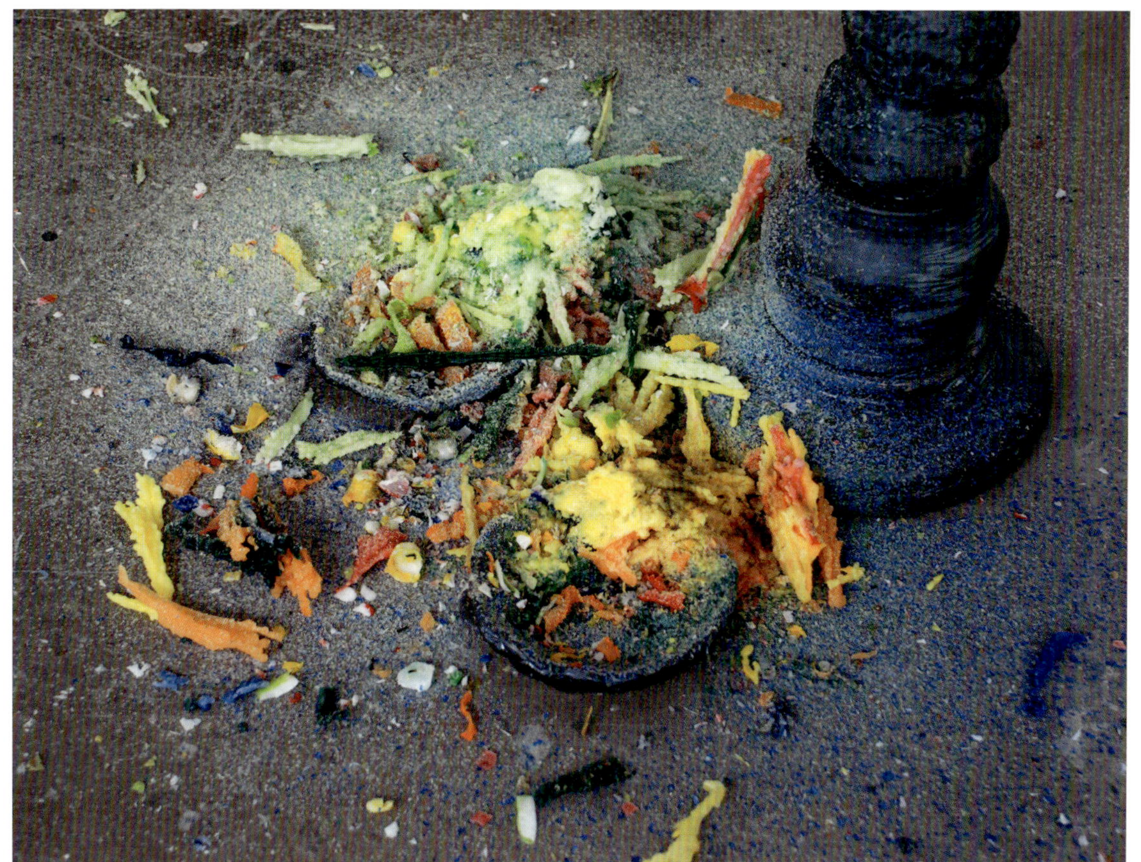

Sister 2, 2017 (particolare / detail). Terracotta smaltata, ferro, candele, fuoco / Glazed terracotta, iron, candles, fire, 168 × 60 × 80 cm

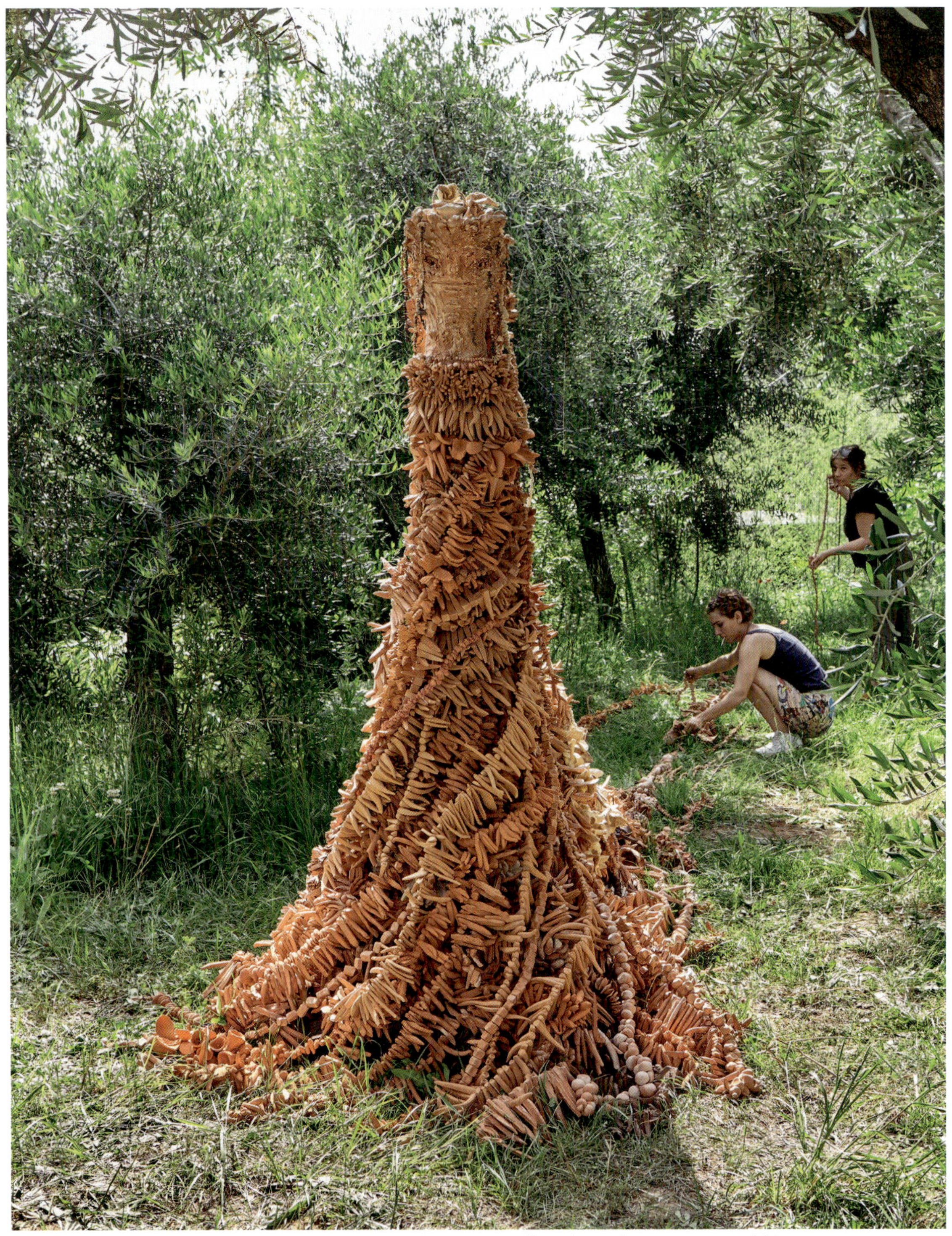

Sister, 2023 (foto di studio / studio shot). Terracotta policroma, metallo, grès smaltato con terra, sabbia e cenere da Borger-Odoorn / Polychrome terracotta, metal, stoneware glazed with earth, sand and ash from Borger-Odoorn, 200 × 130 × 1200 cm

in atto un capovolgimento, e assegna al vero soggetto del romanzo, il famoso "esse", un carattere sovrano ma anche inclusivo, poiché alla fine della storia ci rendiamo conto che con "esse" non si intende la comunità delle donne, ma l'intera società, che certamente è nata nella violenza, ma include anche gli "essi". Il suo libro-manifesto preannuncia il Mouvement de libération des femmes [Movimento di liberazione delle donne] (MLF) in Francia di cui, un anno dopo la pubblicazione di *Les Guérillères*, Wittig sarà una delle animatrici.

Rifugio e struttura

Nell'ampio spazio di Pirelli HangarBicocca, le *Sisters* fungono da pilastri tra le tende, i pavimenti, le panche e gli altri elementi architettonici o di arredo che compongono l'*oikos* di Camoni. Così come formano lo scheletro delle installazioni che l'artista sviluppa da vent'anni, strutturano lo spazio creando un santuario fatto di *Sisters*, che potrebbe riecheggiare le società egualitarie paleolitiche in cui le donne non erano al vertice ma al centro, che la stessa d'Eaubonne analizza nel suo saggio del 1977 *Les Femmes avant le patriarcat*, rimettendo così in discussione il carattere universale di un sistema che forse, guardandolo con distacco, non è così intoccabile come si pensava...

but ultimately includes "ils." Her book-manifesto heralded the Women's Liberation Movement (MLF, Mouvement de libération des femmes) in France, which Wittig, among others, would initiate a year after the publication of her *Les Guérillères*.

Shelter and structure

In a room of Pirelli HangarBicocca, the *Sisters* act as pillars among the tents, floors, benches, and other architectural and movable elements that make up Camoni's *oikos*. Forming the skeleton of the situated practice the artist has developed over more than twenty years, they structure the space into a sanctuary of *Sisters*, which can evoke the egalitarian societies of the Paleolithic Age, in which women were not the summit but the center, and which d'Eaubonne examines in her essay *Les Femmes avant le patriarcat* (1977), in the process calling into question the universal character of a system that is perhaps not, with this hindsight, as indestructible as we thought...

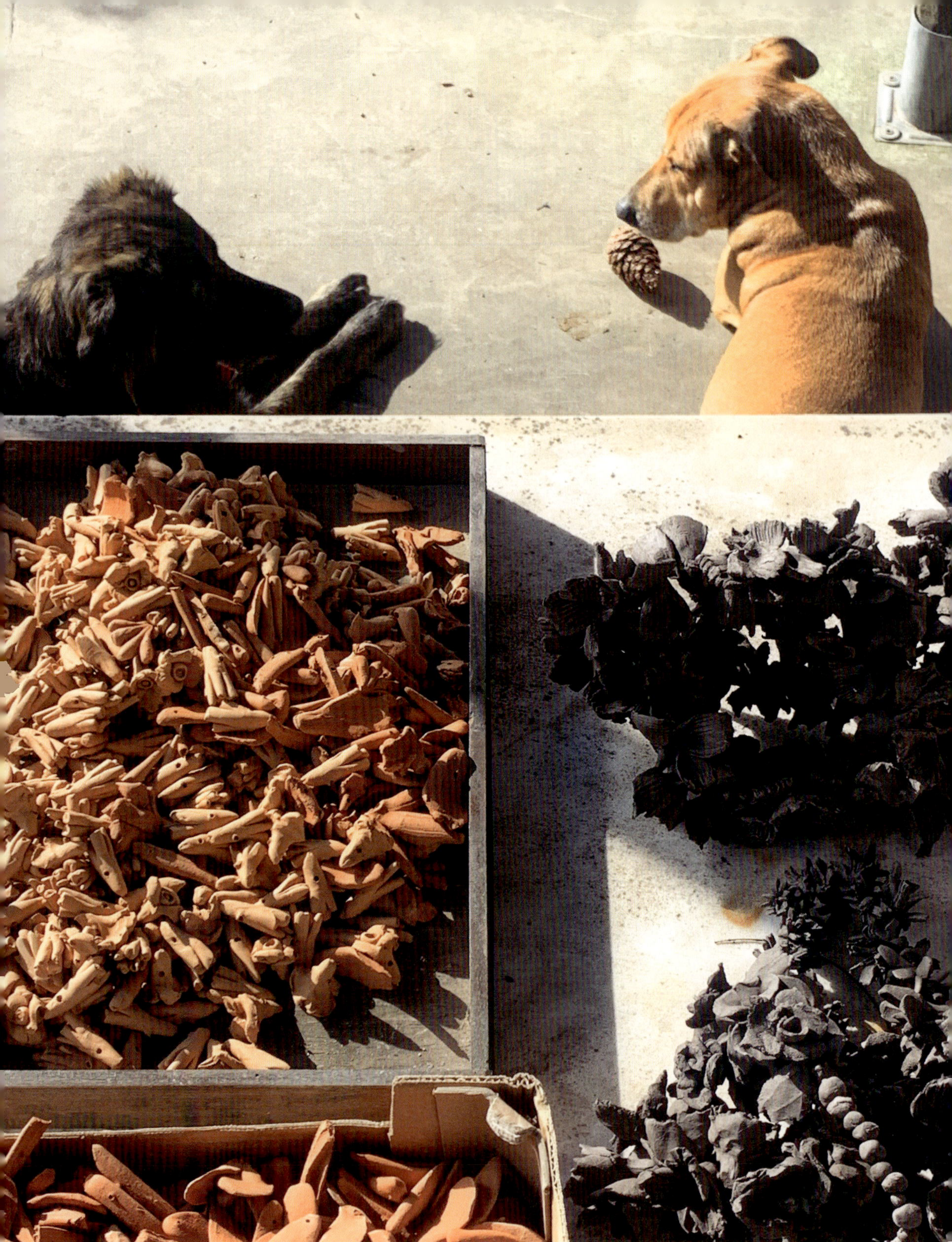

Bruno e / and Tre, 2023

Domitilla Dardi

In ascolto di quegli oggetti strappati alle tenebre nei musei archeologici: così voglio pensare a Chiara Camoni, mentre immagazzina dati che poi riaffioreranno nella sua pratica artistica. Gli oggetti votivi, le ciotole, le lanterne, i corredi funerari egizi ed etruschi l'hanno sempre affascinata, perché in essi le esigenze formali si caricano di valore simbolico, funzione pratica e funzione sacra coincidono. «Quella che sento per le collezioni archeologiche» racconta «è un'attrazione strana, astorica, che non si assesta in un vero sapere, ma che vuole solo nutrirsi in quel momento. Non costruisce sistema di conoscenza, asseconda in me unicamente un desiderio, che ha anche risvolti ambigui. Forse perché tutti quegli oggetti – i cani e i gatti seduti immobili, le collane d'oro e lapislazzuli, i portaunguenti o i ritratti – erano destinati a essere celati per sempre. Incaricati di accompagnare i defunti nel viaggio dell'aldilà, realizzati con la massima perizia e coi materiali più preziosi, dovevano poi rimanere chiusi in un buio solido e *mai più* apparire allo

Listening to artifacts torn from the shadows: that's what I like to imagine Chiara Camoni doing in archaeology museums, as she stockpiles elements that turn up later in her artistic practice. She has always been fascinated by votive offerings, bowls, lamps, and Egyptian or Etruscan grave goods, as objects in which the necessities of form take on symbolic weight, through the overlap of practical function and sacred function. "My attraction to archaeological collections," she tells us, "is a strange, ahistorical one that doesn't settle into the form of actual knowledge, and just wants to feed on that moment. It doesn't construct any system of understanding, it simply obeys an inner urge, which also has an ambiguous side. Perhaps because all these objects—the motionless dogs and cats, the necklaces of gold and lapis lazuli, the ointment jars, the portraits—were meant to remain hidden forever. Entrusted with accompanying the dead on their journey into the afterlife, and crafted with enormous skill and precious materials,

sguardo umano. Secondo i nostri parametri, il massimo sforzo per la minima visibilità. Oggi potremmo dire si lavora al contrario: minimo sforzo, in termini di tempi e risorse, per ottenere massima visibilità. E io sono lì, partecipe in mezzo a tanti, del comune doppio sacrilegio: sostando di fronte a quelle vetrine da un lato e partecipando, dall'altro, alla forsennata corsa di questa società verso la totale illuminazione ed esposizione.»[1]

In uno scritto fondamentale Ettore Sottsass parlava delle "ceramiche delle tenebre", del suo lavoro per entrare nel mistero dell'oscurità attraverso le ceramiche che da sempre accompagnano l'esistenza umana e che sopravvivono agli uomini stessi[2]. L'idea della civiltà sepolta che resta in silenzio per poi parlare laconicamente è legata in modo indissolubile al trascorrere del tempo e al buio che l'ha preservata. «Quegli oggetti» continua Camoni «sono stati "caricati". Dalle mani di chi li ha realizzati e dal buio. E lo sono ancora, in latenza, sebbene imprigionati nelle teche di vetro e illuminati in maniera omogenea. È quella loro "carica" che mi attrae irresistibilmente. Mi chiedo come facciamo – noi artisti – a non farci i conti, tutti i giorni...»[3]

La sua scultura è tolta dal piedistallo e chiede di aprirsi alle persone, diventando un'arte condivisa. È in questo delicato passaggio tra arte e funzione che si compie un salto al tempo stesso temporale e culturale. Chiara Camoni è ossessionata dal rapporto tra scultura/arte e realtà, come lo era Arturo Martini in *Scultura lingua morta* quando si interrogava sullo scarto tra oggetto reale e rappresentazione. Questo, infatti, è una sovrastruttura tutta della modernità, perché nel passato quei corredi funerari assolvevano a una funzione sacra, che era parte essenziale della vita reale, bene primario come quello del convivio dei vivi. Non a caso l'archetipo di molti dei lavori di Camoni è il canopo, che apre

they were to remain sealed in solid darkness and *never again* be seen by human eyes. By our standards, it was the greatest possible effort for the least possible visibility. Nowadays one could say we work the other way around: the least possible effort, in terms of time and resources, to obtain the greatest possible visibility. And there I am, participating along with so many other people in a double sacrilege: standing in front of those showcases, on the one hand, and taking part, on the other, in our society's mad race towards total illumination and exhibition."[1]

In a pivotal essay, Ettore Sottsass wrote about the "ceramics of darkness," about his effort to penetrate the mystery of this realm through the ceramics that have always accompanied human existence, and which outlive human beings themselves.[2] The idea of a buried civilization that lies in silence and then speaks in laconic murmurs is indissolubly linked to the passage of time and to the darkness that has preserved it. "These objects," Camoni says, "have been 'charged.' By the hands of their makers, and by the darkness. And deep down, they still are, even when imprisoned in glass showcases under uniform lighting. That 'charge' is what I am irresistibly drawn to. I wonder how we manage—we artists—not to deal with that, every day..."[3]

Her sculptures have been taken off their pedestal; they ask to be made accessible, becoming a shared form of art. In this delicate passage between art and function, a leap is made that is both cultural and temporal. Chiara Camoni is obsessed with the relationship between sculpture/art and reality, just as Arturo Martini was when he explored the gap between the real object and its representation in his essay "Scultura lingua morta" [Sculpture, a Dead Language]. That concept is a superstructure entirely linked to the modern era, because in the past these grave goods served

1 Chiara Camoni, *Osservatorio*; http://www.chiaracamoni.net/Txt/Osservatorio.pdf. Ultimo accesso 29 Febbraio 2024.
2 Ettore Sottsass, "Le ceramiche delle tenebre" [1963], in *Molto difficile da dire*, Adelphi, Milano 2019.
3 Chiara Camoni, *Osservatorio*, cit.

1 Chiara Camoni, *Osservatorio*; http://www.chiaracamoni.net/Txt/Osservatorio.pdf. Accessed February 29, 2024.
2 Ettore Sottsass, "Le ceramiche delle tenebre" [1963], in *Molto difficile da dire* (Milan: Adelphi, 2019).
3 Chiara Camoni, *Osservatorio*.

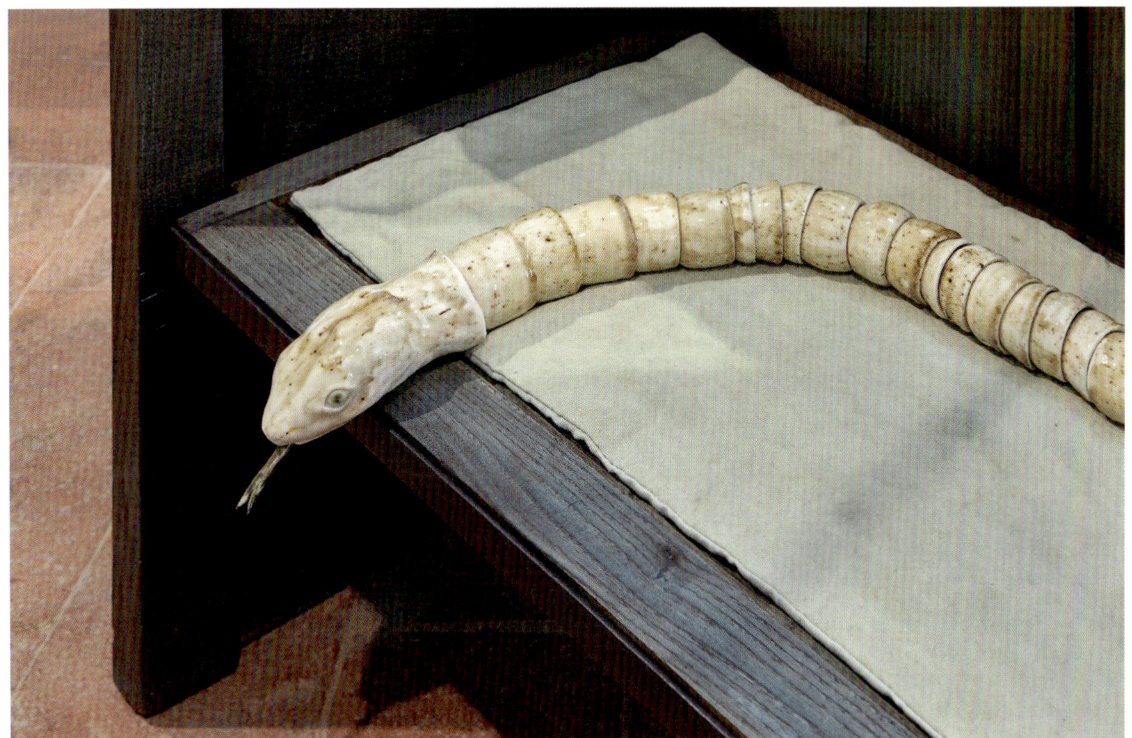

Senza titolo (La Panca) / Untitled (The Bench), 2019 (particolare / detail). Legno patinato verderame, cuscini di cotone e lana con tintura vegetale, porcellana smaltata con cenere vegetale e minerale / Verdigris-patinated wood, cotton and wool cushions with plant dye, porcelain glazed with vegetal and mineral ash, 71.2 × 164 × 47 cm (panca / bench), 5 × 126 × 40.5 cm (serpente / snake)

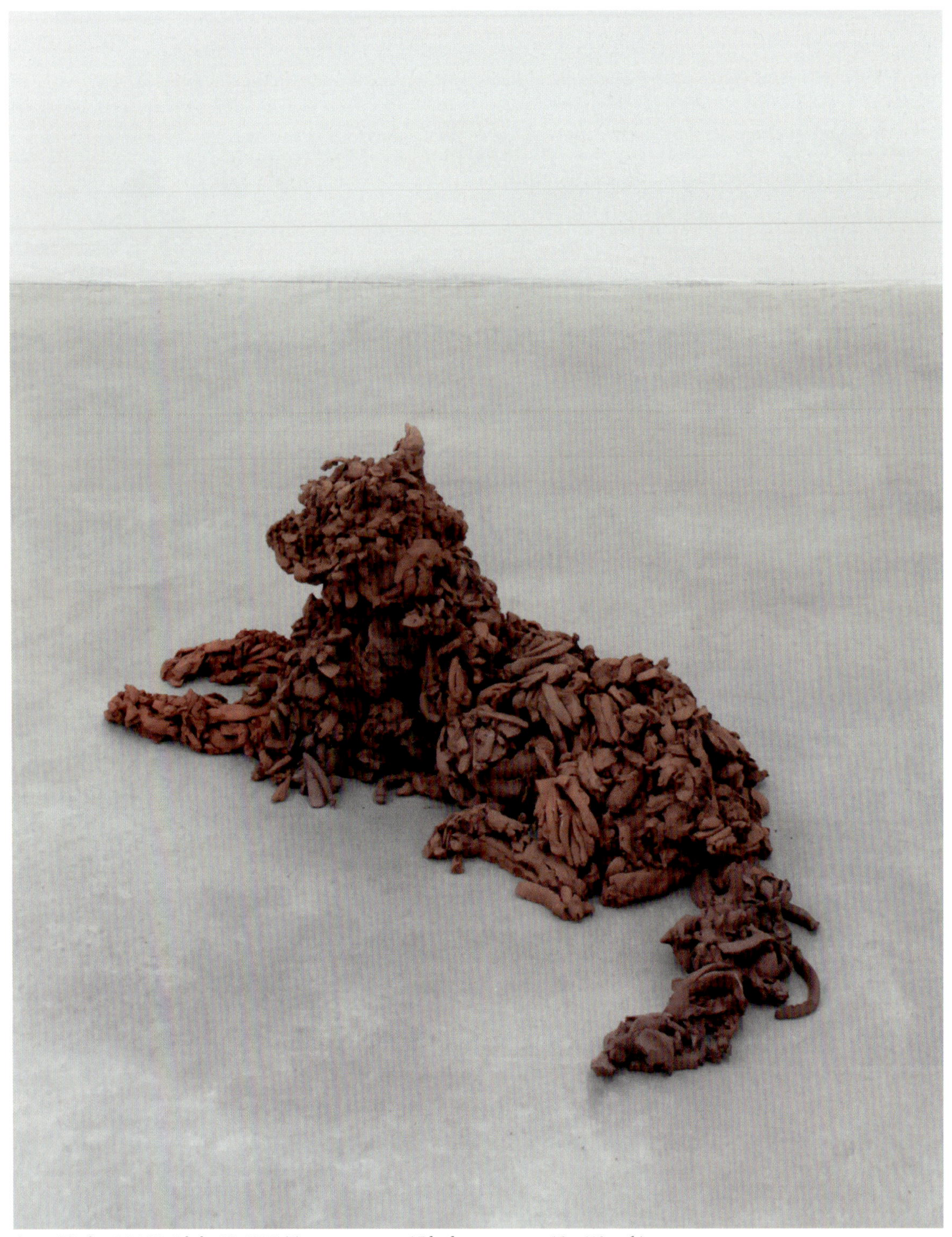

Senza Titolo #09 / *Untitled #09*, 2014. Terracotta nera / Black terracotta, 45 × 110 × 64 cm

sempre un enigma: si tratta di un vaso o di una scultura in forma di vaso? O, addirittura, di un vaso che funge da contenitore, in forma di animale, ma che è anche scultura e simulacro? Le sue opere spesso si usano, anche se generano rituali nuovi come nel tavolo-falena o nel tavolo-mosca (*Tavolo Insetto*, 2022) che ha sei zampe e sembra creato per rimettere in circolo energie disattivate. O come nei piatti-insetti (*Piatti*, 2021) che richiedono una gestualità diversa, attivando liturgie di condivisione, per poi docilmente tornare sculture che ci osservano.

Quelle dei suoi lavori sono creature di un bestiario che, come quelli medievali, racconta di esseri ibridi, nuovi, che uniscono animali o animali e cose. Lo stesso facevano anche gli Egizi quando davano forma di piccoli animali domestici agli oggetti e arredi che diventavano spettatori della loro vita e della loro morte.

Così il suo bestiario è egizio nel senso che Roberto Calasso attribuisce a questa definizione: «Per gli Egizi gli animali non sono qualità, non sono metafore. Ciò che viene adorato è "l'animale in quanto tale"»[4]. E quelli di Camoni sono proprio animali in quanto tali; sono "animisticamente" animali. Lo sono nella loro matericità, come i *Serpenti e Serpentesse* (2024) che nascono dalla sedimentazione litea e fanno quello che da sempre sanno fare meglio: serpeggiare e cambiare pelle, abbracciare metamorfosi necessarie.

Con la loro esistenza questi animali raccontano della naturalezza del ciclo vita-morte, senza alcuna superfetazione proiettiva. Come le farfalle «apparentemente così belle e delicate, hanno un risvolto conturbante: sono ambigue, si rivestono di immagini minacciose, sono dedite alla trasformazione. Antenne, peli, proboscidi, occhi, tantissimi occhi ovunque»[5]. E a sottolineare questa natura sono anche le candele che sgocciolando segnano un tempo ineluttabile, che semplicemente scorre.

a sacred function that was an essential part of real life, as basic a necessity as a banquet for the living. Not coincidentally, an archetype that appears in many of Camoni's works is the canopic jar, which always presents a riddle: is it a jar, or a sculpture in the form of a jar? Or is it a jar that serves as an animal-shaped vessel, yet also a sculpture and simulacrum? Her works are often used in some way, generating new rituals, as in the case of her moth-table or fly-table (*Insect Table*, 2022), which has six legs and seems made to reactivate dormant energies. Or her insect-dishes (*Dishes*, 2021), which force one's hands to move differently, creating liturgies of sharing, but then meekly turning back into sculptures that observe us.

Her works are creatures in a bestiary that, like those of the Middle Ages, tells of new, hybrid beings which blend together different animals, or animals and objects. The Egyptians did something similar when they gave the shape of small domestic animals to the goods and furnishings that became spectators of their life and death.

And so her bestiary is Egyptian in the sense that Roberto Calasso gives to the term: "Animals, for the Egyptians, are not qualities, they are not metaphors. What is adored is 'the animal as such.'"[4] And Camoni's animals are animals as such; they are "animistic" animals. They are animals in their tangibility, like the *Serpenti e Serpentesse* (2024) that are born out of lithic sedimentation and do what snakes have always done best: writhe and twist and shed their skins, embracing all necessary metamorphoses.

Through their existence, these animals tell us about the natural cycle of life and death, without anything superfluous tacked on. Just as butterflies, "apparently so beautiful and delicate, have a disturbing side: they are ambiguous, they take on menacing disguises, they are devotees of transformation. Antennae, hairs, proboscises, eyes, so many eyes everywhere."[5]

4 Roberto Calasso, *Il Cacciatore Celeste*, Adelphi, Milano 2016, p. 360.
5 Da una conversazione tra Chiara Camoni e l'autrice, novembre 2023.

4 Roberto Calasso, *The Celestial Hunter* (London: Penguin, 2016), XII.
5 From a conversation between Chiara Camoni and the author, November 2023.

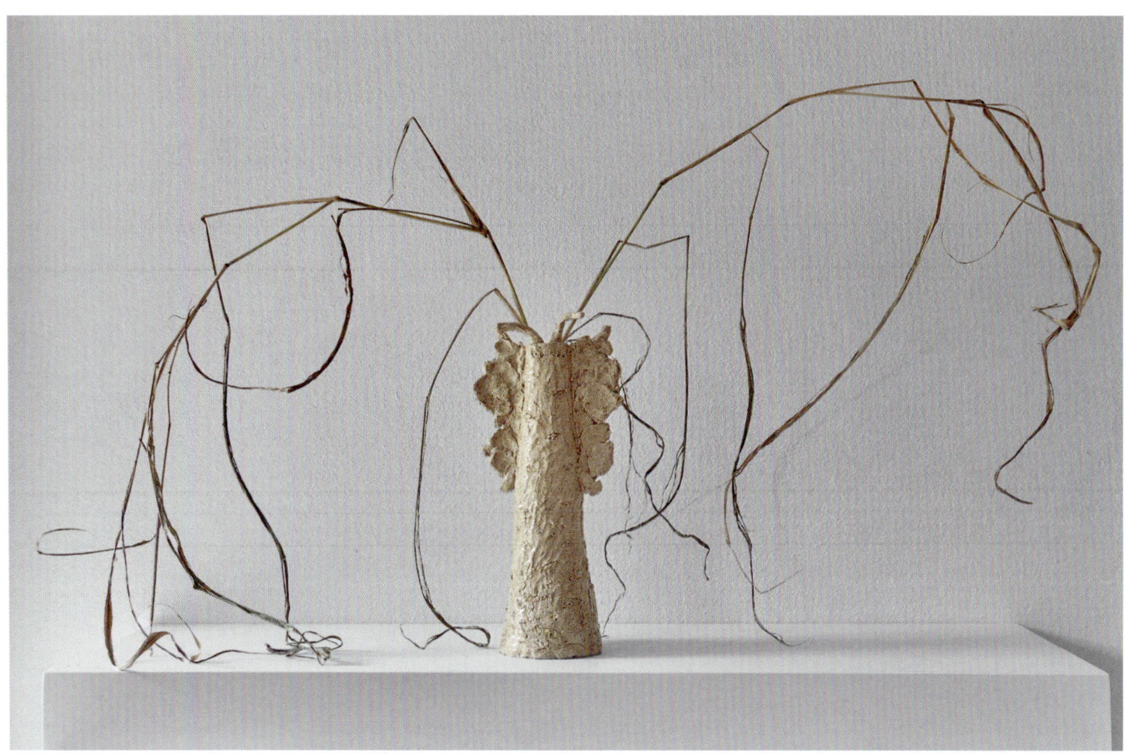

Vaso Farfalla 14 / *Butterfly Vase 14*, 2020. Grès smaltato con cenere di fiori, terra, sabbie e minerali vari, elementi vegetali / Stoneware glazed with flowers ash, soil, various sands and minerals, vegetal elements, 42 × 19 × 14 cm (dimensioni variabili / variable dimensions)

Ma gli "animali in quanto tali" lo sono anche nel loro silenzio, che per l'artista è una scelta, anch'esso una forma di linguaggio, sebbene muto. E l'animale che parla attraverso il suo silenzio è quello che vive con noi, che ci consente il privilegio assoluto di essere noi suoi testimoni. «Avevo un cane di nome James», ricorda Chiara. «Ero convinta che avrebbe potuto parlare, se lo avesse voluto. I cani posso emettere svariati suoni, pensiamo a quando abbaiano o sbadigliano, quando ringhiano o mugolano. Mi divertiva supporre che, a partire da quei pochi suoni, avremmo potute mettere insieme alcune semplici parole. Giocavo con lui vocalizzando, di fronte al suo muso, le emme, le i, le auu. Facilmente avremmo potuto salutarci dicendo "…iaoo". James ha vissuto sedici anni. Sapeva tantissime cose di me. Forse più di qualunque altro amico o confidente.[6]» E due cani sono stati l'epifania colta in una foto distratta, di quelle che rivelano indizi a chi sappia leggerli, come in un messaggio cifrato in un codice misterioso. Nella foto ci sono due cani, uno rosso e uno nero, come nelle millenarie ceramiche a figure rosse o nere, dove positivo e negativo delineano quel confine assieme fisico e ideale che sta tra disegno e rappresentazione. Il segno è il contorno di cose che nella realtà non hanno mai contorni. La figura è ciò che fa emergere l'ornamento, che è anch'esso un linguaggio. E la figura di un animale nel lavoro di Camoni è sempre scultura e animale in sé, parlante di un linguaggio muto, vivo di una entità inorganica: «Sono grata agli animali perché hanno scelto di non parlare, perché in definitiva rimangono chiusi in loro stessi, custodi dei loro misteri»[7].

6 *Ibid.*
7 *Ibid.*

And this quality is also emphasized by the dripping candles that mark the inevitable passage of time, which simply flows on.

But they are also "animals as such" in their silence, which the artist sees as a choice, as another form of language, however mute. And the animals that speak through their silence are the ones that live with us, that grant us the consummate privilege of being their witnesses. "I had a dog named James," Chiara recalls. "I was convinced he could have talked, if he'd wanted to. Dogs can make a range of sounds—just think of how they bark or yawn, growl or whine. I liked to imagine that we could put together a few simple words out of those basic units. I used to play with him, making sounds in front of his nose: m's, or i's, or awwws. We could have easily said 'ciao' to each other, or rather '…iaoo.' James lived to be sixteen. He knew all kinds of things about me. Maybe more than any other friend or confidant."[6] And two dogs are the epiphany we find captured in a random snapshot, the kind that holds clues for those who know how to see them, like a message in some mysterious code. The photo shows two dogs, one red and one black, as in ancient black-figure or red-figure pottery, where positive and negative space delineate the physical and conceptual border between drawing and representation. The mark is the outline of things that never have outlines in the real world. The figures are what set off the decoration, which is also a language. And the figure of an animal, in Camoni's work, is always a sculpture and an animal as such, speaking its own mute language, alive with an inorganic essence: "I'm grateful to animals because they've chosen not to speak, because they remain definitively closed off in themselves, the guardians of their own mysteries."[7]

6 Ibid.
7 Ibid.

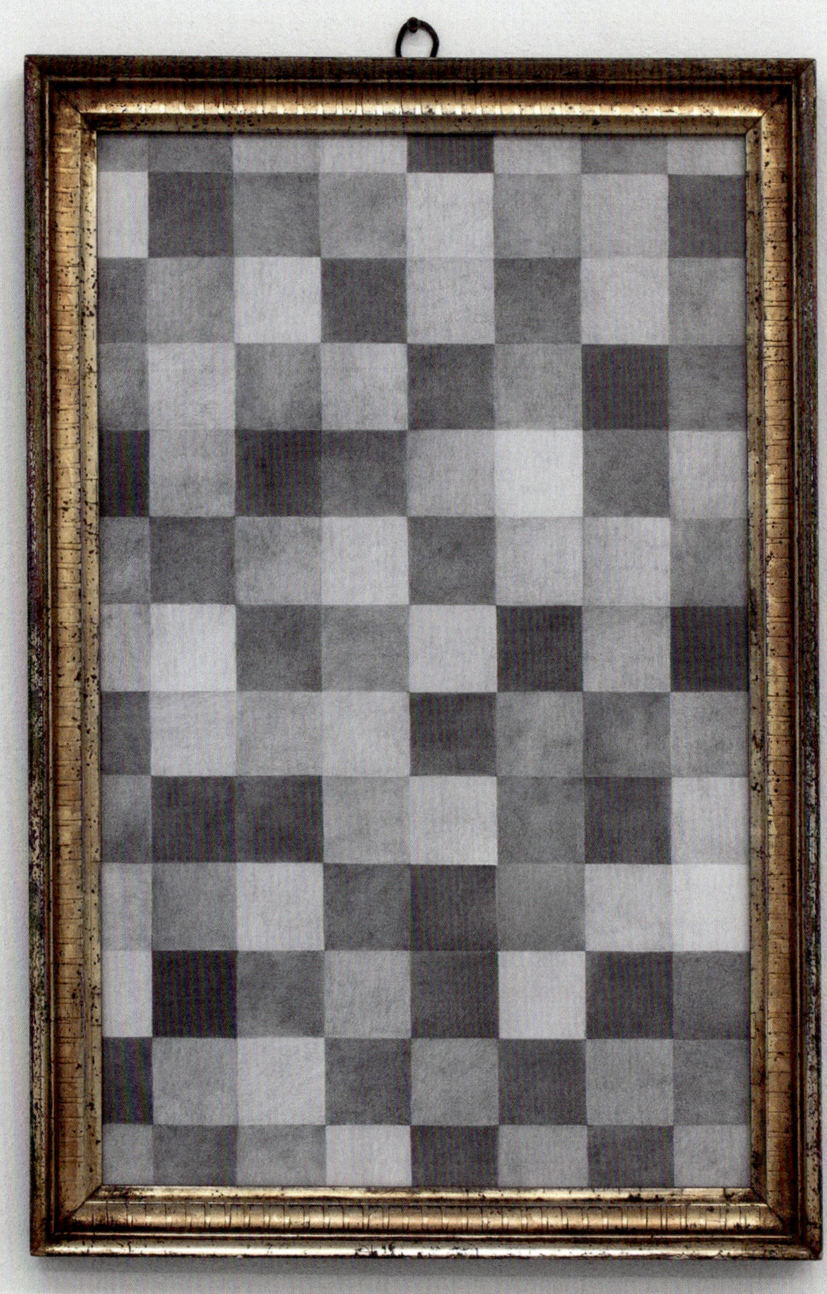

Senza Titolo, quadrati, 2012. Matita su carta / Pencil on paper, 36 × 55 cm

Il tempo della materia: la scultura tra memoria e metamorfosi

The Time of Matter: Sculpture between Memory and Metamorphosis

Anna Anguissola

Metalli e minerali, nel pensiero greco e romano, erano considerati frutto di eventi biologici celati nel ventre della terra, dove sostanze gassose o liquide potevano cambiare stato in virtù di opposte forze come il freddo o il calore, l'umidità o la siccità. Secondo Aristotele (*Meteorologica*, III, 378a), i vapori umidi "imprigionati nella terra" producevano, solidificandosi, le vene metallifere, mentre le esalazioni secche davano luogo ai minerali[1]. Plinio il Vecchio esplorava nella sua monumentale enciclopedia i modi di formazione dei materiali estratti dal sottosuolo, collegandone l'origine – secondo principi di somiglianza e opposizione – all'uso: per esempio il vasellame in cristallo di rocca, che si credeva fosse ghiaccio straordinariamente duro, era considerato adatto per le sole bevande fredde (*Storia naturale*, XXXVII, 26)[2]. L'indagine sui processi di formazione dei minerali si intreccia alla denuncia di una prospettiva antropocentrica, che emerge nei cenni al difficile rapporto tra l'avidità umana e le regole

Metals and minerals, in Greek and Roman thought, were believed to result from biological events hidden in the bowels of the earth, where gaseous or liquid substances could change state owing to contrasting forces such as cold or heat, moisture or dryness. According to Aristotle (*Meteorology*, III, 378), moist vapors "trapped underground" produced, as they solidified, veins of metal ore, while dry exhalations created minerals.[1] Pliny the Elder, in his monumental encyclopedia, explored the formation of materials extracted from the earth, connecting their origin—according to principles of resemblance and opposition—to their use: for instance, vessels made of rock crystal, which was thought to be extraordinarily hard ice, were considered appropriate only for cold drinks (*Natural History*, XXXVII, 9).[2] His exploration of the processes involved in the formation of minerals is intertwined with criticism of an anthropocentric perspective, as one can see in his allusions to the fraught relationship between human greed and the

IT

1 D.E. Eichholz, "Aristotle's Theory of the Formation of Metals and Minerals", in "Classical Quarterly", XLIII, n. 3-4, 1949, pp. 141-146.

2 Cynthia Hahn, Avinoam Shalem (a cura di), *Seeking Transparency. Rock Crystals across the Medieval Mediterranean*, Gebr. Mann Verlag, Berlin 2020.

EN

1 D.E. Eichholz, "Aristotle's Theory of the Formation of Metals and Minerals," *Classical Quarterly* 43, no. 3–4 (1949), 141–6.

2 Cynthia Hahn and Avinoam Shalem, eds., *Seeking Transparency: Rock Crystals across the Medieval Mediterranean* (Berlin: Gebr. Mann Verlag, 2020).

della natura[3]. «I nostri antenati consideravano quasi un prodigio che le Alpi fossero state scalate da Annibale» spiega, «e ora questi stessi monti vengono scavati per ricavarne mille varietà di marmo.» Privata del suo "scheletro" litico, la terra gli pare "appiattita" in un'inerme distesa e la sua stessa stabilità minata dai vuoti profondi creati dalle attività estrattive (XXXIII, 1-3; XXXVI, 1-2)[4].

Camminare sulla natura

Tra le espressioni più perverse di un lusso alimentato dal depauperamento delle risorse naturali è, per Plinio il Vecchio, la pratica di tagliare il marmo per ricavare lastre destinate ai rivestimenti pavimentali e parietali (*Storia naturale*, XXXVI, 51). Le abitazioni della metà del I secolo d.C. non lasciano dubbi circa la fortuna di pavimenti in colorate piastrelle marmoree (il cosiddetto *opus sectile*), che talora ospitavano, al centro, complesse tarsie con motivi geometrici o vegetali in pietre rare ed esotiche[5].

I lacerti pavimentali di Chiara Camoni, che disegnano le distese frammentarie di *Senza titolo (Mosaico)*, sono solo in apparenza simili a questi manufatti archeologici. Non di rado gli elementi dei pavimenti di Camoni provengono da quelle attività estrattive stigmatizzate da Plinio il Vecchio e in anni recenti oggetto di vive contestazioni da parte delle comunità locali delle Alpi Apuane. Si tratta tuttavia di scarti di laboratorio, lentamente riportati a forme irregolari dagli agenti naturali e prelevati al termine di un lungo processo di riconversione. Così, i suoi pavimenti non restituiscono l'immagine di una raffinata tarsia marmorea consumata e resa incoerente

laws of nature.[3] "Our forefathers considered it almost miraculous that the Alps were scaled by Hannibal," he explains, "and now those same mountains are quarried to yield a thousand varieties of marble." Deprived of its stone "framework," the earth seems to him to be "flattened" into a defenseless expanse, its very stability undermined by the deep holes created by the extraction of resources (XXXIII, 1-3; XXXVI, 1-2).[4]

Walking on nature

To Pliny the Elder, one of the most perverse aspects of luxury obtained through the exploitation of natural resources is the practice of cutting marble into thin slabs to clad floors and walls (*Natural History*, XXXVI, 9). Roman dwellings of the mid-1st century CE leave no room for doubt about the popularity of floors made from colored marble tiles (known as *opus sectile*) which sometimes incorporated, at the center, complex inlays with geometric or floral patterns made from rare, exotic stones.[5]

The fragments of flooring with which Chiara Camoni has created the broken stretches of *Untitled (Mosaic)*, only have an apparent similarity to such archaeological artifacts. The pieces used in Camoni's floors often come from the quarrying operations criticized by Pliny the Elder, which in recent years have also become the subject of heated protest by local communities in the Apuan Alps. Here, however, they are scrap material that nature has slowly restored to an irregular shape, collected after a long process of reconversion. And so rather than conveying the image of a sophisticated marble inlay,

3 Per una introduzione agli approcci ecocritici negli studi storico-letterari si rimanda a Greg Garrard (a cura di), *The Oxford Handbook of Ecocriticism*, Oxford University Press, Oxford 2014.

4 Elisa Romano, "*Didicit homo naturam provocare*: il naturale e l'artificiale negli ultimi libri della *Naturalis historia* di Plinio il Vecchio", in "Aldrovandiana", II, n. 2, 2023, pp. 37-45. Per il rapporto conflittuale tra uomo e natura si veda anche Mary Beagon, *Roman Nature. The Thought of Pliny the Elder*, Clarendon Press, Oxford 1992.

5 Si veda per esempio Ernesto De Carolis, Francesco Esposito, Diego Ferrara, "Riflessioni sul *sectile pavimentum* del triclinio della Casa dell'Efebo a Pompei", in "Rivista di Studi Pompeiani", XXVIII, 2017, pp. 27-44.

3 For an introduction to eco-critical approaches in the field of literary history, see Greg Garrard, ed., *The Oxford Handbook of Ecocriticism* (Oxford: Oxford University Press, 2014).

4 Elisa Romano, "*Didicit homo naturam provocare*: il naturale e l'artificiale negli ultimi libri della *Naturalis historia* di Plinio il Vecchio," *Aldrovandiana* 2, no. 2 (2023), 37–45. Regarding the conflict between humans and nature, see also Mary Beagon, *Roman Nature: The Thought of Pliny the Elder* (Oxford: Clarendon Press, 1992).

5 See, for example, Ernesto De Carolis, Francesco Esposito and Diego Ferrara, "Riflessioni sul *sectile pavimentum* del triclinio della Casa dell'Efebo a Pompei," *Rivista di Studi Pompeiani* 28 (2017), 27–44.

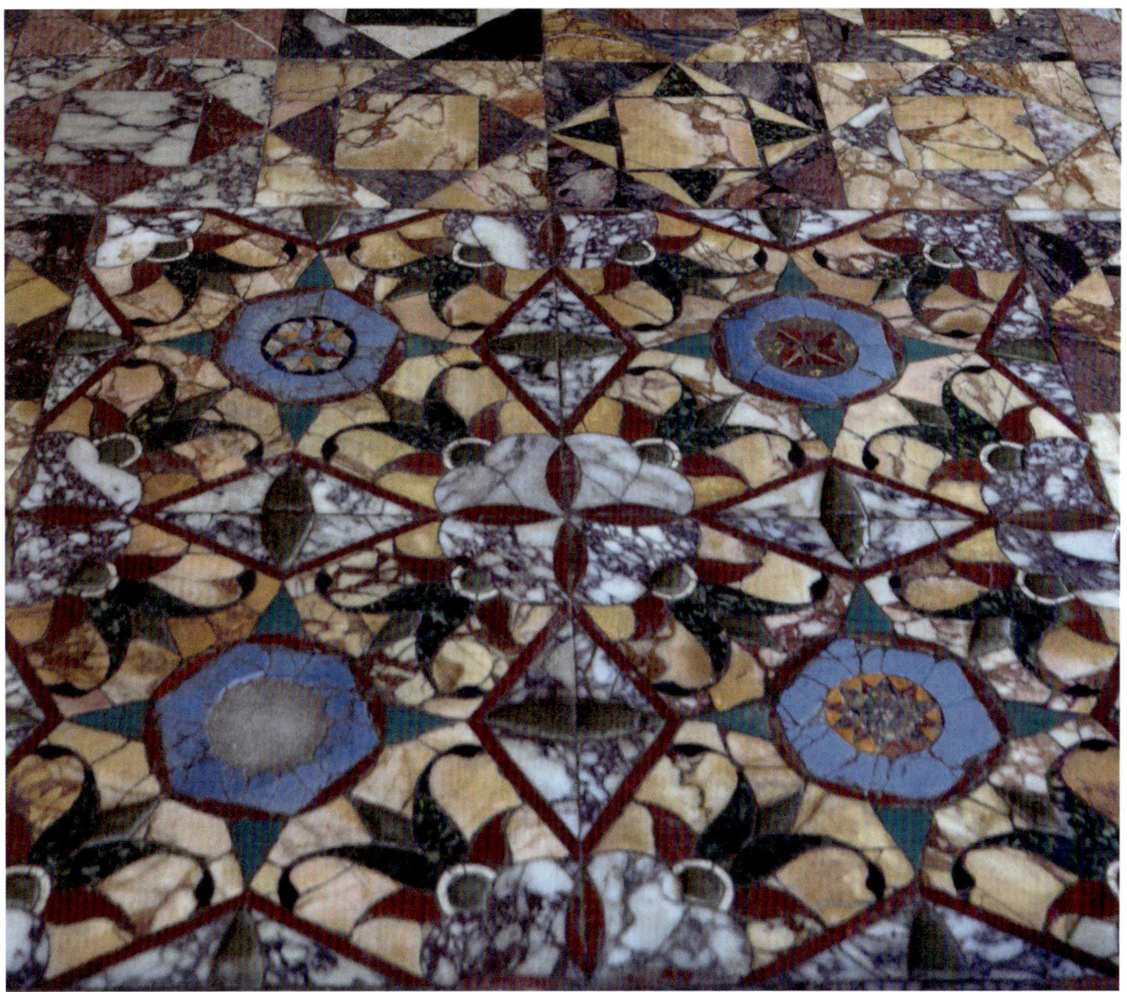

Pompei, Casa dell'Efebo / Pompeii, House of the Ephebe (I, 7, 11.19). Pavimento in marmi colorati del triclinio: al centro, si trova un quadro realizzato in tarsia marmorea con motivi vegetali, I secolo d.C. / Colored marble floor of the *triclinium*: in the center, there is a square made of marble inlay with plant motifs, 1st century CE

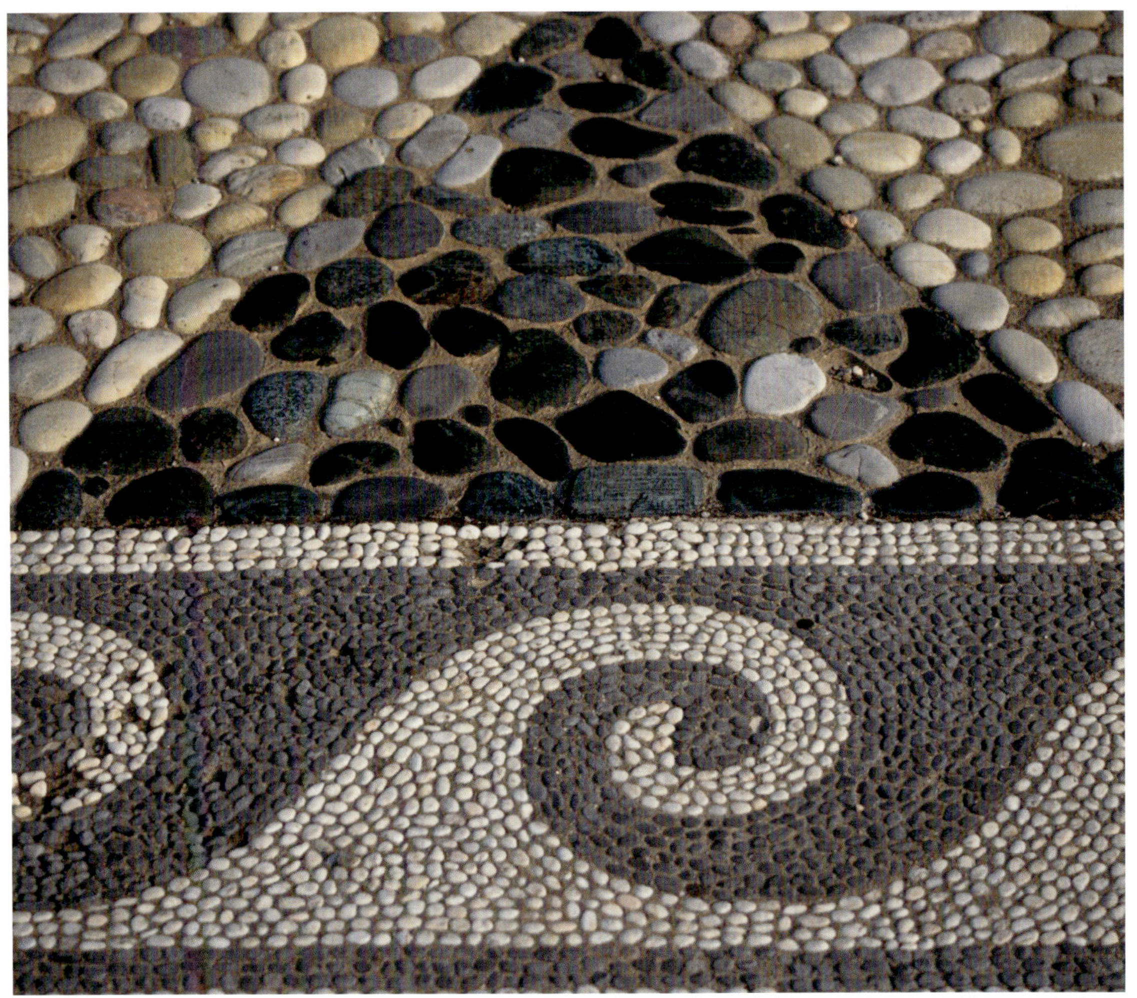

Pella, Macedonia (Grecia / Greece). Pavimento in mosaico di ciottoli, seconda metà del IV secolo a.C. / Pebble mosaic floor, second half of the 4th century BC

da diffuse lacune, ma di composizioni create accostando ciottoli di fiume, idealmente vicine ai più antichi mosaici di età classica ed ellenistica. L'operazione di Camoni non ripercorre le fasi della spoliazione che trasforma il manufatto in una rovina, bensì l'opposto procedimento di faticosa scelta e reimpiego di elementi miscellanei – il medesimo delle combinazioni di colorate scaglie di marmo, scarti di progetti più ambiziosi, che abbellivano i banconi delle taverne di Pompei ed Ercolano, o dei pavimenti di tante chiese medievali, realizzati con marmi di spoglio[6].

L'indagine dei processi di formazione degli elementi litici segue una linea di segno analogo nel *Pavimento (per Clarice 02)*, la cui trama di quadrati, triangoli e losanghe ricorda rivestimenti marmorei di età romana protoimperiale, come quelli nella Villa di Livia a Prima Porta o nella Domus degli Affreschi a Luni[7]. Il marmo lavorato dall'acqua e dalle altre pietre, però, lascia qui il posto a piastrelle in grès, dal cui interno sembrano affiorare, come vivaci macchie di colore, motivi vegetali e sagome di insetti. Sabbie, terre, ceneri vegetali sono fuse, vetrificate, all'interno di ciascuna mattonella, che diviene un vero e proprio "microcosmo", sintesi dell'ambiente naturale e di un momento preciso nella sua storia.

Chiara Camoni esplora il tema della memoria dei materiali di natura anche nelle *Leonesse*, ricavate in blocchi impreziositi dalle sagome di fossili. Gli scheletri di creature antichissime intrappolate nella pietra si trasformano nell'ossatura stessa dei felini, rivelata da una sorta di "radiografia" della materia. L'efficacia del riferimento ai fossili per innescare riflessioni sui tempi di un processo biologico o artistico – e sulle possibili intersezioni tra i due – è legata alla dimensione

worn and disrupted by gaps, her floors resemble compositions created by assembling pebbles from a river, something closer in concept to the ancient mosaics of the Classical and Hellenistic eras. Camoni's operation does not retrace the stages of pillaging that transformed an artifact into a ruin, but rather, the opposite process of carefully selecting and reusing miscellaneous elements—in the same way that chips of colored marble left over from more ambitious projects were used to decorate tavern counters in Pompeii and Herculaneum, or the floors of many medieval churches made from spolia.[6]

The processes behind the formation of stone elements are explored along parallel lines in *Floor (for Clarice 02)*, where a pattern of squares, triangles and diamonds echoes the marble veneers of early imperial Roman building projects, like the Villa of Livia at Prima Porta, or the Domus of the Frescoes in Luni.[7] Here, however, instead of marble shaped by the action of water and other stones, we find stoneware tiles, with vivid blotches of color, floral motifs, and outlines of insects that seem to float up from inside. The glaze of each tile incorporates sand, earth, and plant ash, becoming a true "microcosmos" that encapsulates a natural environment at a specific point in its history.

Chiara Camoni also explores the theme of memory within natural materials in her *Lionesses*, made from blocks filigreed with the outlines of fossils. The skeletons of ancient creatures trapped in stone have been transformed into the big cats' bones, as if revealed by a sort of X-ray of the material. The effectiveness of this allusion to fossils as a way of prompting reflection about the timeframe of a biological or artistic process—and the pos-

6 Sul reimpiego di opere ed elementi architettonici o decorativi greco-romani in contesti medievali e della prima età moderna si veda Salvatore Settis, Anna Anguissola (a cura di), *Recycling Beauty*, Fondazione Prada, Milano 2023.

7 In generale, si veda Federico Guidobaldi, "*Sectilia pavimenta* e *incrustationes*. I rivestimenti policromi pavimentali e parietali in marmo o materiali litici e litoidi dell'antichità romana", in Annamaria Giusti (a cura di), *Eternità e nobiltà di materia*, Polistampa, Firenze 2003, pp. 15-75.

6 On the reuse of Greco-Roman architectural or decorative elements in medieval contexts or the early modern era, see Salvatore Settis and Anna Anguissola, eds., *Recycling Beauty* (Milan: Fondazione Prada, 2023).

7 In general, see Federico Guidobaldi, "*Sectilia pavimenta* e *incrustationes*: I rivestimenti policromi pavimentali e parietali in marmo o materiali litici e litoidi dell'antichità romana," in Annamaria Giusti, ed., *Eternità e nobiltà di materia* (Florence: Polistampa, 2003), 15–75.

di mistero che, nell'immaginario collettivo, avvolge da sempre i modi della loro formazione. Nel suo trattato di medicina Dioscoride, vissuto nel I secolo d.C., menzionava con stupore l'esistenza di pietre candide al cui interno correvano filamenti regolari, come prodotti al tornio (*Materia medica*, V, 137). Plinio il Vecchio rende conto di quelli che interpreta come fenomeni di pietrificazione di sostanze organiche quali il legno (*Storia naturale*, II, 226), di solidificazione dovuta al caldo o al freddo di resine che avrebbero intrappolato al loro interno piccoli esseri viventi (XXXVII, 42-46), o ancora di calcificazione di fanghi e schiuma del mare a produrre pietre contenenti conchiglie (XXXV, 36), ricordate anche da Pausania (*Periegesi della Grecia*, I, 44, 6)[8]. Ancor più instabile è l'identità della "pietra palmata" che, spezzata, avrebbe mostrato al proprio interno i segni del fogliame di una palma (XXXVI, 135)[9].

Se i piani composti da residui della lavorazione del marmo disegnano vere topografie dello sfruttamento della natura, il *Pavimento (per Clarice 02)* esplora l'esperienza di una "fossilizzazione" degli elementi organici, che s'immaginano inglobati nel grès a inscenare un futuro rispetto al quale il nostro tempo (quello della creazione stessa) sia un remoto passato. *Living Room* rappresenta una terza tappa nell'indagine di una dimensione cronologica del rapporto tra uomo e natura. Tessuti al telaio in un sistema di trama e ordito, questi tappeti di erbe selvatiche impongono alla sintesi del paesaggio la misura dell'esperienza umana. Le erbe della *Living Room* invitano a una forma di conoscenza sinestetica – come i tappeti di foglie «soffici e quasi liquide» che nelle ville dell'élite romana descritte da Plinio il Giovane creavano veri camminamenti «morbidi e al contempo solidi»

sible intersections of the two—is linked to the aura of mystery that, in the popular imagination, has always enveloped the process of their formation. In his treatise on medicine, Dioscorides, who lived in the 1st century CE, describes with amazement certain white stones filled with lines parallel to each other as if made by using a pottery wheel (*Materials of Medicine*, V, 155). Pliny the Elder reports phenomena that he interprets as resulting from the petrification of organic substances such as wood (*Natural History*, II, 226), or the solidification, due to heat or cold, of resins that trap small living creatures inside (XXXVII, 42–6), or the calcification of sea foam and mud into stones containing shells (XXXV, 36), which are also recorded by Pausanias (*Description of Greece*, I, 44, 6).[8] Even more unstable is the identity of "palm stone," which, when broken, contained the likeness of a palm frond (XXXVI, 29).[9]

While the surfaces made of scraps from marble processing trace an atlas of the exploitation of nature, *Floor (for Clarice 02)* explores the experience of "fossilization," presenting the organic elements incorporated in the stoneware as visions of a future in which our era (the time of its creation) has become the distant past. *Living Room* is the third stage in this exploration of the chronological dimension in the relationship between humans and nature. Woven on a loom as warp and woof, these carpets of wild herbs impose the scale of human experience on a summary of the landscape. The plants in *Living Room* suggest a kind of synesthetic knowledge—like the carpets of "soft, almost liquid leaves" that in the villas of the Roman elite described by Pliny the Younger created walkways that were "soft and yet firm to the foot" (*Letters* I, 3, 1; II, 17, 15; V,

8 Adrienne Mayor, *The First Fossil Hunters. Dinosaurs, Mammoths, and Myth in Greek and Roman Times*, Princeton University Press, Princeton 2000.

9 Kenneth C. Bayley, "The *Lapides palmati* mentioned in the *Historia Naturalis* of the Elder Pliny", in "Nature", CXXVIII, n. 3233, 1931, p. 627. In generale, per l'immaginario antico e moderno della pietra e per l'attribuzione a essa di proprietà caratteristiche degli organismi viventi, si veda Fabio Barry, *Painting in Stone. Architecture and the Poetics of Marble from Antiquity to the Enlightenment*, Yale University Press, New Haven 2020.

8 Adrienne Mayor, *The First Fossil Hunters: Dinosaurs, Mammoths, and Myth in Greek and Roman Times* (Princeton: Princeton University Press, 2000).

9 Kenneth C. Bayley, "The *Lapides palmati* mentioned in the *Historia Naturalis* of the Elder Pliny," *Nature* 128, no. 3233 (1931), 627. In general, regarding the ancient and modern imaginary of stone, and the attribution of characteristics of living organisms to it, see Fabio Barry, *Painting in Stone: Architecture and the Poetics of Marble from Antiquity to the Enlightenment* (New Haven: Yale University Press, 2020).

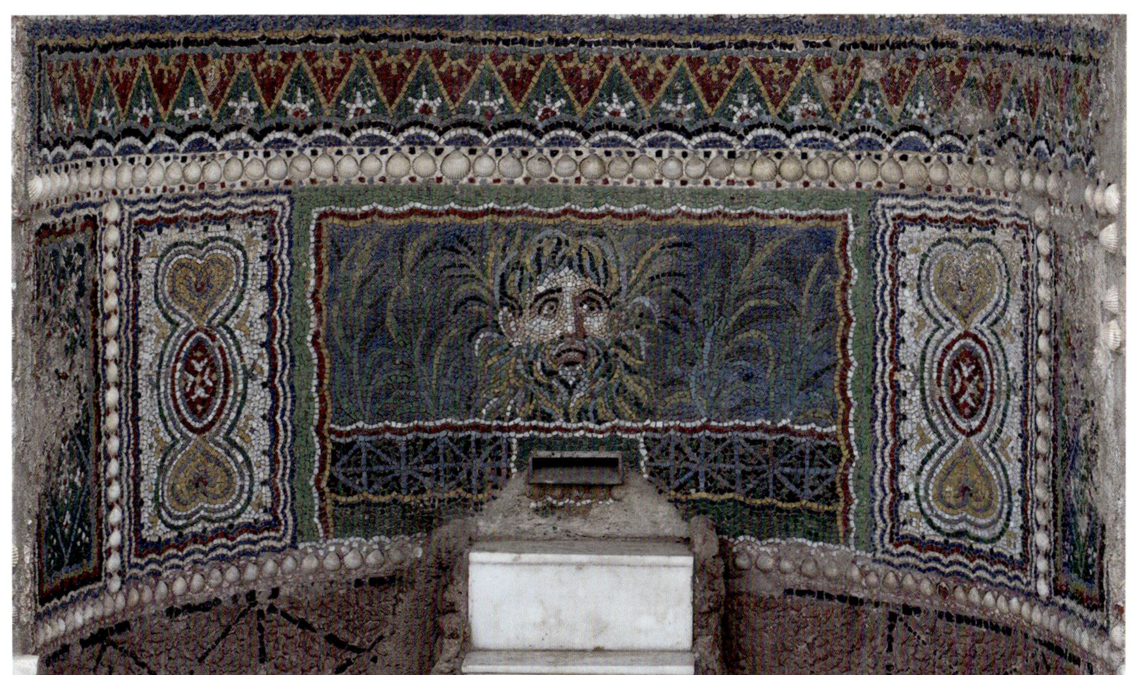

Pompei, Casa della Fontana Grande / Pompeii, House of the Great Fountain (VI, 8, 23). Dettaglio della fontana in mosaico di pasta vitrea, pomice e conchiglie, I secolo d.C. / Detail of the fountain in mosaic of glass paste, pumice and shells, 1st century CE

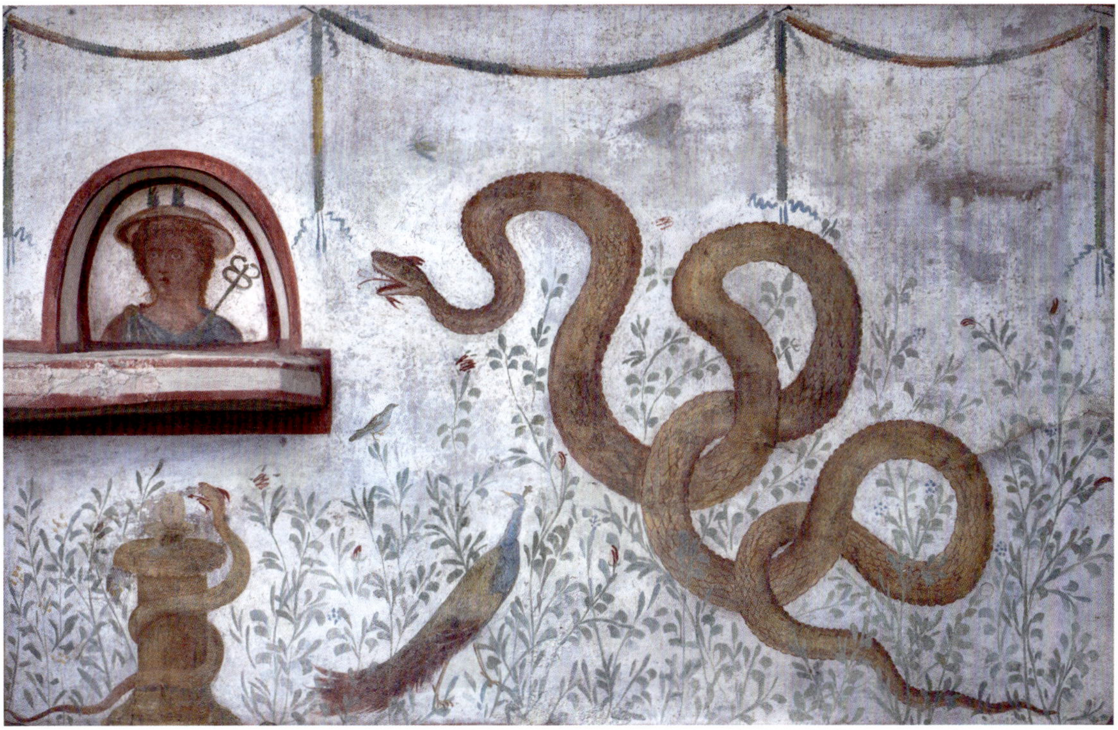

Pompei, Casa del Criptoportico / Pompeii, House of the Cryptoporticus (I, 6, 2-16). Larario decorato con immagini del dio Mercurio, di serpenti e di un pavone, I secolo d.C. / Lararium decorated with images of the god Mercury, snakes and a peacock, 1st century CE

(*Epistole*, I, 3, 1; II, 17, 15; V, 6, 16)[10], allo stesso tempo elementi dell'ambiente naturale e segni della sua antropizzazione. L'interferenza tra le due sfere emerge nelle categorie stesse attraverso cui Plinio il Giovane comprende e descrive la sintesi di paesaggio naturale e architettonico della villa: un monumentale anfiteatro composto dall'edificio stesso, dai monti che lo cingono e dalla vegetazione in cui è immerso (V, 6, 7)[11]. Nel gusto per l'immersione nella natura riconosciamo un tratto caratteristico della cultura romana, che nelle ville trova espressione in articolati sistemi di grotte e specchi d'acqua artificiali e, nelle case, in esuberanti fontane e pitture di giardino.

Serpenti di pietra

Se i profili di insetti paiono emergere dalle mattonelle del *Pavimento (per Clarice 02)*, possiamo immaginare che le serpentesse si siano introdotte negli spazi antropizzati muovendosi tra le fibre del tappeto d'erba. Nel caso di questi animali "al femminile" – il cui genere stesso evoca, insieme, la sicurezza materna e il mistero di una magia silvestre e primigenia – rimane impossibile determinare se si tratti di rettili pericolosi, introdottisi furtivamente negli spazi umani, oppure di entità benefiche e protettrici della casa. In altri allestimenti, le serpi di Camoni sono adagiate su mobili in legno dall'aria semplice e familiare, a pieno titolo ammesse a condividere gli ambienti domestici come i serpenti agatodemoni guardiani dei larari romani, il cuore religioso e identitario della casa[12].

I meccanismi di contrazione ed estensione delle creature prive di zampe hanno affascinato i naturalisti di ogni epoca, da Aristotele

6, 16),[10] both part of the natural environment and signs of its anthropization. The overlap between these two spheres can be seen even in the categories with which Pliny the Younger envisions and describes the synthesis of natural and architectural landscape in the villa: a monumental amphitheater composed of the building itself, the mountains behind it, and the vegetation around it (V, 6, 7).[11] This fondness for immersion in nature is a fundamental trait of Roman culture, which in villas was expressed through elaborate systems of artificial pools and grottos, or, in homes, exuberant fountains and paintings of gardens.

Stone snakes

While there seem to be outlines of insects emerging from the tiles of *Floor (for Clarice 02)*, one can imagine that the snakes have slithered into human spaces amid the fibers of the grass carpet. In the case of these explicitly female animals—whose very gender seems to evoke both maternal comfort and the mystery of a sylvan, primal magic—there is no way to tell whether these are dangerous reptiles that have furtively invaded our realm, or benevolent entities protecting the home. In other installations, Camoni's snakes are resting on simple, familiar wooden surfaces; they have been fully welcomed into the domestic setting, like the agathodaemon serpent that protected the Roman *lararium*, the center of a household's religious life and identity[12].

The mechanisms of contraction and extension found in legless creatures have fascinated natural scientists of every era, from Aristotle on (*Movement of Animals*, 708a). The *Serpenti e*

10 Un'ampia introduzione alla struttura e agli obiettivi delle descrizioni di ville nell'epistolario pliniano è Alberto Canobbio, "Polarizzazione e *coincidentia oppositorum* nelle ville di Plinio il Giovane", in "Athenaeum", CVIII, n. 1, 2020, pp. 89-113.

11 Per il significato dei riferimenti all'architettura pubblica per spettacoli al fine di definire la qualità monumentale della villa si veda Indra Kagis McEwen, "Housing Fame. In the Tuscan Villa of Pliny the Younger", in "RES. Anthropology and aesthetics", XXVII, 1995, pp. 11-24.

12 Federica Giacobello, *Larari pompeiani. Iconografia e culto dei Lari in ambito domestico* LED Edizioni Universitarie, Milano 2008; Thomas Fröhlich, *Lararien- und Fassadenbilder in den Vesuvstädten*, Philipp von Zabern, Mainz 1991.

10 A broad introduction to the structure and aims of the descriptions of villas in Pliny the Younger's letters is provided by Alberto Canobbio, "Polarizzazione e *coincidentia oppositorum* nelle ville di Plinio il Giovane," *Athenaeum* 108, no. 1 (2020), 89–113.

11 Regarding the meaning of references to public architecture designed for spectacles in describing the monumental quality of the villa, see Indra Kagis McEwen, "Housing Fame: In the Tuscan Villa of Pliny the Younger," *RES: Anthropology and Aesthetics* 27 (1995), 11–24.

12 Federica Giacobello, *Larari pompeiani. Iconografia e culto dei Lari in ambito domestico* (Milan: LED Edizioni Universitarie, 2008); Thomas Fröhlich, *Lararien- und Fassadenbilder in den Vesuvstädten* (Mainz: Philipp von Zabern, 1991).

in avanti (*Sul movimento degli animali*, 708a). I *Serpenti e Serpentesse* si collocano nel solco di tale riflessione grazie ai loro corpi composti da scaglie di pietra recuperate e assemblate, in cui l'inevitabile imprecisione delle giunture tra le "squame" litiche allude alla presenza di un'articolazione e, dunque, alla possibilità di un movimento – cioè di uno spostamento nello spazio durante un certo intervallo di tempo. La successione delle scaglie invita a immaginare anche il processo di muta, quel laborioso privarsi del proprio stesso involucro che consegna il rettile alla fantasia come simbolo di una perenne rinascita.

Le piccole pietre incastonate come occhi nella testa appuntita dei *Serpenti e Serpentesse* contribuiscono inoltre all'impressione di vitalità di queste creature. Il mito di Medusa illumina le lontane origini di un rapporto complesso tra il senso della vista e la serpe, che si riteneva prodotta dalle viscere della terra. Del resto, la stessa relazione tra le pietre e gli occhi è ampiamente esplorata dall'antica petrografia, che s'interroga sulla somiglianza tra le bande concentriche delle prime e la sequenza di pupille, iride e sclera dei secondi (Plinio il Vecchio, *Storia naturale*, XXXVII, 131; 171) e sulla possibilità che alcuni minerali siano il risultato di una sorta di sclerotizzazione del bulbo oculare di animali come le tartarughe o le iene (XXXVII, 155; 168)[13]. Nel libro dell'enciclopedia dedicato alle gemme, Plinio il Vecchio riferisce l'aneddoto della statua in marmo di un leone collocata alla sommità di un tumulo funerario sull'isola di Cipro (XXXVII, 66): nel muso dell'animale erano stati incastonati occhi di smeraldo, tanto splendenti da penetrare, con la loro luce, nelle profondità del mare, spaventando i tonni e danneggiando così l'attività dei pescatori.

Le suggestioni innescate dalla duplice natura del serpente sono al centro anche dell'agglomerato di terracotta refrattaria bianca e corda *Senza titolo (Laocoonte)*, precursore

Serpentesse fit into this reflection, due to their bodies assembled from shards of recovered stone: the inevitable imprecision in the connections between these "scales" suggests the presence of joints, and thus the possibility of motion—that is, a movement in space over a certain interval of time. The succession of shards also invites us to imagine the process of molting, that laborious shedding of a snake's skin that has made this reptile a symbol of endless rebirth.

The small stones set like eyes into the pointed heads of the *Serpenti e Serpentesse* also add to the impression that these creatures are alive. The myth of Medusa sheds light on the remote origins of a complex link between the sense of sight and snakes, which the ancients believed were spawned by the depths of the earth. Moreover, the relationship between stones and eyes has also been extensively highlighted by ancient sources that explore the resemblance between the concentric bands of the former and the sequence of pupil, iris, and sclera in the latter (Pliny the Elder, *Natural History*, XXXVII, 47, 55) and the possibility that certain minerals result from some sort of fossilization of the eyeballs of animals like tortoises or hyenas (XXXVII, 56, 60).[13] In the book dedicated to gemstones, Pliny the Elder tells an anecdote about a marble statue of a lion placed atop a burial mound on the island of Cyprus (XXXVII, 17): the emerald eyes set into its head blazed so brightly that their light shone into the depths of the sea, frightening away tuna and damaging the fishermen's livelihood.

The ideas summoned up by the double nature of the snake are also at the center of the mass of white refractory terracotta and cord in *Untitled (Laocoön)*, a precursor of Camoni's vast, impressive team of *Sisters*. The substances composing this heap make it both soft and sharp, as it simultaneously invites and rejects physical contact with its coils and the materials caught within them. The sub-

13 Per il rapporto tra occhi e gemme nel trattato di Plinio il Vecchio si veda Anna Anguissola, *Pliny the Elder and the Matter of Memory. An Encyclopaedic Workshop*, Routledge, London-New York 2021, pp. 24-25.

13 Regarding the link between eyes and precious stones in the treatise by Pliny the Elder, see Anna Anguissola, *Pliny the Elder and the Matter of Memory: An Encyclopaedic Workshop* (London–New York: Routledge, 2021), 24–5.

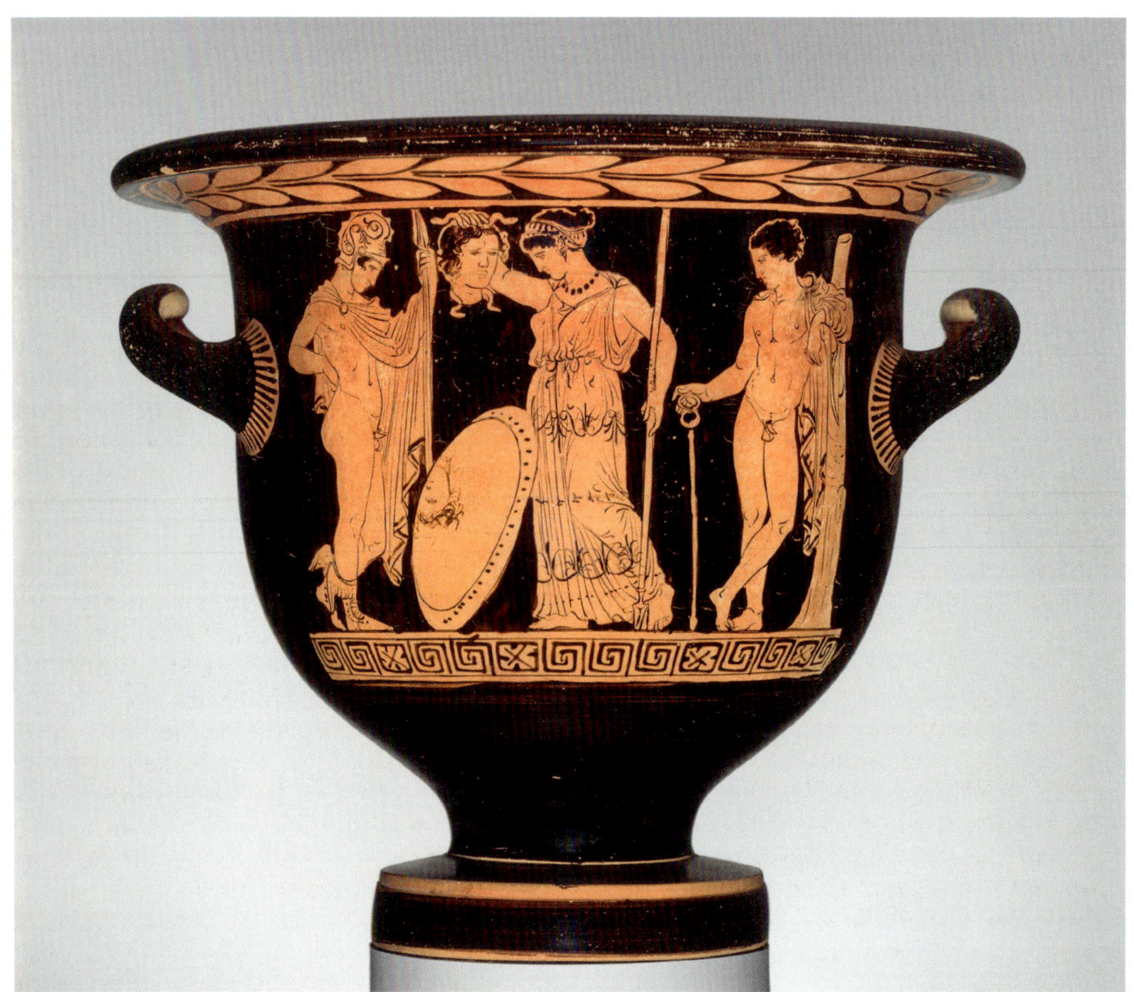

Cratere apulo a figure rosse con Perseo, Ermes, Atena e la testa di Medusa, attribuito al Pittore di Tarporley, primo quarto del IV secolo a.C. / Apulian red-figure krater with Perseus, Hermes, Athena and the head of Medusa, attributed to the Tarporley Painter, first quarter of the 4th century BC. Museum of Fine Arts, Boston, no. 1970.237

della fortunata e impressionante squadra delle *Sisters*. Le sostanze di cui la massa è composta la rendono morbida e affilata, ora invitando e ora respingendo il contatto fisico con le spire e i materiali intrappolati in esse. Il sottotitolo dell'opera – *Laocoonte* – chiarisce la trama di riferimenti e memorie artistiche e letterarie – di cui essa è parte. Se il mito del sacerdote troiano che si era opposto all'ingresso in città dell'ingannevole cavallo di legno, reso celebre da Virgilio nell'*Eneide*, sembra aver raggiunto i più lontani avamposti della cultura greco-romana[14], l'immagine di questa tragica storia è infatti indissolubilmente legata a quella del gruppo in marmo custodito ai Musei Vaticani. Dal momento del suo rinvenimento sul colle Oppio nel 1506, il *Laocoonte* ha costituito un modello pressoché ubiquo nell'immaginario e nella pratica della scultura occidentale. L'arte contemporanea ha in genere appuntato la propria attenzione sul particolare intreccio tra morfologia e significato del gruppo, in cui le spire funzionano come segno di un destino inesorabile e dell'impossibilità di districare le porzioni del nesso[15]. Così, il calco in gesso mutilo del *Laocoön Exploded* allestito alla Cornell University nel 2014, circondato dai suoi frammenti (soprattutto da quelli, disgregati, delle spire), metteva in scena il processo – esplosivo e liberatorio – di abbandono del canone classico e della sua rigida normatività[16]. Di contro,

title of the work, *Laocoön*, clearly indicates the web of artistic and literary references to which it belongs. Although the legend of the Trojan priest who warned against bringing the treacherous wooden horse into the city was made famous by Virgil in the *Aeneid*, and seems to have reached the furthest outposts of Greco-Roman culture,[14] the image we have of this tragic story is indissolubly linked to the marble statue now in the Vatican Museums. From the moment it was unearthed on the Oppian Hill in 1506, the *Laocoön* has been an almost ubiquitous model in the imagery and practice of Western sculpture. Contemporary art has generally focused on the unique intertwining of form and meaning in this statuary group, where the coils serve to symbolize the inexorable nature of fate and the impossibility of untangling its links.[15] The mutilated plaster cast of the *Laocoön Exploded* that was exhibited at Cornell University in 2014, surrounded by its fragments (especially the fractured coils), thus summed up the explosive, liberatory process of abandoning the classical canon and its rigid norms.[16] By contrast, the path followed by Camoni is not unlike the one explored by Richard Deacon in his wood and aluminum *Laocoon* (1996), which replaces the naturalism of the figures with abstract forms meant to accentuate the ascending rhythm of the composition. But while Deacon drains the coils of

14 Si pensi al celebre rilievo in scisto (II-III secolo d.C.) proveniente da Peshawar (Pakistan) e oggi al British Museum (inv. 1990,1013.1), che raffigura l'ingresso del cavallo di legno a Troia, cui si oppongono Laocoonte e Cassandra, sintesi di schemi figurativi greci e del linguaggio stilistico dell'arte del Gandhāra. Si veda Peter Stewart, "The Provenance of the Gandhāran 'Trojan Horse' Relief in the British Museum", in "Arts Asiatiques", LXXI, 2016, pp. 3-12.

15 Salvatore Settis, "La fortune de Laocoon au XXe siècle", in "Revue germanique internationale", XIX, 2003, pp. 269-301. Si veda anche Susanne Muth (a cura di), *Laokoon. Auf der Suche nach einem Meisterwerk*, Winckelmann Institut-Humboldt Universität zu Berlin, Berlin 2017.

16 Per le reazioni al canone classico, espresse nell'interazione con le raccolte di calchi in gesso di scultura antica, si rimanda ad Annetta Alexandridis, Lorenz Winkler-Horaček (a cura di), *Destroy the Copy – Plaster Cast Collections in the 19th-20th Centuries. Demolition, Defacement, Disposal in Europe and Beyond*, De Gruyter, Berlin-Boston 2022.

14 For instance, the famous schist panel (2nd–3rd century CE) from Peshawar, Pakistan, now in the British Museum (inv. 1990,1013.1), showing the entrance of the wooden horse into Troy, opposed by Laocoön and Cassandra, which blends Greek figurative schemes with the stylistic traits of Gandhāran art. See Peter Stewart, "The Provenance of the Gandhāran 'Trojan Horse' Relief in the British Museum," *Arts Asiatiques* 71 (2016), 3–12.

15 Salvatore Settis, "La fortune de Laocoon au XXe siècle," *Revue germanique internationale* 19 (2003), 269–301. See also Susanne Muth, ed., *Laokoon: Auf der Suche nach einem Meisterwerk* (Berlin: Winckelmann Institut-Humboldt Universität zu Berlin, 2017).

16 Regarding reactions to the classical canon expressed through interactions with the plaster casts of ancient sculpture, see Annetta Alexandridis and Lorenz Winkler-Horaček, eds., *Destroy the Copy – Plaster Cast Collections in the 19th-20th Centuries: Demolition, Defacement, Disposal in Europe and Beyond* (Berlin–Boston: De Gruyter, 2022).

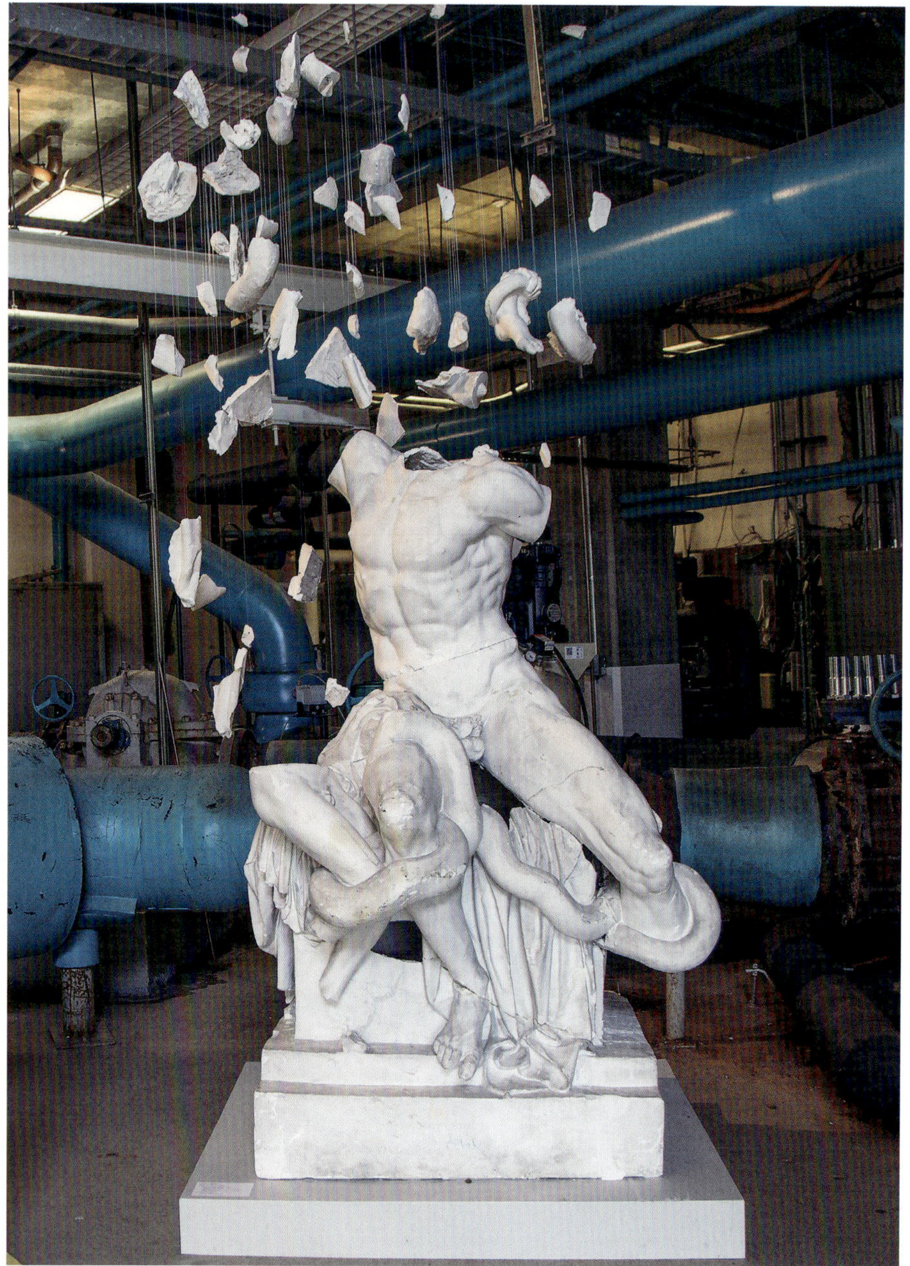

Calco in gesso del *Laocoonte*, Cornell University, 2015, come descritto in *Firing the Canon! The Cornell Casts and their Discontents*, a cura di Verity Platt e Annetta Alexandridis / Plaster cast of the *Laocoön*, Cornell University, 2015, as featured in *Firing the Canon! The Cornell Casts and their Discontents*, curated by Verity Platt and Annetta Alexandridis

la strada seguita da Camoni non è distante da quella percorsa da Richard Deacon per il suo *Laocoon* in legno e alluminio (1996), che al naturalismo delle figure sostituisce forme astratte intese ad amplificare il ritmo ascendente della composizione. Laddove Deacon svuota le spire del loro contenuto, elevandole a simbolo di vorticosa interconnessione, Camoni le riempie di massa. La massa materica diviene, anzi, indistinguibile dalle spire che, imprigionandola, la rendono coesa e incoraggiano lo spettatore a domandarsi entro quali limiti l'essere sia in grado di muoversi, mutare e generare.

L'impressione di solidità e cedevolezza di *Senza titolo (Laocoonte),* in tal senso, ben si avvicina al contrasto tra la levigata durezza del marmo e la vibrante, piena fisicità delle figure umane della statua romana. Nella sua descrizione del *Laocoonte* Plinio il Vecchio elogia la capacità dei tre maestri di Rodi di creare una mirabile opera «in un unico blocco di marmo» (*Storia naturale*, XXXVI, 37), indicazione in contrasto con la realtà del gruppo vaticano, composto invece da diversi blocchi. Tale discrasia si spiega alla luce del senso di questa formula, usata nei testi greci e latini a proposito di opere realizzate con maestria tale da rendere le giunture invisibili[17]. Disgregato e compatto al tempo stesso, il cumulo *Senza titolo (Laocoonte)* diventa una riflessione sulla coesione della materia, alludendo alla fragilità di ogni strategia di contenimento della forza generativa della natura. Se le scaglie disarticolate delle *Serpentesse* consentono di immaginarne il movimento e il processo di mutazione, la tessitura della *Living Room* e gli incastri delle piastrelle del *Pavimento (per Clarice 02)* riflettono l'armoniosa continuità della natura, ricreata come in una mappa entro uno spazio abitato. Le lacune nei rivestimenti in marmi di recupero sono

their content, elevating them to a symbol of dizzying interconnection, Camoni fills them with a solid mass. This mass becomes indistinguishable from the coils that imprison and hold it together, raising questions in the viewer about the limits within which this being can move, transform itself, and spawn.

The impression of yielding solidity in *Untitled (Laocoön)* is, in this sense, quite similar to the contrast between the polished hardness of the marble and the full, vibrant physicality of the human figures in the Roman statue. In his description of the *Laocoön*, Pliny the Elder praises the skill shown by the three master sculptors of Rhodes in carving a wonderful work "from a single block of marble" (*Natural History*, XXXVI, 4); this contradicts the reality of the statue in the Vatican, which is actually made from several blocks. The discrepancy can be explained in light of the true meaning of this phrase, which was used in Greek and Latin texts to describe works made with such skill that the seams were invisible.[17] Fragmented yet compact, the heap in *Untitled (Laocoön)* becomes a reflection on the cohesiveness of matter, suggesting the fragility of any attempt to rein in the generative force of nature. While the disjoined shards of the *Serpentesse* allow us to imagine their movement and mutation, the woven matter of *Living Room* and the interlocking tiles in *Floor (for Clarice 02)* reflect the harmonious continuity of nature, recreated like a map within an inhabited space. The gaps in the reclaimed marble surfaces bear witness to the process of composition, but also to centuries of exploitation and to the patient work of nature that has blunted the edges of these fragments, reclaiming them for herself. The exercise of identifying the models—explicit, or less so—

17 Sulla formula *ex uno lapide* si veda Salvatore Settis, *Laocoonte, fama e stile*, Donzelli, Roma 1990, pp. 49-50, 79-81; Anna Anguissola, *Supports in Roman Marble Sculpture. Workshop Practice and Modes of Viewing*, Cambridge University Press, Cambridge 2018, pp. 168-171; Nikolaus Dietrich, "*Ex uno lapide* and the Meaning of Monolithic Sculpture in the *Natural History*", in Anna Anguissola, Andread Grüner (a cura di), *The Nature of Art. Pliny the Elder on Materials*, Brepols, Turnhout 2021, pp. 171-179.

17 Regarding the phrase *ex uno lapide*, see Salvatore Settis, *Laocoonte, fama e stile* (Rome: Donzelli, 1990), 49–50, 79–81; Anna Anguissola, *Supports in Roman Marble Sculpture. Workshop Practice and Modes of Viewing* (Cambridge: Cambridge University Press, 2018), 168–71; Nikolaus Dietrich, "*Ex uno lapide* and the Meaning of Monolithic Sculpture in the *Natural History*," in Anna Anguissola and Andread Grüner, eds., *The Nature of Art: Pliny the Elder on Materials* (Turnhout: Brepols, 2021), 171–9.

traccia tanto del processo di composizione, quanto delle secolari opere di spoliazione e del lavorio della natura che ha smussato le asperità dei frammenti, riappropriandosene. L'esercizio di individuare i modelli, più o meno espliciti, di ciascuna opera e di rintracciarvi l'eredità dell'Antico conduce alla scoperta anzitutto di una viva sensibilità per i tempi della scultura, dettati dalle forze naturali e dalla mano dell'artefice che seleziona e assembla, in una dialettica quasi rituale di sottrazione, restituzione, scambio.

behind each work, and tracing the legacy of Antiquity within them, reveals, first and foremost, a keen sensitivity to the time involved in sculpture. It is dictated by natural forces, and by the hand that selects and assembles the pieces, in an almost ritual dialectic of subtraction, restitution, and exchange.

Pirelli HangarBicocca

Presidente / Chairman
Marco Tronchetti Provera
Consiglio di Amministrazione / Board of Directors
Maurizio Abet, Gustavo Bracco, Ernesto Paolillo, Ilaria Tronchetti Provera
General Manager
Alessandro Bianchi

Direttore Artistico / Artistic Director
Vicente Todolí

Capo Curatrice / Chief Curator
Roberta Tenconi
Curatrice / Curator
Lucia Aspesi
Curatrice / Curator
Fiammetta Griccioli
Assistente Curatrice / Assistant Curator
Tatiana Palenzona
Ricerca e Coordinamento Editoriale / Research and Editorial Coordinator
Teodora di Robilant

Responsabile Programmi Pubblici e Educativi / Head of Public and Educational Programs
Giovanna Amadasi
Progetti Educativi / Educational Projects
Laura Zocco
Produzione Programmi Pubblici / Public Programs Production
Arianna Bertolo

Responsabile Comunicazione e Ufficio Stampa / Head of Communication and Press Office
Angiola Maria Gili
Comunicazione / Communication
Giorgia Giulia Campi
Ufficio Stampa e Social Media / Press Office and Social Media
Sandra Cane

Sviluppo Partnership / Partnership Development
Fabienne Binoche

Organizzazione Eventi e Bookshop / Event Organization and Bookshop
Valentina Piccioni

Services Marketing & Operations
Erminia De Angelis

Responsabile Budget e Produzione / Head of Production and Budgeting
Valentina Fossati
Allestimenti / Installation
Matteo De Vittor
Allestimenti / Installation
Cesare Rossi
Sicurezza e Servizi Generali / Security and Facility
Renato Bianconi

Assistente di Gestione / Manager Assistant
Alessandra Abbate

Registrar
Dario Leone

Chiara Camoni

"Chiamare a raduno.
Sorelle. Falene e fiammelle.
Ossa di leonesse,
pietre e serpentesse."
Pirelli HangarBicocca
15.02-21.07.2024
pirellihangarbicocca.org

Mostra a cura di / Exhibition curated by
Lucia Aspesi *e / and* Fiammetta Griccioli

Allestimento / Installation
Valentina Fossati *con / with* Matteo De Vittor

Lenders / Prestatori
Collection Silvia Fiorucci, Monaco;
Collezione 54, Milano;
Fondazione Fiera Milano;
Nicoletta Fiorucci Collection;
SpazioA, Pistoia;
Proprietà della / Property of Fondazione per l'Arte Moderna e Contemporanea CRT – in comodato presso la / on loan at GAM – Galleria Civica d'Arte Moderna e Contemporanea di Torino. Su concessione della / By concession of Fondazione Torino Musei;
This is Arcade

Comunicazione e Ufficio Stampa / Communication and Press Office
Angiola Maria Gili
con / with Sandra Cane, Giorgia Giulia Campi

Public Program
A cura di / Curated by
Giovanna Amadasi
8.03.2024:
Conversazione in mostra fra Chiara Camoni e Cecilia Canziani / Conversation inside the exhibition between Chiara Camoni and Cecilia Canziani
30.05.2024:
Simposio con / Symposium with Chiara Camoni
20.06.2024:
Performance *Ombra Solida* con il pubblico con la direzione di Soledad Nicolazzi / *Ombra Solida* performance with the audience directed by Soledad Nicolazzi

Allestimento / Installation
Attitudine Forma, Engie, Family Studio

Progetto Elettrico, Antincendio e Pubblico Spettacolo / Permits, Electrical and Fire Prevention Design
Francesco Barcella

Progetto Esecutivo e Strutturale, Sicurezza e Direzione Lavori / Detail Design, Engineering, Site and Safety
Soluzioni

Conservazione / Conservation
Open Care

Registrar
Dario Leone

Graphic Design
Studio Sonnoli: Leonardo Sonnoli, Irene Bacchi
con / with Laura Scopazzo

Fotografia / Photographs
Agostino Osio

Documentazione Foto e Video / Photo and Video Documentation
Francesco Margaroli, Lorenzo Palmieri

Assicurazione / Insurance
Lloyd's, AGE Assicurazioni Gestione Enti s.r.l.

Trasporti / Transports
Butterfly Transport

Mediazione Culturale e Arts Tutor / Cultural Mediators and Arts Tutors
Numeri Primi

Sponsor
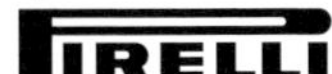

Chiara Camoni

"Chiamare a raduno.
Sorelle. Falene e fiammelle.
Ossa di leonesse,
pietre e serpentesse."

Catalogo a cura di / Catalogue edited by
Lucia Aspesi *e / and*
Fiammetta Griccioli

Managing Editor
Teodora di Robilant

Testi di / Texts by
Anna Anguissola
Lucia Aspesi
Chiara Camoni
Domitilla Dardi
Gian Antonio Gilli
Fiammetta Griccioli
Chus Martínez
Alice Motard
Andrea Viliani

Design
bruno – Andrea Codolo,
Giacomo Covacich

Editing
Giulia Bilancetti
Madeleine Compagnon

Traduzioni / Translations
Johanna Bishop
Nicoletta Poo

Prima edizione / First edition
Aprile / April 2024
ISBN: 979-12-5463-182-9
www.marsilioarte.it

Available through
ARTBOOK | D.A.P.
75 Broad Street, Suite 630
New York, NY 10004
www.artbook.com

Fotolito e stampa / Color reproduction and printing
Grafiche Veneziane
Soc. Coop., Venezia
per conto di / for
Marsilio Arte s.r.l. in Venezia

Pirelli HangarBicocca e Marsilio Arte desiderano ringraziare tutti coloro che hanno generosamente concesso l'autorizzazione alla pubblicazione dei materiali per questo libro. È stato fatto ogni tentativo per ottenere il permesso alla pubblicazione delle immagini in questo catalogo. Tuttavia, come da normale policy editoriale, Pirelli HangarBicocca e Marsilio Arte si rendono disponibili nel caso in cui non sia stato possibile stipulare accordi preliminari con gli aventi diritto. / Pirelli HangarBicocca and Marsilio Arte would like to thank all those who have given their kind permission to reproduce the material for this book. Every effort has been made to achieve permission for the images in this catalogue. However, as in standard editorial policy for publications, Pirelli HangarBicocca and Marsilio Arte remain available in the case preliminary agreements were not able to be made with copyright holders.

Ringraziamenti

Chiara Camoni è nella pluralità delle cose, lo abbiamo visto mentre allineava le pietre dando vita a dei serpenti durante l'installazione della mostra o quando nel luglio 2023 a Farnocchia tirava un filo elettrico da una casa nel centro del paese fino a un campo al limitare di un bosco per preparare un barbecue. Vogliamo ringraziarla perché con la mostra e nel catalogo ci ha accolto in questa sua dimensione di collettività. Insieme a lei vorremmo ringraziare le persone che abbiamo conosciuto in questi scambi, sono tante e le elenchiamo una dietro l'altra: Elisa Zaninoni, Lorenzo Bottari e Camilla Maria Santini del Centro di Sperimentazione con cui l'artista collabora quotidianamente e per questa occasione composto anche da Paola Aringes, Luca Bertolo, Sandra Burchi, Anna Brugnera, Cecilia Canziani, Elisa Conti, Chiara Del Senno, Davide Ferri, Antonio Grulli, Alice Ippolito, Denis Isaia, Soledad Nicolazzi, che hanno cantato nella performance *Ombra Solida*. Ringraziamo le sue gallerie: Giuseppe Alleruzzo e Tea Gradassi di SpazioA, Pistoia e Christian Mooney di Arcade, Londra.

La retrospettiva è stata realizzata grazie alla cortesia di prestatori pubblici e privati. Siamo profondamente grati a SpazioA, Pistoia; This is Arcade; Collection Silvia Fiorucci, Monaco; Collezione 54, Milano; Fondazione Fiera Milano; Nicoletta Fiorucci Collection; Fondazione per l'Arte Moderna e Contemporanea CRT – in comodato presso la GAM – Galleria Civica d'Arte Moderna e Contemporanea di Torino. Su concessione della Fondazione Torino Musei.

La mostra e la presente pubblicazione non sarebbero state possibili senza il prezioso aiuto di Massimo Berardini, Amina Berdin, Chiara Bertola, Enrica Cabianca, Andrea Francesco Carli, Petra Chiodi, Giulia Civardi, Andrea Crapanzano, Angela Dalla Porta, Cinzia De Lauri, Roberto Dipasquale, Galin Ersinija, Ursula Esposito, Giovanna Forlanelli Rovati, Sang Hee Hong, Monica Loffredo, Lorenzo Lunghi, Leonardo Mariotti, Samuele Menin, Sara Nicolosi, Tommaso Pasquali, Elena Perugi, Paola Pirovano, Alessandro Rabottini, Filipa Ramos, Iolanda Ratti, Nicola Ricciardi, Andrea Rossetti, Gaia Rossi, Marco Secondin, Davide Trabucco, Pietro Vitali, Elena Volpato e Ivana Vrzic.

Gli autori di questo volume – Anna Anguissola, Domitilla Dardi, Gian Antonio Gilli, Chus Martínez, Alice Motard e Andrea Viliani – hanno alimentato le riflessioni gioiose attorno al lavoro di Chiara Camoni; per questo e per la loro generosità nella condivisione dei pensieri, a loro va la nostra gratitudine.

L'artista ringrazia inoltre Cijaru, Otranto; KORAX – Makryammos Ephemeral Art Residency; Liceo Artistico Caravaggio, Milano; Pimar Limestone, per aver contribuito, rispettivamente, alla realizzazione delle seguenti opere: *Arazzi* (2024); *Burning Sister* (2023); *Sister* (2023); *Leonesse* (2024).

Le visioni inedite e dirompenti portate dai bambini e dagli animali hanno contribuito alla realizzazione delle opere in mostra e del presente catalogo.

Acknowledgments

Chiara Camoni inhabits the multiplicity of things; we could see that as she lined up stones to form snakes during the installation of the show, or when, in July 2023 in Farnocchia, she strung an electrical cable from a house through the center of the village all the way to a field at the edge of the woods to set up a barbecue. We would like to thank her for having welcomed us into her communal realm, through this exhibition and catalogue. Along with the artist, we would like to thank all the people we have encountered in this ongoing exchange. There are many of them, and each should be listed: Elisa Zaninoni, Lorenzo Bottari and Camilla Maria Santini from Il Centro di Sperimentazione that she works with on a daily basis, which on this occasion also included Paola Aringes, Luca Bertolo, Sandra Burchi, Anna Brugnera, Cecilia Canziani, Elisa Conti, Chiara Del Senno, Davide Ferri, Antonio Grulli, Alice Ippolito, Denis Isaia and Soledad Nicolazzi, who all sang in the performance *Ombra Solida*. We would like to thank her galleries: Giuseppe Alleruzzo and Tea Gradassi at SpazioA, Pistoia and Christian Mooney at Arcade, London.

This retrospective was made possible by generous loans from public and private collections. We are deeply grateful to SpazioA, Pistoia; This is Arcade; Collection Silvia Fiorucci, Monaco; Collezione 54, Milan; Fondazione Fiera Milano; Nicoletta Fiorucci Collection; Fondazione per l'Arte Moderna e Contemporanea CRT – on permanent loan to GAM – Galleria Civica d'Arte Moderna e Contemporanea di Torino. By concession of Fondazione Torino Musei.

This exhibition and catalogue would not have been possible without the invaluable assistance of Massimo Berardini, Amina Berdin, Chiara Bertola, Enrica Cabianca, Andrea Francesco Carli, Petra Chiodi, Giulia Civardi, Andrea Crapanzano, Angela Dalla Porta, Cinzia De Lauri, Roberto Dipasquale, Galin Ersinija, Ursula Esposito, Giovanna Forlanelli Rovati, Sang Hee Hong, Monica Loffredo, Lorenzo Lunghi, Leonardo Mariotti, Samuele Menin, Sara Nicolosi, Tommaso Pasquali, Elena Perugi, Paola Pirovano, Alessandro Rabottini, Filipa Ramos, Iolanda Ratti, Nicola Ricciardi, Andrea Rossetti, Gaia Rossi, Marco Secondin, Davide Trabucco, Pietro Vitali, Elena Volpato and Ivana Vrzic.

Our thanks to the authors in this catalogue: Anna Anguissola, Domitilla Dardi, Gian Antonio Gilli, Chus Martínez, Alice Motard and Andrea Viliani have all contributed to the exuberant conversation about Chiara Camoni's work, for which we are grateful, as well as for their generosity in sharing their thoughts.

The artist would also like to thank Cijaru, Otranto; KORAX – Makryammos Ephemeral Art Residency; Liceo Artistico Caravaggio, Milan; Pimar Limestone, for having respectively aided the creation of the following works: *Tapestries* (2024); *Burning Sister* (2023); *Sister* (2023); *Lionesses* (2024).

The startling new perspectives offered by children and animals have contributed to the works in the exhibition and in this catalogue.

Crediti fotografici /
Photo Credits

p. 8
Courtesy Chiara Camoni
Proprietà della Fondazione per l'Arte Moderna e Contemporanea CRT – in comodato presso la GAM – Galleria Civica d'Arte Moderna e Contemporanea di Torino.
Su concessione della Fondazione Torino Musei
Foto / Photo
Camilla Maria Santini

pp. 20, 26, 112, 134, 138
Courtesy Chiara Camoni
Foto / Photo
Camilla Maria Santini

pp. 22, 100, 128, 143
Courtesy Chiara Camoni;
SpazioA, Pistoia
Foto / Photo
Camilla Maria Santini

p. 28
Courtesy Anne Marchand;
Mennour, Paris
© Gina Pane,
by Siae 2024
Foto / Photo
© Françoise Masson,
by Siae 2024

p. 30
Courtesy the Estate of Maria Bartuszová, Košice;
Alison Jacques, London
Gabriel Kladek
© The Archive of Maria Bartuszová, Košice

pp. 33-80
Vedute di mostra /
Exhibition views
Pirelli HangarBicocca,
Milano / Milan, 2024
Courtesy Chiara Camoni;
Pirelli HangarBicocca,
Milano
Foto / Photo
Agostino Osio

pp. 33-80 interno / interior
Foto / Photos
nn. 1-7, 9-10, 12-32, 35-36:
Immagini d'archivio
Chiara Camoni, 2019-23
Foto / Photo
Il Centro
di Sperimentazione
(in quest'occasione /
on this occasion Chiara Camoni, Lorenzo Bottari, Camilla Maria Santini, Elisa Zaninoni)
nn. 8, 11, 34:
Immagini d'archivio
Chiara Camoni, 2019-23
Foto / Photo
Angela Grigolato
n. 33:
Immagini d'archivio
Chiara Camoni, 2019-23
Foto / Photo
Claudia Capelli

pp. 84, 108, 118, 140
Foto / Photo
Chiara Camoni

p. 86
Sopra / Top:
Bridgeman Images
Sotto / Bottom:
© Victoria and Albert Museum, London

p. 88
Sinistra / Left:
Foto / Photo Scala, Firenze/bpk, Bildagentur fuer Kunst, Kultur und Geschichte, Berlin
Destra / Right:
The Metropolitan Museum of Art, New York
(public domain)

p. 90
Sopra / Top:
Foto / Photo
Scala, Firenze
Sotto / Bottom:
Mary Evans / Scala, Firenze

p. 102
Foto / Photo
Elisa Zaninoni

pp. 105, 146
Courtesy Chiara Camoni;
Collection Silvia Fiorucci, Monaco
Foto / Photo
Camilla Maria Santini

p. 110
Courtesy Chiara Camoni,
ALMANAC, London/
Turin
Foto / Photo Il Centro di Sperimentazione

p. 114
Courtesy Chiara Camoni;
SpazioA, Pistoia
Foto / Photo
Lorenzo Bottari

p. 116
© Brooklyn Museum /
Bridgeman Images

p. 121
Courtesy Laura Grisi Estate, Roma; P420,
Bologna

p. 123
Brooklyn Museum, Gift of the Elizabeth A. Sackler Foundation, 2002.10
© Judy Chicago,
by Siae 2024
Photo © Donald Woodman, by Siae 2024

p. 127
Courtesy Palazzo Bentivoglio, Bologna
Foto / Photo
Camilla Maria Santini

p. 129
Courtesy Chiara Camoni;
Il Centro di Sperimentazione;
Pirelli HangarBicocca,
Milano
Foto / Photo
Lorenzo Palmieri

p. 130
Courtesy Chiara Camoni;
SpazioA, Pistoia;
Pirelli HangarBicocca,
Milano
Foto / Photo
Francesco Margaroli

p. 133
Courtesy Chiara Camoni;
Nicoletta Fiorucci Collection
Foto / Photo
Camilla Maria Santini

pp. 136-137
Courtesy Chiara Camoni;
Middlesbrough Collection at MIMA.
Presented by The Contemporary Art Society through the Jackson Tang Ceramic's Award, 2018-19
Foto / Photo
Christian Mooney

p. 144
Courtesy Chiara Camoni;
SpazioA, Pistoia

p. 148
Courtesy Chiara Camoni;
Collezione privata,
Milano
Foto / Photo
Serge Domingie

pp. 151, 155
Foto / Photo
Luigi Spina, su gentile concessione del Ministero della Cultura, Parco Archeologico di Pompei

p. 152
John Heseltine /
Alamy Foto Stock

p. 158
Museum of Fine Arts, Boston. Tutti i diritti riservati / Scala, Firenze

p. 160
Installazione di /
Installation by
Kasia Maroney
© David O. Brown /
Cornell University

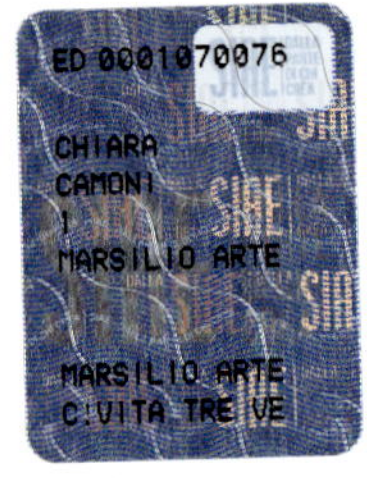

Cover
Sister (degli Scarti) /
Sister (of Scraps), 2023
(particolare / detail)
Terracotta policroma, ferro, vegetale secco, plastic, materiali vari dal seminario "Lo scarto inconfessabile" /
Polychrome terracotta, iron, dried vegetal matter, plastic, mixed material from the workshop "Lo scarto inconfessabile"
150 × 220 × 150 cm
(dimensioni variabili /
variable dimensions)
Courtesy Chiara Camoni;
SpazioA, Pistoia
Foto / Photo
Camilla Maria Santini